U0594492

本书受到中国人民大学2021年度“中央高校建设世界一流大学（学科）和特色发展引导专项资金”支持。

| 博士生导师学术文库 |

A Library of Academics by Ph.D. Supervisors

科技档案工作体系研究

张 斌等 著

光明日报出版社

图书在版编目（CIP）数据

科技档案工作体系研究 / 张斌等著．-- 北京：光明日报出版社，2021.12

ISBN 978-7-5194-6278-9

Ⅰ.①科… Ⅱ.①张… Ⅲ.①技术档案—档案管理—研究 Ⅳ.①G275.3

中国版本图书馆 CIP 数据核字（2021）第 176116 号

科技档案工作体系研究

KEJI DANG'AN GONGZUO TIXI YANJIU

著　　者：张　斌　等

责任编辑：杨　茹　　　　责任校对：李小蒙

封面设计：一站出版网　　责任印制：曹　诤

出版发行：光明日报出版社

地　　址：北京市西城区永安路 106 号，100050

电　　话：010-63169890（咨询），010-63131930（邮购）

传　　真：010-63131930

网　　址：http://book.gmw.cn

E - mail：gmrbcbs@gmw.cn

法律顾问：北京市兰台律师事务所龚柳方律师

印　　刷：三河市华东印刷有限公司

装　　订：三河市华东印刷有限公司

本书如有破损、缺页、装订错误，请与本社联系调换，电话：010-63131930

开　　本：170mm×240mm

字　　数：252 千字　　印　　张：17

版　　次：2021 年 12 月第 1 版　　印　　次：2021 年 12 月第 1 次印刷

书　　号：ISBN 978-7-5194-6278-9

定　　价：95.00 元

目　录
CONTENTS

第一章

导　论

我国自20世纪50年代起开展科技档案管理工作，经过多年的发展和积累，已经形成较具规模和成效的国家科技档案事业。此处所谓的“事业”，主要是指“人们所从事的，具有一定目标、规模和系统的对社会发展有影响的经常活动”，科技档案事业作为一项对社会发展具有重要影响的科学活动，从新中国成立起就在国家各项事业建设中占据重要地位。我国现代科技档案事业是中华人民共和国成立后建立起来的，大体上经过了创建（20世纪50—70年代）、恢复调整（20世纪70—90年代）和改革发展（20世纪90年代至今）三个时期。中国共产党十一届三中全会成功召开后，我国便进入了改革开放的建设高潮，这为科技档案事业的推进赢得了发展契机，也为科技档案资源的开发利用提供了动力。为了建立、健全科技档案工作，完整地保存和科学地管理科技档案，充分发挥科技档案在社会主义现代化建设中的作用，1980年12月9日经国务院批准，1980年12月27日国家经济委员会、国家基本建设委员会、国家科学技术委员会、国家档案局发布《科学技术档案工作条例》。经过多年的发展，我国现已建立了较大规模、较成体系的科技档案事业。

但是，在面对全球数字技术变革、国家科学技术取得长足进步等新变化时，我国科技档案管理工作仍然存在一些问题和难题，例如科技档案分散保存、电子档案管理难度大、科技档案资源开发利用不足、科技档案资源共享难等。与此同时，我国科技体制改革的深化、国家创新体系建设的加快，也对科技档案工作提出新的挑战，对科技档案资源提出新的需求。鉴于此，立足我国科技档案工作的现实问题和发展需求，在借鉴国外科技档案工作先进经验的基础上，设计出科学、合理、可行的科技档案工作体系成为时代所趋。

第一节 研究背景

一、科技档案工作是国家档案事业的重要组成部分

1949 年 10 月 1 日，中华人民共和国成立。自此我国档案事业建设与发展有了坚实依靠与强大支撑，国家档案事业的发展就此揭开了新篇章，正式跨入一个全新的发展时期。在新中国成立初期，国家各项事业百废待兴，恢复与重建成为党和国家的主要任务。随着发展生产力和国民经济恢复与建设步伐的加快，科技档案资料开始在国家各项事业的建设中发挥重要作用，为国家节省了不少人力、物力、财力和时间成本，科技档案管理和保存受到了党和国家领导人的高度重视。为此，党和国家开始着手建设与发展科技档案事业，科技档案、科技档案工作在此背景下应运而生。

1955 年，第一届全国人民代表大会第二次会议上，科学家雷天觉等三位人民代表首次提出关于“建立全国性的技术资料馆”的提案，引起了大会代表们的广泛关注。① 1956 年，国务院转发了国家档案局《关于目前档案工作情况和今后工作安排的报告》，该报告首次提出了“技术档案”，并指出“技术档案资料工作在生产建设中的作用越来越显著”，必须迅速制定办法，建立管理工作，以便赶上国家建设需要；1957 年，我国又出台了加强技术资料管理的《关于改进档案、资料工作的方案》，着手建立科技档案的管理工作，随后不久便制定了文件标题中明确有“技术档案”字样的《国家机关、企业、事业单位技术档案资料工作暂行通则（草案）》；1959 年，“大连会议”② 上讨论并通过了《技术档案室工作暂行通则》，这

---

① 周雪恒．中国档案事业史［M］．北京：中国人民大学出版社，1994：534.

② 1959 年 12 月 1 日至 9 日，国家档案局在大连市召开了华北、东北协作区技术档案工作扩大会议，因为此次会议上，全国各省、市、自治区等都有代表参加，因此通常认为，此次会议是我国第一次全国技术档案工作会议，习惯上简称为“大连会议”。

标志着科技档案成为国家档案事业的重要组成部分。[①] 1962 年，国务院批转《国家档案局关于工业企业技术档案工作的报告》，专门就科技档案的管理体制和机制、管理与利用问题、保密问题等进行了详细规定和要求。科技档案工作就此按照党中央和国家的相关决定和文件精神、国家档案局的相关规定稳步开展，成为国家档案事业不可或缺的组成部分。1966 年，“文革”的爆发使刚有起色的国家档案事业受到严重冲击，科技档案工作也未能幸免——陷入了长期停滞阶段。直到 1979 年，在全国档案工作会议上，科技档案价值得到重申，全国范围内的科技档案工作重新启动。1980 年，我国第二次全国科技档案工作会议成功召开，讨论、拟定了《中华人民共和国科学技术档案工作条例》[②]，同年，国务院批准了《科学技术档案工作条例》，该条例的出台正式确立了科技档案的重要地位，科技档案工作由此迎来迅速发展期；1986 年，我国第三次全国科技档案工作会议的召开，成为中国科技档案工作发展的重要转折点。1987 年，《中华人民共和国档案法》正式颁布，该法律将科技档案纳入了档案事业建设范畴。进入 20 世纪 90 年代，随着计划经济体制向市场经济体制的过渡和现代企业制度的建立，各种科技档案、项目档案和经济科技档案存量积累迅速，并成为档案资源的重要来源和组成部分。为了更好地管理这些科技档案，国家档案局自《全国档案事业发展“九五”计划》起，开始将“经济科技档案”纳入了国家档案事业发展规划[③]，并作为其重要任务来完成；进入 21 世纪，《全国档案事业发展“十五”规划》《全国档案事业发展“十一五”规划》更加明确地将建设和发展“经济科技档案”工作纳入重要发展目标；而《全国档案事业发展“十二五”规划》《全国档案事业发展“十三五”规划纲要》则进一步拓展了科技档案的管理范围，提出加强项目档案的管理，这既对新时期我国科技档案工作的开展提出了要求，也为其后续

---

① 周雪恒. 中国档案事业史 [M]. 北京：中国人民大学出版社，1994：536.

② 丁明浩. 加速科技档案工作的恢复与整顿——全国科技档案工作会议纪实 [J]. 档案工作，1980 (5)：15 – 16.

③ 王刚. “九五”期间档案事业发展的目标、指导思想和主要任务 [J]. 中国档案，1996 (3).

发展指明了方向。

纵观我国科技档案工作发展轨迹和历史沿革，可知我国的科技档案工作始终受到党和国家的高度重视，从始至终都是国家档案事业的重要组成部分，并与国家档案事业发展互为策应。因此，探寻由古及今的档案事业史，积极建设和发展科技档案工作，就是发展和繁荣国家档案事业。这既是当前推进我国档案事业繁荣发展的必然要求，也是科技档案工作自我完善的必然选择。

二、科技档案事业在伟大事业建设中具有重要地位

科技档案是科技工作的记录、依据、工具和成果，既是重要的信息资源和知识资产，也是国家和社会的宝贵财富。关于对“科技档案”概念的界定有三种观点。其一，主要指从事科学技术活动中直接形成的、对国家和社会具有保存价值的各种文字、图表、数字、声像等不同形式的历史记录；其二，主要指机关、团体、单位或个人在科技活动中形成的、作为历史记录整理留存的信息载体；其三，主要指一个项目从立项开始到成果开发推广应形成和保存的所有材料。综合三种观点，我们可以得出：科技档案是主要在自然科学研究、生产技术、基本建设等活动中形成的应当归档保存的图纸、图表、文字材料、计算材料、证书、声像资料等科技文件材料。① 科技档案是由科研和生产建设等活动而产生的，有各类技术性内容，其中包含与隐藏着大量的科技信息与知识，对国家建设与发展具有重要的参考价值。1954 年，中国档案学奠基者吴宝康教授就曾在《论档案工作的意义及目前存在的问题》一文中指出：“在大规模建设时期，无论是重工业、轻工业、地质部门、水利部门以及建筑工程部门等，在实现国家工业化的任务中都可以利用档案文件材料为国家经济建设服务。”② 此后，吴宝康教授还提出了“科技档案是生产力”的重要观点，认为科技档案对促进国民经济和科学技术发展，维护企业经济利益、合法权益和历史真实面貌

---

① 宋宁．浅论大数据时代下的科技档案管理［J］．辽宁经济，2015（10）：68－69.

② 吴宝康．论档案工作的意义及目前存在的问题［J］．山西政报，1954（12）：15－20.

等具有重要价值。①吴宝康作为当时社会背景下的中国档案学者代表，其观点真实地反映了当时科技档案在国家建设发展中的重要价值和应用情况。

科技档案的信息和知识属性决定了其经济价值。尤其是在知识经济时代，科技档案作为无形资产的地位更加凸显。② 作为我国档案事业的重要组成部分，科技档案既是科学技术发展的基础，也是技术改革的重要依据，有利于促进经济水平的提升。在我国国民经济建设与社会发展的不同时期，科技档案均发挥着举足轻重的作用。总的来说，科技档案完整地记录了新中国成立以来我们国家在经济发展、科技创新、国防建设、城市建设和社会进步等方面的辉煌成就和艰难历程。尤其是近年来，伴随着我国经济的迅猛发展，全社会在生产、科研领域的投入也日趋增多，由此从地方到国家级别的科技成果也日趋丰硕，与此同时，在这一过程中所形成的科技档案的作用与价值也越来越大。科技档案因其能够为经济社会的发展提供知识来源，对日后的工作提供借鉴和参考作用而越发引起社会的关注。③随着我国《国家中长期科学和技术发展规划纲要（2006—2020 年）》、国务院印发的《促进大数据发展行动纲要》《关于深化科技体制改革加快国家创新体系建设的意见》《中华人民共和国国民经济和社会发展第十三个五年规划纲要》《国家创新驱动发展战略纲要》《“十三五”国家科技创新规划》《新一代人工智能发展规划》等系列科技发展相关政策性文件的颁布，国家对科技创新的关注和投入达到了前所未有的高度和力度。而在此过程中，科技档案的重要性必将更加凸显，受到党和国家的高度重视。一方面，既有的存量科技档案在大数据、人工智能等技术的应用下将大有可为，以潜在的科研内容价值为我国建设创新型国家提供数据支持；另一方面，国家各项科技创新事业的发展与繁荣必将迎来科技档案数量上的指数级递增。在某种程度上而言，科技档案的存量与增量也是国家生产力和

---

① 张斌，杨文．吴宝康科技档案管理思想研究［J］．档案学通讯，2017（6）：4－8.

② 张斌，徐拥军．我国科技档案管理体制机制建设的政策建议［J］．档案学研究，2016（3）：25－34.

③ 毛业博．我国科技档案管理工作探微：不足与建议［J］．机电兵船档案，2016（5）：19－21.

软实力的重要体现，科技档案资源在国家建设发展中具有重要作用。

1984 年，邓小平同志给《经济参考》题词：“开发信息资源，服务四化建设。”这使全国档案界同人备受鼓舞，并由此掀起了全国档案信息资源开发与利用的热潮。科技档案是国家档案资源的重要组成部分，是各类科技创新活动的智慧结晶，是我国科研工作和科学技术可持续发展的物质基础，是我国实现科技创新的基石。总的来说，科技档案作为信息资源的重要形式，是科技创新、成果转化的基础，它有三个重要作用。第一，科学技术具有连续性和继承性，科技档案为人们日后继续研究和创造提供可靠的信息资源；第二，科技档案是科技交流的重要工具之一，通过成果分享可以节省物力财力；第三，合理利用科技档案，充分挖掘其中的价值，可以满足社会需求，产生巨大的经济效益。这三个作用是科技档案核心价值的重要体现。科技档案对国家、社会以及个人的价值是显而易见的，但是要保证其价值的充分发挥和实现，需有合理恰当的体制机制做保障，才能将科技档案所蕴含的巨大价值转变为现实的生产力，因此，加强对科技档案管理工作的研究，是充分发挥科技档案价值的现实需要。

党的十九大报告指出：“实现伟大梦想，必须推进伟大事业。”这个事业就是中国特色社会主义，囊括了改革开放以来我们党的全部理论和实践主题。档案作为社会活动的原始记录，记载了这些由党和人民历尽千辛万苦、付出巨大代价取得的成就。因此可以说，档案是我们国家从站起来到富起来和强起来的重要“见证者”。从历史的角度来看，科技档案是科技管理的重要产物，也是科技管理的重要依据，科技档案记载了新中国成立以来的所有有价值的科技与建设活动，见证了伟大事业实践进程中的点点滴滴，成为国家最为宝贵的知识财富，新中国成立 70 年来，尤其是改革开放以来，我国的科学技术发展迅猛，取得了举世瞩目的成就，已经成为经济社会发展的强大动力。进入 21 世纪以来，我国先后通过制订和实施国家中长期科技规划纲要等科技发展规划，进一步明确了大力发展科学技术，建设创新型国家的重大发展目标。经过多年耕耘，我国在基础研究和高科技研究领域取得了一批重大成果，突破了一批关键技术。在此过程中，产生了庞大的科技档案。因此，从某种程度上来看，科技档案事业的发展就是中国科学技术事业发展的“影子”，是我国伟大事业伟大实践的一个重要缩影。回归现实，从未来视角审视科技档案，一方面，它将以浩瀚的存量和高价值的内容为新时代国家伟大梦想和伟大事业的推进与发展贡献力量。另一方面，它将继续并长期成为国家推进伟大事业进程中的重要参与者、见证者和守护者。

三、科技档案工作创新是科技体制改革的必定之选

我国科技体制决定了科技档案工作的体制机制，影响着科技档案管理的具体流程与方法。1978 年中国实施改革开放，原有计划经济体制下形成的计划科技体制已不再适应社会主义市场经济的发展要求。因此，变革原有的国家科技体制，以适应中国特色社会主义经济的发展壮大成为时代趋势。为适应城乡经济体制改革，面向经济建设战略方针，1985 年，中共中央发布《关于科学技术体制改革的决定》，提出在运行机制、组织结构、人事制度等方面进行改革，促进技术成果的商品化，开拓技术市场。中国科技体制逐步从计划向市场转变。为适应科技体制改革步伐，加强科技档案管理，1980 年 9 月国务院批转《全国科技档案工作会议的报告》，同年 12 月，国务院又批准了《科学技术档案工作条例》。经历了国家科技体制改革后，科技档案管理与科研管理，如计划管理、成果管理、课题管理等结合得更为紧密。① 为适应科技体制改革发展步伐，1987 年，国家科学技术委员会、国家档案局联合颁发《科学技术研究档案管理暂行规定》，以加强科技档案管理的制度化、规范化，提出加强科技档案的开发利用，为经济建设、科技进步和技术市场服务的业务目标。1987 年 6 月，国家档案局与国家经委、国家计委、国家科委联合印发了经国务院领导同志批准的《关于加强科学技术档案工作的意见》。1988 年 10 月，财政部、国家档案局发布《开发利用科学技术档案信息资源暂行办法》，提出加速科技档案

---

① 王传宇，张斌．科技档案管理学［M］．3 版．北京：中国人民大学出版社，2009：327.

信息交流，促进科学成果的推广应用，促进经济建设和科学技术发展，适应了市场科技体制改革的步伐。1995 年，中共中央、国务院发布了《关于加速科学技术进步的决定》，该文件提出稳住基础研究、应用研究、社会公益研究和重大科技活动，鼓励技术开发类科研机构并入或转为企业。随后，国家档案局于 1997 年会同国家计委，颁布《国家重点建设项目档案管理登记办法》。

进入 21 世纪，我国科技体制改革的步伐持续加快，国务院就科技体制改革颁布了一系列改革方案。2012 年 9 月 23 日，国务院印发《关于深化科技体制改革加快国家创新体系建设的意见》；2014 年 12 月，国务院又印发《关于深化中央财政科技计划（专项、基金等）管理改革的方案》。2015 年 9 月，中共中央办公厅、国务院办公厅联合发布了《深化科技体制改革实施方案》；2016 年 7 月中共中央办公厅、国务院办公厅印发了《关于进一步完善中央财政科研项目资金管理等政策的若干意见》。另外，2020 年 9 月，习近平总书记在科学家座谈会上提出："要依靠改革激发科技创新活力，通过深化科技体制改革把巨大创新潜能有效释放出来。"随着我国科技体制改革的不断深化，科技体制改革主体架构已经确立，这将对科技档案管理体制机制、流程、方法等方面产生重要影响。因此，调整和完善科技档案工作体系，既是新时代科技体制改革的新要求，也是科技档案管理适应新形势发展的内在需求。

四、科技档案工作创新是繁荣档案事业的必由之路

尽管我国的科技档案事业和新中国成立初期相比，已经取得巨大的成就，然而，随着我国科技档案数量的激增，科技管理内外部环境的变化，科技档案工作也面临着严峻的考验。从科技档案管理现状来看，在档案管理过程中还存在一些因素制约着我国科技档案工作的开展，需要结合内外部环境和现实需求不断改进与完善。例如，科技档案管理思想意识落后，科技档案的数据类型繁多、管理难度大，系统环境下科技档案（电子文件）分散保存，科技档案资源开发利用不足，科技档案资源共享存在壁垒，等等。

尤其是进入21世纪以来，由于受我国的科技体制改革不断深化，创新型国家建设步伐加快等因素的影响，科技档案的资源结构、管理体制机制、管理利用的方法和方式等发生改变，机遇与挑战并存。从当前发展现状来看，科技档案管理存在较严重的体制机制障碍。科技档案管理实践中，科技档案的产生主体比较分散（科研部门、高等院校、生产单位等），档案来源广泛，管理部门众多，管理方式、方法纷杂多样，加之缺少相关档案部门之间的协调，从而导致科技档案管理问题层出不穷，影响着科技档案资源体系的建立和科技档案管理工作的整体效益，一定程度上制约了科技档案管理工作。由于管理体制机制的不顺畅，主管部门难以建立统一、权威的科技档案管理规范或标准，这给工作带来极大的不便。

另外，从当前我国科技档案工作的现实来看，到目前为止还没有形成一套从国家到地方各级单位主体的科技档案工作规范，也没有建立起一套标准的管理规范作为科技档案管理的参考指南。值得关注的是，一些高等院校、规模较大的企业，以及规模较大、比较成熟的科研单位虽然针对本单位的科技档案管理工作制定了相应的管理规范或参照标准，但是这些规范大都只符合本单位的情况，不具有真正意义上的广泛适用性。我国现行的《科学技术档案工作条例》（以下简称《条例》）是我国科技档案领域里最重要的法律依据，对我国科技档案工作有着明确的要求。该《条例》于1980年12月9日经国务院批准，由国家经委、国家建委、国家科委和国家档案局发布，属于行政法规。然而，距离《条例》发布已有40多年，科技档案工作的内外环境早已发生了巨大变化，该条例内容已存在许多不合适、不合理之处，需要予以修订和完善。现有的其他有关科技档案管理的条例或规定不够完善、比较粗糙，政策性、纲领性较强，操作性和指导性较弱，没有对科技档案管理流程的具体环节等进行详细说明，没有形成强制性的管理程序，这使得很少有单位能够真正将科技档案工作纳入本单位实际的管理体系之中，科技档案工作漏洞百出，效率较低，难以真正实现有效管理，这极其不利于科技档案管理工作的开展。① 除此之外，当前

---

① 毛业博．我国科技档案管理工作探微：不足与建议［J］．机电兵船档案，2016（5）：19－21.

有关科技档案的归档制度和科技档案收集工作的机制还不健全，譬如没有对科技文件和资料的收集归档时间进行统一规定、缺少对科技档案管理工作的监督等，从而导致科技档案管理和利用存在风险。基于此，进一步完善和创新科技档案管理已经成为十分迫切的一项任务。

创新科技档案工作体系，进一步提升科技档案管理水平，是科技档案工作的自我优化途径之一，更是促进我国档案事业发展的关键措施。科技档案管理是一个涵盖了思想意识、法规制度、标准规范、组织体系、管理模式、人才队伍、经费投入等各个层面或要素在内的复杂系统。现阶段，人们对科技档案利用需求的意愿日益增强、新兴信息通信技术的快速发展，以及档案资源体系建设工作的需求和档案资源信息化、网络化的趋势等，都对科技档案管理工作提出了更高的要求。鉴于此，科技档案管理也必须不断进行调整和创新，随之动态变化，才能更好地满足时代发展所需。在新形势下，我国档案领域需积极深化和创新科技管理、科技档案管理研究，将科技档案管理研究纳入整个科技管理体系、国家创新体系研究的范畴①；从更宏观、战略的视角定义科技档案的价值、审视科技档案管理的意义，构建一套国家宏观层次的、科学合理、有效可行的科技档案工作体系，从而促进国家创新体系建设、支撑我国科学技术发展规划，促进档案事业繁荣、提升科技档案管理水平。

五、科技档案工作创新是适应数字时代的必然之举

21 世纪，随着信息技术的迅猛发展，人类社会的生产、生活方式发生了翻天覆地的变化，逐渐步入数字时代。在数字环境下，大数据、云计算、区块链、人工智能、5G 等新兴信息技术飞速发展、快速应用普及，极大地改变了科技档案工作的环境、内容、方式和方法，给科技档案工作带来了新的机遇与挑战。未来中国科技档案资源不再是大量的纸质资源，数字档案资源将成为中国档案资源体系的核心组成部分。信息技术的飞速发展对科技档案资源建设、管理与开发利用不断提出新挑战，特别是各类业

---

① 苏美玲．信息时代科技档案管理工作研究［J］．办公室业务，2017（7）：86，88.

务系统的出现以及各单位业务数字转型升级不断推进，科技档案由各类业务系统生成、流转、利用等，以及各业务部门对档案单套制管理的迫切需求，将对科技档案的收集、存储、管理、开发、利用、共享等方面提出更高的要求。另外，数字经济、数字制造、智能制造、e－science、科学研究第四范式等的提出与实现须有大量数据作为支撑，科技档案作为科技活动的重要原始记录，理应作为“数据支撑”融入各项业务流中，以科研数据形态赋能我国科技发展与创新业务。

进入数字时代，数据作为一种重要的信息资源，在社会进步、科技发展中发挥着举足轻重的作用。然而科技档案作为科技活动的原始记录型数据，在推进我国科技进步、经济发展、科研繁荣，实现科技、科研强国及科技创新等方面具有重要作用。当前我国国内外形势日益严峻，面临百年未有之大变局，以美国为首的发达国家对中国进行各方面的打压，在科技领域十分显著。由于目前我国在科技创新方面仍然未能达到世界最前列，核心技术研发应用仍受制于西方发达国家，这对我国全面夺取小康社会建设以及跃升世界科技与科研强国造成了极大的限制。鉴于此，中共中央在《中共中央关于制定国民经济和社会发展第十四个五年规划和二〇三五年远景目标的建议》中强调了科技创新的重要地位，提出要对核心领域和核心技术进行深入研究，由对发达国家的技术依赖过渡到我国核心技术自主创新，摆脱科技依赖，实现科技强国和科研强国。2018 年，在中国科学院第十九次院士大会、中国工程院第十四次院士大会上，习近平总书记强调，我国经济社会发展比历史上任何时期都更需要科技供给、国家对战略科技支撑的需求比以往任何时期都更加迫切，科学技术从来没有像今天这样深刻影响着国家前途命运，从来没有像今天这样深刻影响着人民生活福祉。① 科技档案资源作为记录科技活动最真实的资料，为科技活动的开展提供重要的信息支撑。因此，随着我国科技创新核心战略地位的确立，国家和社会对科技档案资源的需求也将日益增加。

---

① 习近平．我们比历史上任何时期都更需要建设世界科技强国［EB/OL］．（2018－06－06）［2021－04－15］．https：//www.chinanews.com/gn/2018/06－06/8531359.shtml.

泛在化的数字环境进一步催生档案资源形态的变化，与此同时，科技档案利用服务也不再是被动地、自上而下地提供基础数据或档案原件，而是通过了解不同业务类型对科技档案数据的需求，在对科技档案数据进行深度加工的基础上，依托网络平台主动地提供更高质量的知识服务。在数字环境下，科技档案利用服务的高效开展将为各级领导决策提供服务，从而帮助实现科技强国、科研强国、科技创新。总而言之，在数字时代，科技档案的产生、管理、开发、利用等各项业务的管理模式较传统模式发生了重大的变化，与新信息技术的融合与应用也呈现出新的发展趋势。另外，国家和社会对科技档案数据的需求也日益增加，传统的科技档案管理体制机制已不再适应数字时代的要求。鉴于此，完善和变革科技档案管理体制机制，建立适应数字时代的发展、助力科技档案资源价值挖掘、促进国家科技创新的科技档案管理体系，业已成为不可回避、必须攻克的重要现实任务。

第二节　研究目的与意义

一、研究目的

本书的研究目的是梳理我国科技档案事业发展的历史脉络，总结历史经验与教训；调查了解当前我国科技档案工作的现状与问题、需求与差距；借鉴和吸收西方发达国家科技档案管理的先进经验；设计一套国家层面的、科学有效的科技档案工作体系；最终，为促进我国科技档案事业发展、推动国家创新体系建设提供可操作、可实施的建议。

二、研究意义

本研究的理论意义主要在于深化和创新科技管理、科技档案管理研究，将科技档案管理研究纳入整个科技管理体系、国家创新体系研究的范畴，从更宏观、战略的视角定义科技档案的价值、审视科技档案管理的意义。

本研究的实践意义主要在于为我国科技档案管理体制机制建设提供理论指导和政策建议。从管理体系、服务体系、安全体系三个维度构建一套立足国家宏观管理视角、科学合理、有效可行的科技档案工作体系，从而促进国家创新体系建设、支撑我国科学技术发展规划。

第三节 研究内容与方法

一、研究内容

本书研究内容主要包括以下六个部分：

第一部分，我国科技档案事业的发展历史。以历史时间分期（创建期、恢复整顿和调整转型期、改革发展期）的方式回顾我国科技档案工作起源、发展与变革的过程，总结出我国科技档案事业在不同历史阶段的发展经验与教训。

第二部分，我国科技档案工作的现存问题。基于文献研究和实践调查，从思想意识、法规标准、业务流程、人员结构、监管安全五大维度对当前我国科技档案管理的现存问题进行梳理和总结，系统分析各方原因，为后期科技档案管理体系的设计和实现提供思路。

第三部分，西方国家科技档案管理的经验借鉴。选取国际范围内科技档案（包括科研数据、科技文件）管理理论与实践发展状况较好的国家地区，详细分析其在政策法规、管理体系、业务流程、技术支持、人员配备等方面的经典举措。在此基础上，梳理、总结出可供我国科技档案管理工作借鉴的先进经验。

第四部分，我国科技档案管理体系建设的对策建议。主要从树立新科技档案观，健全科技档案工作法规制度体系，强化科技档案工作监督管理体系，理顺各相关主体的权责关系，建立科技档案管理的纳入机制，建立科技档案验收和审计制度，推进科技档案管理标准化，加强科技档案人才和经费保障等方面，提出了我国科技档案管理体系建设的对策。

第五部分，我国科技档案服务体系建设的对策建议。主要从基于大数据环境的科技档案利用观念变革，加强新技术与科技档案服务利用的融合，创新科技档案编研服务，创新科技档案知识服务，构建科技档案资源共享机制等方面，提出了我国科技档案服务体系建设的对策。

第六部分，我国科技档案安全体系建设的对策建议。主要从树立科技档案安全观，加强科技档案安全监管，探索科技档案安全风险治理，健全科技档案解密制度，重视科技档案知识产权保护等方面，提出了我国科技档案安全体系建设的对策。

上述第一部分和第二部分是本研究开展的前期基础，第三部分是本研究的破题之处，第四部分、第五部分、第六部分是本研究的最终落脚点与研究重点。

二、研究方法

本书坚持多角度、跨学科、系统研究的方法论，充分发挥不同研究方法的互补性，保证课题研究成果的科学有效。具体采用以下研究方法：

一是文献研究法。书稿编写组成员访问互联网资源（例如百度学术、谷歌学术等）、国家图书馆、中国人民大学图书馆等文献收藏机构，以及CNKI（中国知网全文数据库）、SSCI（社会科学引文索引）、ProQuest 等国内外权威的数据库，进行文献收集和检索，系统收集与本研究主题相关的图书、论文、研究报告、法规标准等各类文献，充分吸收已有研究成果，牢牢把握国内外科技档案管理理论和实践研究的最新动态。

二是实践研究法。书稿编写组成员对国家档案局、中国科学技术信息研究所、中国科学院档案馆、国家自然科学基金委员会、航空工业档案馆、中国电子科技集团公司第三十八研究所、清华大学档案馆、中国人民大学档案馆等科研主管单位、科研机构、档案主管单位、档案管理机构等进行调研，并与其负责人和业务骨干进行座谈。同时，与中国工程院关桥院士、新中国科技档案管理学重要开创者之一王传宇教授、著名科技档案管理专家霍振礼研究员等进行了深度访谈。了解当前我国科技档案工作现状、存在的问题，了解科研生产、科技创新对科技档案的需求、对科技档案管理的要求。实践调研对象的具体情况如表 1－1 所示。

表 1－1　本课题调研访谈情况一览表

序号	被调研单位	受访人	采访人	时间	地点
1	国家档案局	国家档案局技术部主任付华、国家档案局经济科技档案业务指导司副司长王岚、紫光电子档案事业部总经理季雪岗	张　斌 安小米 宫晓东 徐拥军	2013 年 7 月 30 日	中国人民大学信息楼 209 室
2		中国工程院关桥院士	张　斌 李红梅 加小双 范紫薇	2013 年 12 月 13 日	中国航天科学技术研究中心贵宾室
3		著名科技档案管理专家霍振礼研究员	张　斌	2013 年 10 月 31 日	通过邮件书面访谈
4		科技档案管理学重要开创者之一王传宇教授	张　斌 徐拥军 范紫薇 苟俊杰	2014 年 5 月 6 日	信息楼 208 室
5	中国科学技术信息研究所	中国科学技术信息研究所副所长张新民	张　斌 徐拥军 加小双 刘晓菲	2014 年 5 月 8 日	中国科学技术信息研究所办公室
6	中国科学院档案馆	中科院档案馆常务副馆长潘亚男、副馆长李月婉	张　斌 徐拥军 范紫薇 苟俊杰	2014 年 3 月 6 日	中国科学院档案馆

续表

序号	被调研单位	受访人	采访人	时间	地点
7	国家自然科学基金委员会	办公室副主任韩智勇研究员、文档处吴宁处长，计划局综合处刘卫处长、郑知敏副研究员，信息中心张民社副主任	张斌 徐拥军 加小双 刘晓菲	2014年6月5日	国家自然科学基金委员会行政楼
8	航空工业档案馆	航空工业档案馆馆长高大岭、馆长助理戴先明、馆长助理韩建华，副处长张晓、副处长李红梅以及航空工业档案馆部分工作人员等12人	张斌 徐拥军 加小双 杨静	2014年4月25日	航空工业档案馆会议室
9	中国电子科技集团公司第三十八研究所	第三十八研究所信息中心徐礼祥主任等	张斌 徐拥军	2014年4月18日	合肥，第三十八研究所
10	清华大学档案馆	清华大学档案馆薛四新	徐拥军 加小双	2014年5月27日	中国人民大学信息资源管理学院会议室
11	中国人民大学档案馆	中国人民大学档案馆胡玲玲	冷裕波	2013年12月18日	中国人民大学档案馆
12	中国人民大学科研处	中国人民大学科研处副处长沃晓静、中国人民大学科研处魏扣	冷裕波 加小双	2013年12月26日，2014年4月25日	中国人民大学科研处
备注	此外，还包括承担本课题之前，其他项目调研过程中，众多涉及科技档案管理问题的调研访谈。				

三是历史研究法。所谓历史研究法即运用历史资料，按照历史发展的顺序对过去事件进行研究的方法。为了对当前我国科技档案管理的现状有更加深刻的认识，论文编写组成员采用历史研究法，梳理我国科技档案工作起源、发展与变革的历史进程，对不同历史时期科技档案工作的内容和重点进行总结，进而为我国科技档案管理工作的创新发展提供前期脉络追溯和后期预测依据。

四是比较研究法。所谓比较研究法即对物与物之间、人与人之间的相似性或相异程度进行研究的方法。论文编写组成员运用比较研究方法，从法规标准、管理体系、业务流程、人员保障等维度出发对中国与西方发达国家的科技档案工作进行横向比较，以期识别西方发达国家科技档案管理中的优质经验，为我国科技档案管理工作的调整和创新提供启示。

五是体系建构法。论文编写组成员在分析和总结了当前我国科技档案工作存在的实际问题的基础上，提出构建包括管理体系、服务体系、安全体系在内的科技档案工作体系。立足实际问题和发展需求，展开科技档案工作体系建构研究，并给出相关对策建议，推动该体系的落地实现。

第四节 概念界定

一、科技档案的概念内涵

“科技档案”这一概念的提出最早始于1959年在大连召开的技术档案工作现场会议。此前，我国对科技档案的认识基本上处于感性认识阶段，没有形成科技档案的科学概念，而是笼统地称为“技术资料”。国家档案局于1960年3月发布的《技术档案室工作暂行通则》中明确了科技档案的概念：“凡是记述和反映本单位的基本建设、生产技术和自然科学研究等活动的，具有保存价值，并且按照一定的归档制度作为真实的历史记录集中保存起来的技术文件材料（包括图纸、照片、表报、文字材料等）都是技术档案（或称科技档案）。”① 随着科技档案这一专门概念的出现，我国科技档案理论研究与实践工作开始走向正轨。

随着实践的发展，人们对于科技档案的认识也愈加深化。1994 年《档案学词典》将科技档案定义为：“科技档案是在自然科学研究、生产技术、基本建设等活动中形成的归档保存的图纸、图像、文字材料、计算材料、照片、影片、录像、录音带等科技文件材料。”② 2000 年《档案工作基本术语》（DA/T 1—2000）将科技档案界定为：“反映科学技术研究、生产、基本建设等活动的档案。”

学术界也从不同角度对科技档案进行了理论界定，比较典型的观点如下：冯惠玲教授将科技档案定义为“人们在科技、生产活动中直接形成，具有一定保存价值的科技文件，它也是档案家族中的一个重要的档案门类，如图纸、设计任务书、科研报告等”③。王传宇、张斌认为，“科技档案是组织机构或个人在科技、生产活动中直接形成的、保存备查的信息记录”④。一般认为，科技档案蕴含大量有价值的技术信息，具有专业性、成套性、多样性、现实性等特点，并具有知识价值、凭证价值及效益价值。⑤

二、科技档案与科技档案、企业档案

科技档案是科学技术档案的简称，是指“组织机构或个人在科技、生产活动中直接形成的、保存备查的信息记录”⑥。《科学技术档案工作条例》（1980 年版）第二条规定：“科技档案是指在自然科学研究、生产技术、基本建设等活动中形成的应当归档保存的图纸、图表、文字材料、计算材料、照片、影片、录像、录音带等科技文件材料。”

尽管《科学技术档案工作条例》对科技档案的内涵和外延做了明确的

---

① 技术档案室工作暂行通则［J］. 档案工作，1960（3）：1－2.
② 吴宝康，冯子直. 档案学词典［M］. 上海：上海辞书出版社，1994：151.
③ 冯惠玲. 档案学概论［M］. 北京：中国人民大学出版社，2006：36.
④ 王传宇，张斌. 科技档案管理学［M］.3 版. 北京：中国人民大学出版社，2009：12.
⑤ 陈作明. 科学技术档案管理学［M］. 北京：中国档案出版社，1998：25.
⑥ 王传宇，张斌. 科技档案管理学［M］.3 版. 北京：中国人民大学出版社，2009：12.

界定，在实际工作中，仍然存在将“科技档案”狭义地理解为“科研档案”的情况。实际上，科技档案种类丰富，包括工业生产技术档案、农业科技档案、建设项目档案、设备档案、自然科学研究档案、自然现象观测档案、地质档案、测绘档案、环境保护档案等。①相应地，科技档案即自然科学研究档案或科学技术研究档案，属于科技档案中的重要一类。《科学技术研究档案管理暂行规定》（1987 年国家科委、国家档案局发布）第二条规定：“科研档案是指科学技术研究过程中形成的，具有保存价值的文字、图表、数据、声像等各种形式载体的文件材料。”现代科学技术研究主要以项目形式开展，所以“科研档案”往往又被称为“科研项目档案”或“科技项目档案”。

《企业档案管理规定》（2002 年国家档案局、国家经贸委、国家计委发布）第二条规定，企业档案是指“企业在生产经营和管理活动中形成的对国家、社会和企业有保存价值的各种形式的文件材料”。企业档案通常包含文书档案、产品档案、科技档案、设备档案、基建档案、会计档案、人事档案等，其中，科技档案（产品档案、科技档案、设备档案、基建档案）是企业档案的核心组成部分。1995 年首届全国企业档案工作会议召开之后，“企业档案”这一概念逐渐流行，而“科技档案”这一概念的使用日渐冷却。张莉认为，科技档案概念的式微有一定的趋势性，但是其仍然有适用的范围。② 霍振礼则大声呼吁，没有理由淡化科技档案概念③，也不可淡化科技档案管理研究④。

三、科技档案与科技报告

国家标准《科技报告编写规则》（GB/T 7713.3—2009）指出：“科技

① 王传宇，张斌．科技档案管理学［M］．3 版．北京：中国人民大学出版社，2009：21.

② 张莉．是“选择”还是“趋势”——科技档案概念式微若干问题的再思考［J］．档案管理，2008（1）：34－35.

③ 霍振礼．也从科技文件与科技档案的关系谈起——没有理由淡化科技档案概念［J］．档案学通讯，2005（4）：24－27.

④ 霍振礼．不可淡化我国的科技档案概念和科技档案管理研究［J］．档案与建设，2005（1）：11－14.

报告是科学技术报告的简称，是用于描述科学或技术研究的过程、进展和结果，或描述一个科学或技术问题状态的文献。”中国科学技术信息研究所贺德方认为：“科技报告是科技人员为了描述其从事的科研、设计、工程、试验和鉴定等活动的过程、进展和结果，按照规定的标准格式编写而成的文献。科技报告翔实记载了项目研究工作的全过程，包括成功的经验和失败的教训，其实质是以积累、传播和交流为目的。科研工作者依据科技报告中的描述能重复实验过程、了解科研结果。”①

“科技报告是文献化的科技档案，是科技档案的重要组成部分。科技报告体系建立后，将丰富科技档案的技术内容。”② 科技档案更强调原始记录性和凭证价值，除了科研活动中的技术性记录，还包括科研活动中的管理性记录（例如项目申报书、任务书、协议书、结项申请书等）；而科技报告更强调信息性、知识性和情报价值，只包含技术性内容，不涉及管理性内容。

四、科技档案工作体系

从系统论的角度来看，“体系”是指作为研究对象的一定物质或空间所组成的整体，也称“系统”。“体系”内的诸要素之间是基于一定的内在逻辑关系而存在和分布的，互相关联、互相作用，共同构成一个有机整体。科技档案工作体系，可视为由科技档案管理体系、服务体系、安全体系共同组成的动态系统，分别从管理层、业务服务层、安全保障层对我国科技档案工作进行组织、协调和支撑。科技档案工作体系区别于“科技档案工作体制”，其内涵更加丰富，外延更加宽泛。科技档案工作体系既包括“科技档案工作体制”中“从国家、地区和专业系统的角度确立对科技档案事业的宏观管理职能、组织原则和运行机制，国家档案行政管理机构、专业主管机关、科技档案形成单位等对科技档案工作的统筹规划、组织协调、统一制度以及监督指导”③ 的内容，也包括微观层面对科技档案

① 贺德方．中国科技报告体系建设［Z］．2013-10-25.

② 贺德方．中国科技报告体系建设［Z］．2013-10-25.

③ 王传宇，张斌．科技档案管理学［M］．3版．北京：中国人民大学出版社，2009：12.

管理具体业务和安全保障的规划和落实。

科技档案工作体系这一概念的具体特点如下：（1）科技档案工作体系是对我国科技档案管理活动进行描摹的多维架构，其既包含一个由多种相互关联的具体制度组成的管理体系，也包括由业务环节、业务重点组成的服务体系以及由知识产权、保密管理、风险管理等组成的安全体系。（2）科技档案工作体系内部诸要素之间相互联动，以促进科技档案工作各项目标的实现。其中，该体系内各要素及子要素的设定、相互间关系并不是一成不变的，而是随着科技档案工作内外部环境的变化不断调整和优化。

第五节 国内外研究现状

一、国内科技档案工作研究综述

“科技档案”是我国特有的档案概念，而且科技档案工作一直是我国档案界研究与实践的重点对象。截至2020年4月，在中国期刊全文数据库（CNKI）中以“科技档案” + “档案工作”、“科技档案” + “管理”为关键词进行学术指数检索，得出其学术关注趋势图，详见图1－1。由图1－1可知，1980年《科学技术档案工作条例》颁布后，我国档案界开始兴起对科技档案管理的研究。20世纪90年代中后期，由于改革开放市场经济体制确立引发我国各行各业科技档案的数量、种类增加，档案界对科技档案工作的研究更加广泛和深入。另外，进入2010年，受全球数字转型、e－science运动、数据赋能科技发展等外部环境的影响，科技档案工作迎来一系列新的变革。在数字环境下，科技档案的数字化管理、数据化管理、开放利用服务、数据安全等成为新时期档案理论与实践领域研究的重要主题。

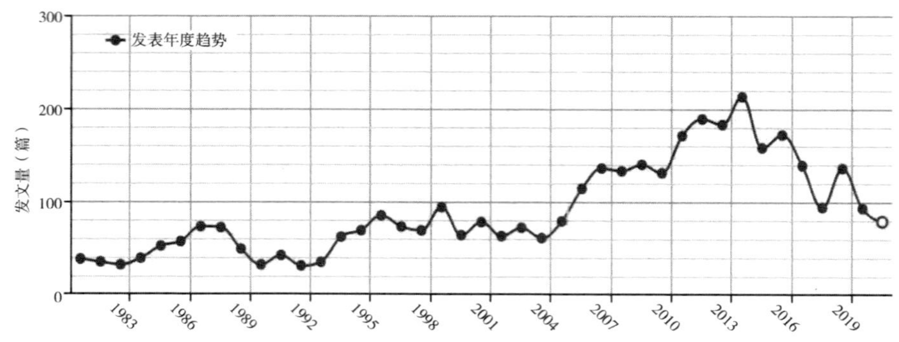

图1－1 “科技档案工作”的学术关注趋势图

（一）我国科技档案工作体制研究

从第一个五年计划（1953—1957）时期起，为解决大量科技文件材料与其他科技资料混同管理的问题，更好地发挥科技档案作用，在科技档案工作中提出按专业统一管理的思想。1980 年 12 月 9 日经国务院批准发布的《科学技术档案工作条例》，以行政法规的形式确立了科技档案工作按专业统一管理的体制，即“各级档案行政管理部门对全国科技档案工作进行指导、监督和检查，国务院所属的各专业主管机关和省、自治区、直辖市人民政府所属的专业主管机关建立相应的档案机构，加强对所属企业、事业单位科技档案工作的领导”。这就是我国档案事业发展史上著名的以“条”为主、“条块”结合的科技档案宏观管理体制。在该体制下，我国又提出了科技档案“三纳入”管理制度，将科技档案工作纳入各单位的科技工作中，随之建立起国家规模的科技档案事业。

20 世纪 80 年代中期起，我国开始实行经济体制改革，面对“按专业统一管理”的体制被削弱、科技档案工作失去有效监督的现实，档案部门开始探索新的管理体制。1987 年 3 月，国家科委、国家档案局联合发布的《科学技术研究档案管理暂行规定》中明确了科技档案管理体制，即科技档案工作是科研管理的重要组成部分，各级档案管理部门和科技行政管理部门要对科技档案工作进行定期的检查。从这一管理体制出发创立的“四同步"的管理办法为项目档案管理提供了根本保证。因此，科技档案管理体制是针对科研活动的实际特点确定的，触及了科技档案管理的关键环节，同传统的"条块"体制相比无疑是一大进步，也更加适合于项目档案的管理。① 同时，王传宇、张斌提出了我国"条块结合"的科技档案管理体制，即"在国家档案局的统一掌管下，按专业实行统一管理，中央和地方各级专业主管机关对所属系统的科技档案工作实行领导和指导，国家各级档案行政管理部门实行监督、指导和检查的管理体制"；提出了科技档案管理的专业管理原则、前端控制原则、全程管理原则、知识管理原则。② 该结论现在已经成为科技档案管理的一种普遍共识。

2020 年 10 月，《科学技术研究档案管理规定》（以下简称《管理规定》）修订通过，并于 11 月 1 日起正式施行，新修订的《管理规定》在科技档案工作体制、机制方面进行了较大的变革，主要体现在深化统一领导和分级管理、强化科技档案工作规章制度建设、明确科技档案管理责任主体、优化科技档案管理监督机制等方面。在深化科技档案管理的统一领导和分级管理方面，《管理规定》提出国家档案主管部门对全国科技档案工作实行监督和指导，国家科技主管部门在国家科技计划（专项、基金等）组织实施过程中加强科技档案工作的统筹协调。在强化科技档案工作规章制度建设方面，《管理规定》要求各单位按照集中统一管理原则，建立健全科技档案工作规章制度和保障制度，保证科技档案工作的顺利开展，强调科技档案的完整、准确、可用、安全。在明确科技档案管理责任主体方面，《管理规定》明确了各参与主体的责任，如规定国家档案主管部门负责对全国科技档案工作进行监督和指导，地区国家档案主管部门负责对本区域内的科技档案工作进行监督和指导，国家档案科技主管部门对国家科技计划（专项、基金等）在组织实施过程中要加强对科技档案工作的统筹协调，建立科技档案工作机制。各单位档案主管部门集中统一管理本单位科技档案，对本单位科研文件材料的归档工作进行监督和指导，协助科研

① 潘世萍，侯希闻．科技计划项目档案管理体制发展及创新研究［J］．中国档案，2011（11）：50－51.

② 王传宇，张斌．科技档案管理学［M］．3 版．北京：中国人民大学出版社，2009.

人员做好科研文件材料收集、整理、归档及科研项目结题验收等工作。地方科技档案主管部门（机构）会同档案主管部门对本区域内的科技档案工作建立工作机制，并进行监督和指导。科研项目承担单位的上级主管部门（机构）负责将科技档案工作纳入本系统整体工作范畴，对所负责的科研项目的档案工作负责，建立工作制度，与此同时，也要切实加强对科技档案工作的领导和管理。科研项目承担单位（含牵头单位）对所承担科研项目的档案工作负总责，其责任主要有：对科研项目参加单位提出科技档案管理要求，明确科技档案归属与流向，并进行科技档案的审查与验收。科研项目参加单位需做好项目文件的材料收集、整理、归档及档案保管、利用、鉴定、处置等工作。科研项目负责人对归档科研文件材料的完整性、准确性、系统性负责。在优化科技档案管理监督机制方面，《管理规定》明确了分级监督的形式以及监督主体和监督内容，国家档案主管部门对全国科技档案工作进行监督，地方档案主管部门对本区域内科技档案工作进行监督，各单位档案管理部门对本单位科研文件材料的归档工作进行监督，中央和地方各级科技主管部门对本级财政支持的科技计划（专项、基金等）的科技档案工作进行监督。

（二）我国科技档案工作问题研究

20 世纪 90 年代以来，随着我国经济、政治体制改革的不断深化，传统科技档案管理体制渐渐无法满足科技档案工作开展的实际需求，开始制约科技档案工作的有序发展。张薇娣、张薇娅提出科技档案工作体制的落后导致科技档案工作面临三大问题：一是科技档案管理功能的认识不到位，科技文件的归档率大大低于文书档案，且利用价值不高；二是科技档案管理的相关法律法规滞后，其中科技档案保密方面的法律法规体系还不健全，立法重点不明确；三是科技档案利用率与社会需求仍有一定差距。①另外，徐拥军和张斌认为当前我国科技档案管理体制机制主要存在科技档案管理思想落后、法规标准缺失、科技档案工作监督管理力度小、纳入与

---

① 张薇娣，张薇娅．新形势下科技档案管理模式创新研究［J］．太原城市职业技术学院学报，2009（9）：151－152.

验收制度未健全、科技档案收集归档难度大、开放共享利用程度低等问题。①

张诗敏在开展实践调研的基础上总结出科技档案开发利用存在科技档案资源整合度低、缺乏统一的管理规范、科技档案数字化程度低、科技档案资源利用率低四大方面的问题。② 王萍、王志才、张诗敏在对吉林省科技档案工作现状进行调查的基础上指出，吉林省科技档案资源的开发利用受到政策法规、档案意识、人员素质、资金投入等各种因素的限制。③ 王燕认为我国科技档案管理工作存在归档率不高、利用率低、科技档案分散管理、相关法律法规比较薄弱等问题。④ 郝莎认为现行科技档案管理工作中收集门槛设置过低，鉴定环节线条粗放，对内容真伪以及保管期限缺乏有效认证。⑤ 王玉斌认为高校科技档案管理总体严重滞后、科技档案管理与科技项目过程控制脱节、已有科技档案缺少重要核心内容、科技档案利用与开发几近空白。⑥

潘世萍、侯希闻认为，无实际主管部门、缺乏科学的运行机制，已经导致现有管理体制对科技项目档案管理的制约。因为从“条块”体制看，其发挥作用的大小，完全取决于专业主管机关的“领导”与档案行政管理部门的“指导”结合的紧密程度如何；但这一体制并没有提出和解决如何“结合”的问题。“结合”的程度，主要取决于专业主管机关领导的档案意识；随着计划体制逐步被市场体制所替代，一些专业主管机关既抛弃了“结合”，也放弃了对科技档案工作的领导，整个系统的科技档案工作就成

---

① 徐拥军，张斌．我国科技档案管理体制机制的现状问题［J］．档案学研究，2016（2）：14－21.

② 张诗敏．科技档案信息资源开发利用研究［D］．长春：吉林大学，2012（5）．

③ 王萍，王志才，张诗敏．吉林省科技档案管理调查分析报告［J］．档案学通讯，2012（4）：80－83.

④ 王燕．基于“互联网＋”的科技档案管理创新［J］．档案与建设，2016（3）：87－89.

⑤ 郝莎．科技档案管理问题探讨［J］．兰台世界，2014（S6）：9－10.

⑥ 王玉斌．高校科技档案管理：问题、原因及对策［J］．档案学研究，2015（1）：68－71.

了死水一潭，丧失了生机和活力。①另外，由于现有科技档案管理体制与科技档案社会利用需求不相匹配，科技档案价值的发挥受到制约。冯晓丽提出，目前国内科技档案管理中具有数量大、保密性高、周期长等特点，应用传统的档案管理方法，极有可能造成科技档案丢失；在现代科技档案管理中，普遍应用了较为先进的网络技术，但在实际管理中由于管理经验不足，对于相关管理技术的应用尚存在一定的弊端和问题。②

（三）我国科技档案工作优化研究

彭朝云从观念的更新（前提）、机制的转换（中心）、手段的革命（关键）三方面提出了科技档案管理变革发展的新思路。③ 杨宝瑞也从法规制度、思维意识、信息技术、服务机制四方面提出了科技档案管理优化的思路。④ 高亚萍认为，构建现代科技档案管理的良性循环机制，实现系统优化质量管理的目标，涵盖三个基本要素：一是规范化是质量管理的第一要素；二是信息化管理需要注入新的生机；三是开发现有人才的潜能刻不容缓。⑤ 杜静等人提出要建立科研材料归档工作协同机制，由课题负责人、科研人员、兼职档案人员、科研管理部门协同，明确各主体的职责，档案管理部门进行统筹协调，制定覆盖全面的课题归档范围，培养专业队伍，加强科技档案知识培训，探索建立科研材料归档的约束措施，构建科技档案利用系统。⑥ 负霄雄分析了科研生产企业科技档案收集归档管理存在的问题，提出完善科技档案收集归档管理工作的对策：以宣传为导向，增强科研人员的档案意识；以制度为约束，完善项目归档具体要求；以计划为

---

① 潘世萍，侯希闻．科技计划项目档案管理体制发展及创新研究［J］．中国档案，2011（11）：50－51.

② 冯晓丽．浅谈科技档案的网络化管理［J］．华章，2011（9）：235.

③ 彭朝云．关于科技档案管理改革的基本思路［J］．档案学研究，1996（12）：55.

④ 杨宝瑞．新时期科技档案管理存在的问题及对策［J］．中共郑州市委党校学报，2010（5）：56－57.

⑤ 高亚萍．现代科技档案的管理问题［J］．山西大学学报（哲学社会科学版），2003（8）：122－124.

⑥ 杜静，罗瑞丽．关于科研院所科研档案管理的探析［J］．北京档案，2020（12）：35－37.

牵引，确保项目归档的完整性；以考核为保障，提高项目归档工作积极性。①

立足信息化视角下的科技档案工作优化研究成为一大热点。曹娟从信息化和流程化的角度，提出了实现科技档案信息化管理、流程化管理的方法。② 张卫东等引入集成化服务理念，重点从信息发布、信息服务、数字参考咨询和个性化定制四方面设计了科技档案资源集成化服务的模块。③ 冯晓丽从网络化管理的角度，提出应注意加快科技档案网络化标准规范的制定、培养高素质的管理人才、构建科技档案网络化的安全保密体系，最终促进科技档案全面实现网络化管理，为我国科技事业发展提供充足的技术资料和信息。④ 仝春灵分析了科技档案管理系统的应用需求，设计了科技档案库的结构，并对具体的设计与实现方法进行讨论，给出了部分实例代码。⑤吴光彬、吴克利认为："科技档案的信息化管理程度高低，直接影响企业整体信息化的管理水平，因而企业科技档案管理必须利用现代信息技术，充分发挥网络技术及数据库技术优势，建立起科学适用的档案管理系统，建设一支高素质的档案管理者队伍，使科技档案建设与企业信息化建设得到同步发展，企业档案信息资源得到完整、高效的利用。"⑥王学琴等人提出对科技档案资源进行开发有助于增强科技竞争力、助推社会发展等；新形势下科技档案资源的开发应转变科技档案信息管理观念、加大科技档案信息开发力度、科技档案信息网络化、优化科技档案管理队伍。⑦

---

① 贠霄雄．科研生产企业科技档案收集归档管理问题与完善对策［J］．北京档案，2018（10）：30－32.

② 曹娟．建立高效的科技档案管理体系［J］．水运科学研究，2011（3）：46－49.

③ 张卫东，张帅，刘梦莹．科技档案资源集成化服务研究［J］．档案学通讯，2012（6）：45－47.

④ 冯晓丽．浅谈科技档案的网络化管理［J］．华章，2011（9）：235.

⑤ 仝春灵．基于 VB/SQL Server 的科技档案管理系统设计［J］．山东交通学院学报，2003（4）：47－49.

⑥ 吴光彬，吴克利．信息时代企业科技档案工作新思路［J］．重工与起重技术，2005（3）：28－30.

⑦ 王学琴，杨剑，康磊．新形势下科技档案资源管理的信息开发模式［J］．山西档案，2016（5）：84－86.

进入21世纪之后，随着知识经济的兴起，资产管理和知识管理逐渐成为企业管理的重点，这为科技档案管理提供了新的思路和视角：一方面，资产视角的切入使人们渐渐地将科技档案作为资产进行管理。另一方面，随着知识管理的兴起，许多学者开始从知识管理视角研究档案管理体制。例如，张斌等人就主张实现企业档案管理向知识资源管理的过渡。① 雷洁通过对中科院、中国农业科学院、北京大学、南宁大学等机构进行调研，提出构建基于知识图谱的科技档案管理模型，对科技档案进行细颗粒识别、对档案数据进行解析、实现科技档案知识关联等。② 曹惠娟、丁照蕾认为当前航空科技档案开发主要面临数字档案馆建设由信息管理向知识管理转变，馆藏资源数量增多、种类变杂，开发难度增加等问题，提出基于知识服务的航空科技档案资源开发策略。③安小米提出了面向知识管理的国家科研项目集成化文件管理体系的“业务—文件—知识”（BRK）模式。同时，她还对国家科研项目文件管理活动有关的文件生命周期模式、业务连续体模式、知识生态模式和综合集成管理模式进行了SWOT分析，并基于综合集成管理最佳实践模式，提出了构建面向知识管理的国家科研文件管理体系规划、实施、评估、改进的模型。④

部分学者主张引入大数据、区块链、人工智能等新兴技术创新科技档案工作模式。数字时代，各类新信息技术的迅猛发展，如大数据、云计算、区块链、人工智能等的飞速发展，给科技档案的管理带来了新的机遇与挑战，新技术与科技档案管理的融合与发展，极大地改变了科技档案工作的内容、方式和方法。王莉认为科技档案管理在大数据时代主要面临保密性与共享性、媒体融合与独立性、碎片化与整体化的两难问题，并提出要构建科技档案数字化管理系统、加快科技档案的媒体融合、形成基于

---

① 张斌等．知识资源管理：企业档案工作改革的新思路［J］．中国档案，2004（10）：37－39.

② 雷洁．基于知识图谱的科研档案管理研究［D］．北京：中国农业科学院，2020.

③ 曹惠娟，丁照蕾．基于知识服务的航空科技档案开发策略［J］．档案学研究，2016（4）：82－85.

④ 安小米．面向知识管理的国家科研项目文件管理体系：模式分析与模型构建［J］．图书情报工作，2011（7）：98－102.

SECI 模型的人才培养模式。① 陈慰对区块链技术在特种设备科技档案中的应用进行了可行性分析，并提出区块链在科技档案中的应用思路与方法，利用区块链技术实现科技档案数据的规范管理，提高档案数据的安全性和可靠性，拓宽科技档案服务的渠道，提升科技档案服务能力。②

另外，有学者提出科技档案全流程管理的理念。对科技档案实行全流程管理，加强前端控制，简化档案管理流程，适应电子文件全程管理的需要，重视科技档案资源的开发与利用，有助于在很大程度上提升科技档案管理的质量，最大限度发挥科技档案的价值。关瑶认为当前水利水电单位科技档案管理主要采用末端管理模式，末端管理模式下，极大地影响了档案收集工作的质量，基于此，提出水利设计科技档案实施全流程管理的举措：完善科技档案的全流程质量控制体系，建立信息系统。③ 谢清等人提出构建全流程科研项目档案融合管理体系，将档案管理融入军工科研项目的规划、论证、组织实施、监督评估、考核验收等全过程中，将档案管理的要求融入系统中，有助于全面提升科研项目档案管理质量，实现科研生产与档案管理的无缝对接。④

在科技档案的机构设置与职能优化方面，李卓妮基于对航天科技档案部门机构设置与职能发挥基本情况进行调查，提出要从顶层建立有效的档案工作运行机制、完善规章与标准体系、加大考核力量等。⑤ 杜晓华等指出基层科技档案室存在档案意识不强、科技档案体系不健全、队伍不稳定、专业技术力量薄弱等问题，提出加强基层科技档案管理体系建设，管理体系由单位分管领导、主管业务部门、基层档案室、科技档案人员组

---

① 王莉．浅谈大数据时代科技档案融合发展创新之路［J］．山西档案，2016（1）：82－84.

② 陈慰．特种设备技术档案区块链管理的探索与实践［J］．档案与建设，2020（4）：63－65.

③ 关瑶．水利水电设计单位科技档案全流程管理思考［J］．北京档案，2019（2）：36－38.

④ 谢清，胡金涛，马建林．军工院所科研项目档案融合管理体系及实践探索［J］．中国档案，2021（1）：84－86.

⑤ 李卓妮．企业档案部门职能定位优化研究——基于航天科技档案部门机构设置与职能发挥基本情况调查［J］．浙江档案，2021（2）：58－59.

成；落实责任和权利，明确各主体职责；厘清权属关系。①

（四）小结

首先，从研究方法上看，当前我国科技档案工作研究呈现出多学科相互兼容渗透的趋势。具体表现在系统论、信息论、经济学、企业管理、信息资源管理、知识管理等理论与方法被引入科技档案工作的各类研究之中。但是总体上来看，已有的科技档案工作研究依然面临着定性研究较多、定量研究较少，理论研究较多、实证研究较少等问题。

其次，从研究内容上看，国内学者更多关注宏观层面我国科技档案工作体制设计、微观层面科技档案业务存在的问题及对策。但是，值得注意的是，宏观层面的科技档案工作体制、机制研究与微观层面的科技档案业务研究存在割裂，无法统一于科技档案工作创新发展的最终目标。在此情况下，也导致科技档案工作体制相关研究成果无法与科技档案工作实践紧密贴合，从而制约了我国科技档案工作的繁荣发展。由此可见，上能兼顾顶层设计，下能落实业务细节的科技档案工作体系亟须建立。

二、国外科技档案工作研究综述

相较于美国、澳大利亚、欧盟等国家和地区，“科技档案”是具有中国特色的学术概念。在严格意义上，欧美等西方发达国家并不存在与我国“科技档案”完全一致的概念，其惯用的相关概念包括“science archives”“science data”“science information”“science information resource”“science records”等。其中，值得一提的是，国外科学研究领域使用频率最高的术语为“science records”（科研文件）而非“science archives”（科研档案），主要原因在于文件管理活动是科学研究活动中所有利益相关方共同关注的话题，其贯穿于科研活动的始终。而在西方档案语境下，档案管理则是档案工作者、历史研究者等关注的重点。同时，科研文件的概念包括科技档案，科技档案仅是其中需要永久保存的部分。②

---

① 杜晓华，肖青，张萍．基层科技档案室在部队建设中的作用［J］．兰台世界，2014（S2）：81－82.

② 安小米．国外科研文件和档案管理研究［J］．北京档案，2007（5）：40－41.

（一）科技档案工作制度与规范研究

法律、标准、制度、政策作为外部环境因素，在宏观层对科研文件档案管理做出指导性的约束和规范。Lehmberg 等人讨论了私人、商业和研究环境中多种著作权归属的法律问题，以及欧洲和美国对于用于科学目的的数据处理有多方面差异。①关于数据标准，Richesson 和 Nadkarni 针对目前临床科研数据收集形式的数据标准做了回顾并指出局限，建议未来采纳的标准尽可能连接通用结构标准和专门领域内容。②国际档案理事会（International Council on Archives，简称 ICA）下设“高校与科学研究机构档案馆——科学与研究数据委员会”（ICA/SUV/CSRD）在 ICA 的统筹与支持下于 2010 年 12 月发布《科学记录和数据管理、保存手册 1.0》（*Management and Preservation of Scientific Records and Data*, *version* 1.0）。该手册的制定旨在促进科学研究界与档案界的沟通对话，并为科研机构提供长期保存、方便获取利用科研数据的最佳实践指南。③总的来看，国外科研机构制定的科研数据管理工作制度、规范主要涉及数据创建、数据采集、数据存储、数据访问与共享、数据归档、数据安全等方面。例如英国剑桥大学的“科学数据管理政策框架”④、英国牛津大学的“科学数据与记录管理政

---

① LEHMBERG T. Digital Text Collections, Linguistic Research Data, and Mashups: Notes on the Legal Situation [J]. Libraryt Trends, 2008, 57 (1): 52 - 71.

② RICHESSON R L, NADKARNI P. Data standards for clinical research data collection forms: current status and challenges [J]. Journal of the American Medical Informatics Association, 2011, 18 (3): 341 - 346.

③ 杨文娜，张斌，李子林．国外科研记录与数据管理实践对我国科研项目档案管理的启示［J］．档案学研究，2019（2）：122 - 128.

④ University of Cambridge. Research Data Management Policy Framework [EB/OL]. (2020 - 04 - 11) [2020 - 04 - 07]. https://www.data.cam.ac.uk/university-policy.

策”① 以及美国西北大学的“科学数据：所有权、保存与访问”指南②。

（二）科技档案管理及利用共享研究

科研信息的高效收集与组织是科技档案开发利用的基础。Whitford 从收集工具的角度出发，将短信服务（Short Message Service）的文本发送作为工具来收集研究数据，实验数据证明，这样一种捕获数据的方式是可靠的和有效的。③元数据作为描述信息资源或数据本身的特征和属性的一种方式，规定数字化信息的组织，因此可充分地利用元数据来进行科研数据的组织，进而支持跨学科的研究。④ 相关研究表明，通用的数据库使用信息专业人员创建的元数据，而领域内特定的数据库使用研究者创建的元数据效果更好。⑤

Perry 通过对加拿大科研工作者进行采访调查发现：科研工作者尽管乐于分享自身产出的科研数据，也支持对科研数据的保存，但实际上并未系统地对自身产出的科研数据进行妥善保存。未来需要在国家层面上制定规范为科研工作者保存和获取科研数据减少障碍。⑥国外学者重点关注并探讨

① University of Oxford. Policy on the Management of Research Data and Records [EB/OL]. (2021-04-07) [2020-04-07]. http://www.admin.ox.ac.uk/media/global/wwwadminoxacuk/localsites/researchdatamanagement/documents/Policy_on_the_Management_of_Research_Data_and_Records.pdf.

② Northwestern University. Research Data: Ownership, Retention and Access [EB/OL]. (2021-04-07) [2021-04-07]. http://research.northwestern.edu/sites/research/files/policies/Research_Data.pdf.

③ WHITFORD H M. Evaluating the reliability, validity, acceptability, and practicality of SMS text messaging as a tool to collect research data: results from the Feeding Your Baby project [J]. Journal of the American Medical Informatics Association, 2012, 19 (5): 744-749.

④ WILLIS C, GREENBERG J, WHITE H. Analysis and synthesis of metadata goals for scientific data [J]. Journal of the American Society for Information Science and Technology, 2012, 63 (8): 1505-1520.

⑤ WHITE, HOLIE C. Organizing scientific data sets: Studying similarities and differences in metadata and subject term creation [D]. North Carolina: The University of North Carolina at Chapel Hill, 2012.

⑥ PERRY C M. Archiving of publicly funded research data: A survey of Canadian researchers [J]. Government Information Quarterly, 2008, 25 (1): 133-148.

了数字环境下科研数据、文件的保存问题，如 Gutmann 等学者介绍了“社会科学数据保护联盟”项目和保存社会科学电子数据所面临的挑战，强调项目的关注点从存量的濒危科研数据转向未来的研究项目将产生的科研数据①。另外，也有学者提出从科研数据的全生命周期来进行保管而不仅仅是末端控制。② 这是科研数据保存理念的根本性转变。

国外学者对于科研数据利用共享的研究点主要集中在影响数据共享的因素。例如 Borgman 指出，目前科研数据共享面临种种困难，以自然科学、社会科学、人类学中的实例来说明数据共享的四个驱动力因素，即哪部分数据应该共享？共享的主客体是什么？在怎样的条件下？会取得什么效果？这些问题的有效回答会形成数据政策和相应的实践。③ 另外，Sayogo 和 Pardo 发现，影响科研数据共享的决定性因素有两个，一个是数据管理的技术和组织支持，另一个则是数据集合创始人的认可和法律政策要求④，这与 Youngseek Kim 的研究结论基本一致，即制度因素与个人因素互补，共同影响科研数据共享行为。⑤ Piwowar 和 Heather Alyce 则利用文献计量法分析临床试验引用历史等来理解研究者公开共享研究数据的影响、优势和模式。⑥ Denny、Spencer G 等人研究发现相关利益者认为研究数据进入公共领域会失去一些价值，对数据机密性存在担忧，共享数据被滥用、误解

---

① GUTMANN M P. From Preserving the Past to Preserving the Future: The Data - PASS Project and the Challenges of Preserving Digital Social Science Data [J]. Library Trends, 2009, 57 (3): 315 - 337.

② SAVAO L F, SALES L F. Curatorship Digital: a new platform for digital preservation of research data [J]. Informacao & Sociedade - Estudos, 2012, 22 (3): 179 - 191.

③ BORGMAN C L. The Conundrum of Sharing Research Data [J]. Journal of the American Society for Information Science and Technology, 2012, 63 (6): 1059 - 1078.

④ SAYOGO D S, PARDO T A. Exploring the determinants of scientific data sharing: Understanding the motivation to publish research data [J]. Government Information Quarterly, 2013, 301: S19 - S31.

⑤ YOUNGSEEK K. Institutional and Individual Influences on Scientists´Data Sharing Behaviors [D]. New York: Syracuse University, 2013.

⑥ PIWOWAR, HEATHER A. Foundational studies for measuring the impact, prevalence, and patterns of publicly sharing biomedical research data [D]. Pittsburgh: University of Pittsburgh, 2010.

和产生错误结论的可能性，从而威胁到初步研究的完整性。Tenopir 等学者对来自全世界的科学家进行抽样调查发现，绝大多数科学家认为缺乏其他研究人员或机构生成的数据是导致整个科学进步的主要障碍，并且超过 85% 的受访者表示他们愿意与他人分享他们的数据，并表示他们希望能使用他人分享的科研数据。①

（三）科技档案管理技术及系统研究

进入数字时代以来，科技档案/数据管理呈现出越来越显著的技术依赖性。计算机技术、大数据技术、人工智能技术等新兴技术的发展和应用在某种程度上影响甚至决定了科技档案的管理和利用模式。Nadkarni 等人早在 1999 年就提出使用一个相对简单的物理数据库模式来组织高度异质的科研数据的方法，即“实体—属性—值”②，并于 2001 年提出消除科研数据的“属性—值”数据库与传统数据库之间的壁垒③。另外，医疗领域科研数据是国外科研数据理论和实践研究的重要内容，运用计算机技术升级医疗科研数据管理手段将有助于提高医疗服务水平。Wade 等人针对医疗科研数据管理提出“三维总线模型”，该模型是借鉴了“实体—属性—值”模型和企业数据仓库的一些概念和方法建立起来的，可以整合电子病历、赞助研究等数据，并支持查询系统，从而灵活地管理医疗科研数据。④ 同样针对医疗科研数据，Jakobovits 和 Brinkley 设计出一个可以处理多媒体科研数据的管理工具——网络连接存储库管理器（Web - Interfacing Reposito-

① TENOPIR C, et al. Data sharing, management, use, and reuse: Practices and perceptions of scientists worldwide [J]. Plos One, 2020 (15): 1 - 26.

② NADKARNI P M, et al., Organization of heterogeneous scientific data using the EAV/CR representation [J]. Journal of the American Medical Informatics Association, 1999, 6 (6): 478 - 493.

③ NADKARNI P, MARENCO L. Easing the transition between attribute - value databases and conventional databases for scientific data [J]. Journal of the American Medical Informatics Association, 2001, S: 483 - 487.

④ WADE T D, HUM R C, MURPHY J R. A Dimensional Bus model for integrating clinical and research data [J]. Journal of the American Medical Informatics Association, 2011, 181: 196 - 1102.

ry Manager)。①

Arovelius 的调查报告揭示，国外大多数科研机构对科研文件的数字保护束手无策，电子文件形式的科研文件主要以其原格式进行保存，仅少数科研机构采用了数据迁移和仿真存储的方法。对档案管理机构而言，采用开放档案信息系统（Open Archival Information System，简称 OAIS）模型可以对已经形成的数字档案长久保存和利用，但难以介入正在形成和将要形成的电子和数字科研文件的前端控制与真实性保证。②

进入 21 世纪，随着数据仓储技术、机构知识库系统的研发与应用，科研机构开始将数据仓储、知识库系统引入科研数据的长期保存和利用共享业务中。2002 年，学术资源联盟——学术出版组（Scholarly Publishing for Academic Resources Coalition ，简称 SPARC）高级顾问 Raym Crow 首次将"机构知识库"定义为：获取和保存一个或多个大学的智力产出的数字化集合。③ 分布式机构知识库包括电子文档、数字化档案汇集和存储在多个使用网络服务和其他中间件相互连接的系统中的研究数据集。其实现方式为在计算机信息领域、信息技术领域等整合图书馆学和档案学，再通过数字保存来支持跨学科研究。④ 机构知识库也是科学数据库最常见的一种形式。⑤ Wong 以案例研究的方法推荐如何在机构知识库中进行数据著录等数

---

① JAKOBOVITS R M, BRINKLEY J F. Managing medical research data with a Web – interfacing repository manager [J]. Journal of the American Medical Informatics Association, 1997, S: 454 – 458.

② AROVELIUS R. Archives of Science: An International Perspective and Comparison on Best Practices for Handling of Scientific Records, The 15th International Congress on Archives [EB/OL]. [2007 – 04 – 09]. www.widen2004.ica.org.

③ RAYM C. The Case for Institutional Repositories: A SPARC Position Paper. 2002. [EB/OL]. [2020 – 11 – 01]. http://scholarship.utm.edu/20/1/SPARC_102.pdf.

④ WITT M. Institutional Repositories and Research Data Curation in a Distributed Environment [J]. Library Trends, 2008, 57 (2): 191 – 201.

⑤ MARCIAL L H, HEMMINGER B M. Scientific Data Repositories on the Web: An Initial Survey [J]. Journal of the American Society for Information Science and Technology, 2010, 61 (10): 2029 – 2048.

据处理。① 在科学研究的过程中知识产权日益重要，关系到科学出版链上的各个利益相关方。② 以美国国家进化综合中心与北卡罗来纳大学等五家科研机构合作开发的机构知识库"Dryad"为例，该机构知识库的主要科研数据范围为五家科研机构在生物科学、生态科学等领域的科研项目中产生的过程和结果数据。该机构知识库为了实现同 RDR 数据与元数据之间的互操作，参考都柏林核心元数据集、达尔文核心元数据等元数据标准，设计了应用规范（Dryad Application Profiles）和独特的元数据体系。③ 这就保证 Dryad 可以较为容易地实现元数据收割、跨系统检索以及与其他格式元数据的转换等操作，大大提高了科研机构科研数据的管理和利用效率。另外，国外科研数据机构知识库中的典型代表 DataVerse④、DSpace⑤、Fedora Commons⑥ 等在元数据设计方面遵循"以服务为目的"的发展模式，以资源发现为主要目标，通过门户网站、统一平台等网络入口提供科研数据开放共享目录。同时，DataVerse、DSpace 等机构知识库在默认支持都柏林核心元数据集的同时，都支持不同学科领域的元数据标准，以支持跨学科科研数据的共享和交换。

（四）小结

一方面，国外有关科技档案管理的研究相对较为成熟，形成了一个较为完备的包括法律政策制度保障、管理及共享利用业务全覆盖、技术和系统应用支持等在内的科学体系。相较于国内科技档案管理重制度层建设、轻技术实现，重理论探讨、轻实践探索的特点，国外科技档案管理的实践经验更加丰富，依托具体项目、科研机构业务开展的科技档案管理、保

---

① WONG G. Exploring Research Data Hosting at the HKUST Institutional Repository [J]. Serials Review, 2009, 35 (3): 125 – 132.

② ELLIOTT R. Who owns scientific data? The impact of intellectual property rights on the scientific publication chain [J]. Learned Publishing, 2005, 18 (2): 91 – 94.

③ GREENBERG J, et al. A metadata best practice for a scienti-fic data repository [J]. Journal of Library Metadata, 2009, 9 (3 – 4): 194 – 212.

④ DataVerse [EB/OL]. [2021 – 04 – 07]. https://dataverse.org/.

⑤ DSpace [EB/OL]. [2020 – 04 – 07]. https://duraspace.org/dspace/.

⑥ Fedora Commons [EB/OL]. [2020 – 04 – 07]. https://duraspcae.org/fedora/.

存、共享及利用研究，不断将理论研究在实践中进行验证和优化。

另一方面，国外有关科技档案管理的研究中，往往缺乏从国家整体视角构建科技档案管理规范、制度的设计，多数属于科研机构、科研学术团体、科研工作者领域内自发的制度设计和规范制定，缺少宏观把控和行业效应。然而事实上，制度和标准对于一个处于不断变化和发展中的领域而言将起到核心的指导和规范作用，能从上层建筑层面根本地解决一些科技档案保存、开发、利用、共享环节中出现的问题。

随着大数据、云计算、人工智能时代的到来，知识发现与知识服务日渐普及，各行各业都在努力抓住这一潮流来谋求自身的发展。国外学者在科技档案的研究上较于国内学者更为超前，对技术环境变革、新技术及工具应用、科技档案管理模式创新等方面的探讨更为深入、前沿，值得国内科技档案管理人员参考和借鉴。科技档案管理的可持续发展需要对其不断注入新的理念与动力，跨学科的知识交流与共享、保管的全生命周期理念、综合集成视角的引入、对人文管理的关注都是突破传统管理的创新意识的体现，更深层次的理论研究与实践应用还有漫长的路要走。

第二章

我国科技档案事业的发展历史

第一节　概　况

科技档案即科学技术档案，是组织机构或个人在科技、生产活动中直接形成的、保存备查的信息记录。科技档案是科学技术发展的产物，并反过来支持、服务于科学技术活动，以满足科技活动中保存记忆、留存依据与凭证、传播知识和经验等多方面的需要。科学技术起源于原始社会，科技档案亦源于原始社会，历经古代、近代、现代时期不断向前发展。

考虑到在中国古代、近代时期，科技档案工作的开展未能形成较为完备、成熟的体系，本文特别选取 1949 年 10 月 1 日中华人民共和国成立作为历史时间节点，主要探讨新中国成立后不断发展、壮大、繁荣的科技档案事业。新中国成立后的科技档案事业发展大抵上可划分为三个历史时期，具体情况如图 2－1 所示。

第一个时期是创建时期（1949—1976）。我国科技档案事业起源于新中国成立后开展的大规模经济建设和科学管理活动。在国家最高领导人的直接关怀下，经过紧张的准备过程，以 1959 年大连技术档案工作现场会议的召开和 1960 年《技术档案室工作暂行通则》的颁布为标志，国家规模的科技档案事业得以创建。进入 20 世纪 60 年代前半期，一系列管理规定、政策性文件的出台，将我国科技档案事业推入相对规范的发展轨道，并开始建立起符合当时国家经济体制和政治体制的科技档案事业宏观管理体制，基础工作的建设和相关学术的研究稳步前进且卓有成效。然而，在

“文化大革命”（1966—1976）时期，上述科技档案事业成绩遭受巨大的损伤。

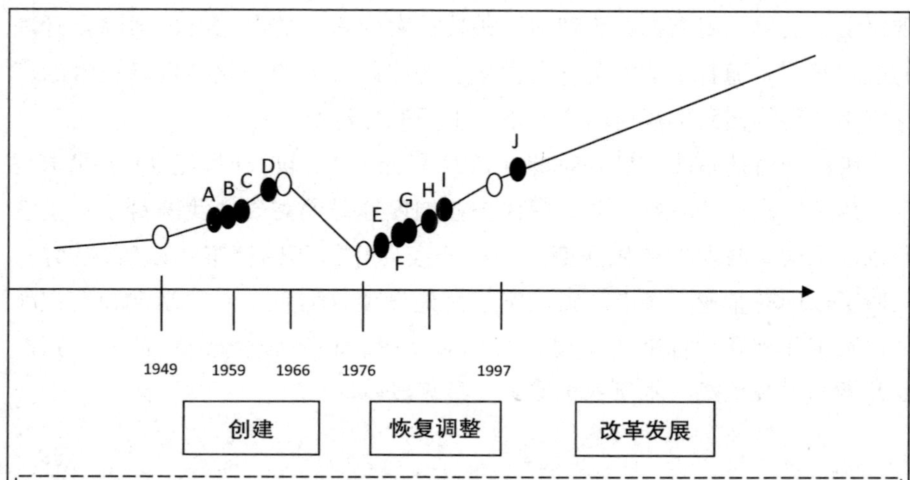

A. 1957 年 9 月，我国科技档案工作的第一个文件《关于改进档案、资料工作的方案》发布；

B. 1959 年 12 月，我国第一次全国科技档案工作会议——大连会议召开；

C. 1960 年，我国科技档案工作第一个较为完备的法规性文件《技术档案室工作暂行通则》发布；

D. 1962 年，《技术档案管理学》出版，标志着中国科技档案管理学的建立；

E. 1979 年 8 月，全国档案工作会议召开，重申科技档案的重要价值；

F. 1980 年 8 月，我国第二次全国科技档案工作会议——全国科技档案工作会议召开；

G. 1980 年 12 月，《科学技术档案工作条例》颁布；

H. 1986 年 12 月，第三次全国科技档案工作会议召开，是我国科技档案事业的转折点；

I. 1987 年 5 月，《中华人民共和国档案法》颁布；

J. 2002 年，《国家重大建设项目文件归档要求与档案整理规范》发布。

图 2－1　我国现代科技档案事业的发展脉络

第二个时期是恢复调整时期（1976—1997）。20 世纪 80 年代以来，我国科技档案事业伴着改革开放的深入，经历恢复整顿和企业升级这两个建设阶段，最终形成了以贯彻《中华人民共和国档案法》（以下简称《档案法》）及其实施办法为主线，具体落实《科学技术档案工作条例》及相关规范性文件要求的“条块结合”的宏观管理体制。科技档案工作也逐步实现了由过去单一门类档案管理向以科技档案为重点的多门类档案综合管理的模式转型。随着中国特色社会主义经济体制改革的深化与信息技术的广泛应用，科技档案事业也面临着进一步调整与转型。

第三个时期是改革发展时期（1997 年至今）。自 20 世纪 90 年代末至今，由于国家经济体制改革和现代企业制度建设的需要，我国科技档案事业也迎来改革与发展的机遇期。国家档案局作为我国档案行政管理部门，采取了以国有企业为试点，以国家重大建设项目为重点，以制定和发布科技档案工作规章和标准为主要业务引导手段，积极配合改革进程。另外，在此期间科技档案学术研究也取得了显著成就。

第二节　科技档案事业的创建时期

一、创建准备时期（1949—1959）

（一）历史背景

1953 年，我国开始实施发展国民经济的第一个五年计划，开始了大规模的、有计划的社会主义经济建设。在“一五”期间，我国完成了 165 项国家限额以上的工程项目以及其他科技项目的建设，产生了大量科技档案。但是，由于缺乏科学系统的管理，日益增长的科技档案利用需求与现实的科技档案利用服务之间的矛盾日益尖锐，建立专门的科技档案工作已成当务之急。

1954 年 11 月，国家档案局成立，为国家科技档案事业的发展奠定了组织基础。1956 年 1 月，党中央召开关于知识分子的会议，发出“向科学进军”的号召，为国家科技档案事业发展奠定了资源基础。同年 3 月，国务院成立科学规划委员会并制定《1956—1967 年科学技术发展远景规划纲要（草案）》，为我国科学技术工作指出了明确的奋斗目标。周恩来总理在

《关于知识分子问题的报告》（载于1956年1月30日《人民日报》）中强调要为发展科学研究提供档案资料、技术资料等必要的工作条件，这为国家科技档案事业发展奠定了政策基础。

（二）主要工作

从20世纪50年代中期起，为适应社会主义经济建设和科学技术发展的客观需要，我国开始着手建立与健全科技档案工作，为创建国家规模的科技档案事业做了一系列准备工作。

一是发出加强科技档案工作的倡导和建议。首先，毛泽东主席和周恩来总理先后针对科技档案提出了加强管理的要求。其次，在1955年第一届全国人民代表大会第二次会议上，雷觉天等三位代表提出“请在适当的部门领导下，设立全国性的技术资料档案馆”的提案。另外，全国人民代表大会代表、国家档案局局长曾三先生在1957年第一届全国人民代表大会第四次会议上重点阐明了管好科技档案对社会主义建设事业的意义，提出“必须分系统地进行统一管理”。在这一思想指导下，后来形成了按照专业统一管理的科技档案工作体制。

二是制订了为加强科技档案工作而发布的第一个文件——《关于改进档案、资料工作的方案》。1957年9月国务院第57次全体会议批准发布了由国务院科学规划委员会第四次扩大会议通过的《关于改进档案、资料工作的方案》（以下简称《方案》），《方案》对科技档案工作的意义、集中统一的管理制度、利用和交流以及借阅和保密问题等有关内容做了全面阐述。《方案》至今仍然具有实际意义和借鉴参考价值，在我国科技档案事业建设和发展的历史上具有重要地位。

三是开展业务指导、宣传及教育工作。在制订《关于改进档案、资料工作的方案》的同时，国务院科学规划委员会也设立了专门资料组，由国家档案局及有关单位负责人、专家和学者共同组成。资料组负责研究、规划关于科学研究工作所需要的档案、资料的管理条件，提出建议并进行业务指导。为宣传和交流科技档案管理经验，国家档案局于1958年6月召开座谈会，共同研究科技档案管理问题。与此同时，北京和上海还先后举办小型的科技档案展览会，宣传科技档案的重要价值。另外，在加强科技档案教育工作方面，1958 年 9 月，中国人民大学档案学系开办技术档案专修科，为新中国的科技档案事业培养专门人才；《技术资料工作通讯》（国家档案局，共 5 期）、《技术档案资料研究》（中国人民大学档案学系与第三机械工业部，共 8 期）等科技档案专题期刊也开始出版发行。

（三）发展特点

在创建时期，中国特色社会主义科技档案事业并没有实现独立发展，其具有如下特点：

一是认识缺乏科学性。科技档案和科技资料两者混淆不分，没有明确科技档案的概念内涵。重视实际业务操作，却未能从根本上厘清科技档案的范围，制约了后期科技档案管理工作的开展。

二是工作处于分散状态。各类机构、单位和专业系统产生的科技档案没有实行集中统一管理，缺少专门的档案管理机构，更没有自上而下的统一管理制度。

三是国家经济科技文化建设对科技档案工作的紧迫需要已经显现。这一时期国家经济、文化建设对科技档案工作的紧迫需要已无法停留在妥善保管好科技档案的层次，而是要朝着如何利用好科技档案的方向发展。这种供需之间的差距，客观上要求建设和发展国家规模的、集中统一管理的、社会主义的科技档案事业。

四是科技档案工作实践率先推动科技档案理论研究。这一时期科技档案工作的发展为理论研究提供机遇和挑战，从某种意义上，科技档案实践走在科技档案理论之前，理论来源于实践，又回到实践中不断检验、发展。

二、创建时期（1959—1966）

（一）历史背景

在 1957 年“一五”计划超额完成后，我国开始转入全面大规模社会主义建设阶段，国家科学技术水平也不断提升。1964 年年底召开的全国人民代表大会三届一次会议提出，在不太长的历史时期内，把我国建设成为一个具有现代农业、现代工业、现代国防和现代科学技术的社会主义强国的具体任务。在这一特殊历史背景下，作为社会主义国家的中国科技档案事业进入了创建的重要时期，为今后我国科技档案事业的建设与发展奠定了坚实基础。

与此同时，在“一五”计划期间，全国921个大中型重点建设项目大都设立了“中央资料室”，集中管理本单位的科技档案。比较大的设计院与研究所一般都开展了科技档案管理工作。这也为我国科技档案事业的创建夯实了前期基础。

（二）主要工作

一是大连会议召开和《技术档案室工作暂行通则》发布。1959年12月，在辽宁省大连市召开的技术档案工作现场会议，是我国首次举办的全国性科技档案工作会议。会议以研究探讨《技术档案室工作暂行通则草案》为主要议题，在总结过去10年间我国科技档案工作经验的基础上，着重讨论了以下问题：（1）区分科技档案与科技资料；（2）建立健全归档制度；（3）实行集中统一管理；（4）维护国家机密，保证科技档案安全。国务院于1960年正式批准试行《技术档案室工作暂行通则》。在一定程度上，大连会议的召开和《技术档案室工作暂行通则》的发布，可以视为我国国家规模的科技档案事业建设与发展的重要标志。它使我国分散、不统一的科技档案工作，开始有了通行、统一的做法和制度，逐步迈入社会主义国家规模的集中统一管理轨道，成为与国家社会主义经济建设和科学技术工作紧密联系的一项专门事业。

二是举办城市基本建设档案会议，加强管理城市基建档案。城市基本建设在国家经济建设中占有十分重要的地位，该类业务活动的档案管理至关重要，内容涉及范围也十分广泛。1960年10月，国家档案局在黑龙江省哈尔滨市专门召开了城建档案会议，并出台了一系列关于加强城建档案工作的政策性文件。其主要内容涉及城建档案概念及其作用；按专业集中统一管理城市基建档案；强调竣工图的及时完整保管；关于城市基建档案保密和干部管理问题。总体来看，在我国转入全面大规模的社会主义建设时期，提出加强管理城建档案，是非常及时且富有远见的。

三是出台“科研十四条”“工业十七条”和一系列加强科技档案工作

的文件。1961 年 7 月、9 月中共中央先后批准《关于自然科学研究机构当前工作的十四条意见（草案）》（简称“科研十四条”）、《国营工业企业工作条例（草案）》（简称“工业七十条”），其中分别对科技档案的保管提出具体要求。在 1961 年到 1964 年间，中共中央、国务院批转了一系列有关加强科技档案工作的文件，其中《关于进一步加强技术档案工作的报告》全面阐述了有关科技档案工作和建设中的各项重大问题，包括工作性质、机构设置、干部配备、建立健全制度、管理体制、保管条件等。从 1959 年 12 月到 1966 年 6 月，中共中央、国务院先后批准或批转了 11 份与科技档案工作相关的文件，大大推动了全国范围内科技档案工作的规范化开展，对建立和发展国家级规模的科技档案事业起到了关键作用。

四是制订科技档案工作“十年规划”。1963 年 12 月，《1963—1972 年科学技术发展规划》（简称“十年规划”）发布，其中档案资料规划是其重要组成部分，国家科委、文化部、国家档案局在下达规划的通知中指出：“科学技术情报、图书、档案资料工作，既是十年科学技术发展规划中的一个组成部分，又是保证实现其他各专业、各学科规划的重要措施，必须大力加强。”档案资料十年发展规划的具体内容总共分为 5 类 27 项，包括建立健全各单位科技档案室工作，逐步建立一批科技专业档案馆，加强科技档案工作理论与方法的研究，加强对科技档案保管技术、修复和复制技术的研究等，并且提出了完成这些具体任务的关键措施。尽管“十年规划”是当时我国比较全面的科技档案工作发展规划，但是由于“文化大革命”的直接影响未能被顺利执行。

（三）发展特点

自大连会议至 1966 年上半年，在党中央和国务院的领导下，为迎合社会主义市场经济建设和科学技术工作发展的需要，社会主义国家规模的中国科技档案事业快速、健康地建立和发展起来。这一发展时期的主要特点如下：

第一，初步确立了我国社会主义科技档案工作的方针、政策、原则、体制、规章制度等。

第二，工业、交通、科学技术等各行业主管机关加强了对本行业系统内科技档案工作的指导和监督；同时，我国各级档案行政管理部门也加强了对科技档案工作的指导、监督和检查；大中型企事业单位建立健全了科技档案工作机构，个别中央专业主管机关建立了科技档案专业档案馆。

第三，企事业单位的科技档案室和科技专业档案馆逐渐设立，开展各项科技档案管理业务工作，紧密配合经济建设和科技工作，提供了大量科技档案、资料为生产建设和科技研究服务。

第四，积极开展科技档案管理基本理论问题的研究。中国人民大学档案系教师于 1962 年编写了《技术档案学》一书，在学习借鉴国外先进经验的基础上，结合我国科技档案工作实践情况，对科技档案管理的各个方面进行了较为完整和系统的研究论述。相关理论研究有力地推动了我国科技档案事业的建设与发展，为建立符合中国国情的科技档案管理学理论体系奠定了基础。

三、遭受破坏时期（1966—1976）

从 1966 年开始，中国进入“十年动乱”，各项工作遭到严重破坏，国家档案局及地方各级档案机构也随之瘫痪、制度废弛，大量档案机构被砸毁，档案文件被抢烧，如铁道部档案馆被抢，化工部被抢走机密档案材料达 11 卡车。1969 年上半年，国家档案局被撤销，全国各地档案机构也先后被撤销，档案工作更加混乱。1974 年 5 月，中国人民大学历史档案学系正式宣布停办，中国当时唯一的档案高等教育机构被撤销。“十年动乱”严重制约了我国科技档案事业的健康发展。然而，在此期间，一些国家领导人及广大科技工作者也勇敢地进行了多次反破坏档案的斗争。1967 年 2 月，党中央、国务院发文《关于确保机要文件和档案材料安全的几项规定》，其中对文件和档案的保护做出规定，但收效甚微。同年 8 月 31 日，针对“化工部文件被抢”事件，中共中央、国务院、中央军委、中央文化革命小组联合发出《关于化工部“红战团”抢走国家档案机密的通报》，规定“任何群众组织和个人都绝对不准抢走党、政、军机关和企业单位的机密档案，违者按党纪国法严肃处理”。1970 年后，部分省市先后恢复了档案管理机构。1975 年，国家基本建设委员会发出《关于基本建设项目竣工验收暂行规定》，城市基建档案工作有所恢复。

“文化大革命”是对我国历史文化、科学技术成果和客观规律的否定，相应地，它也极大地破坏了我国科技档案事业，应引以为戒，防止历史悲剧重演。

第三节　科技档案事业的恢复整顿和调整转型时期

一、恢复整顿时期（1976—1986）

（一）历史背景

1978 年 12 月，党的十一届三中全会以后，党和国家的工作重心转移到社会主义经济建设上来，并制定了新历史时期的总任务：在 20 世纪，把我国建设成为农业、工业、国防和科学技术现代化的伟大的社会主义国家。为了贯彻执行该任务，全国各条战线均开展恢复、整顿工作，特别是在经济、技术领域，恢复、整顿工作成为这一时期的中心工作内容。

从 1977 年开始，我国部分省档案局和中央行业主管机关，逐渐恢复了对科技档案工作的业务指导。同年，我国第三机械工业部创办了《航空档案》杂志，它是第一个较正规连续出刊的专业技术档案的业务刊物，是研究科技档案工作理论、交流科技档案工作经验的主要阵地之一。1978 年 7 月 11 日，中国人民大学复校，历史档案学系也正式恢复，并改名为“档案系”，该系下设科技档案管理教研室，开始招生，这也为我国科技档案事业恢复、整顿提供了专业人才储备和理论技能支持。

另外，为了配合全国各条战线的恢复、整顿工作，国家档案局在 1979 年 8 月北京召开的全国档案工作会议上，提出了档案工作“恢复、整顿、总结、提高”的具体任务，要求尽快地把各级党政机关和人民团体、企业、事业等单位的档案工作恢复和健全起来，重建遭到破坏的各级档案机构及其各项规章制度。该会议强调，在社会主义现代化建设中，科技档案和科技档案工作具有重要作用，要大力加强科技档案工作。这也预示着我国的科技档案事业从此进入了一个以恢复、整顿为主要内容，并在此基础上总结提高的重新发展时期。

（二）主要工作与成绩

在恢复、整顿时期，我国科技档案工作取得的成绩主要包括召开全国科技档案工作会议以及颁布《科学技术档案工作条例》。

为了更好地适应社会主义现代化建设需要，加强科技档案工作，1980年7月，经党中央和国务院批准，由国家经委、国家建委、国家科委和国家档案局联合召开全国科技档案工作会议，会议主要任务有三：一是讨论《中华人民共和国科学技术档案工作条例（讨论稿）》；二是讨论当前我国科技档案工作的情况和问题，加速科技档案工作的恢复与整顿；三是交流科技档案工作经验。会议决定在较短时间内基本上完成恢复、整顿科技档案工作的任务。同时，会议认为当前亟须解决以下问题：一是提高认识，加强领导；二是按专业实行统一管理；三是加快恢复、整顿工作，不断提高管理水平；四是努力建设科技档案干部队伍。

此次会议的召开具有重要意义：其一，这是第一次经党中央和国务院批准，由“三委一局”联合召开的全国科技档案工作会议，这充分说明了党中央、国务院对科技档案工作的重视。其二，这次会议是继1959年技术档案工作大连现场会议以后的第二次全国性科技档案工作会议。此次会议总结了我国科技档案事业发展正反两方面的经验，对新时期加速我国科技档案事业发展，为社会主义现代化建设服务具有重要意义。其三，这次会议讨论制定的《科学技术档案工作条例》是在《技术档案室工作暂行通则》基础上的进一步优化和精进，是更加完备的科技档案工作法规制度。国务院于1980年9月批转了《全国科技档案工作会议的报告》。同年12月，国务院又批准了《科学技术档案工作条例》，由国家经委、国家建委、国家科委和国家档案局联合发布施行。

全国科技档案工作经过恢复、整顿期，在业务深度和广度方面都取得了较大的成绩，主要表现在以下几方面：

第一，基层科技档案工作普遍得到整顿。在全国企事业单位整顿中，基层科技档案工作被列为基础工作内容的一项同步进行整顿，且进一步被纳入生产技术管理、科研管理、基本建设管理等各项管理工作中，成为科技管理的重要环节。到1985年年底，除了列入预算的4.5万个企业，未列入全面整顿计划的30多万个国营企业和乡镇企业都开展了科技档案工作整顿。

第二，城建档案馆工作稳步发展。到1986年年底，全国146个大、中城市，已有112个建立了城建档案馆，占比77%。各城市市政府颁布了《城建档案管理办法》和《城建档案管理条例》。1982年3月，国家档案局、国家建委、国家农委联合发出《关于建立村镇建设档案的通知》，为城建档案工作增添了新内容。

第三，农业科技档案工作蓬勃开展。1984年1月，农牧渔业部召开全国农业科技档案工作座谈会，颁发了《农牧渔业科学技术档案管理试行办法》，农业科技档案工作在全国蓬勃开展。结合农村和农业科学技术的现实特点，农业科技档案工作在实践中走出一条独具行业特色的发展之路，尤其是农村专业户建立档案工作，得到普遍重视和推广。

第四，科技档案管理逐步走向制度化、规范化。自从我国推进科技体制改革工作以来，科技档案管理与各项科研活动管理，如计划管理、成果管理、课题管理等结合得更加紧密。在1985年年底，根据国家科委、国家档案局联合通知的要求，在全国范围内开展科研项目文件材料归档工作检查，这标志着科技档案管理工作迈向制度化和规范化。

（三）发展特点

恢复、整顿时期，我国科技档案事业的建设十分具有活力，表现出如下特点：

第一，科技档案工作的价值和作用越发被社会认可和重视。究其原因，主要在于这一时期的科技档案在我国经济体制和科技体制改革中扮演着重要的角色。科技档案凭借其专业性、凭证性、知识性等特征积极参与企事业的各项科研和管理工作中，为企事业单位科技研发、业务决策、提高管理水平、增加经济效益发挥积极作用，引起人们的广泛重视。

第二，科技档案工作服务于现代化建设的目标更加明确。科技档案工作的目标更加明确，即将科技档案作为一种科技成果和科技信息资源，对其进行完整、准确、系统的收集归档，为生产、建设、科技研究工作提供科技档案利用服务。在实践工作中，科技档案部门为各项业务提供档案服务的自觉性越来越高，服务的具体方法也不乏创新之处。

第三，科技档案工作普及由星点转为燎原之势。经过几年的努力，我国科技档案工作由原来的大中城市、大中型企事业单位、重工业企业和科研设计部门向中小城市、中小型企事业单位，以及向农业、轻纺工业、传统工艺等方面广泛而深入地发展。

第四，科技档案的学术研究水平不断提升。这一时期科技档案的学术研究除了对我国科技档案工作开展前期的基本理论问题展开更深入的探讨外，还结合新时期科技档案工作的开展需求提出和讨论了若干新的问题。这使科技档案学术研究具有更加广泛的群众基础，对不断提高科技档案学术研究水平具有积极意义。

二、调整转型时期（1986—1997）

（一）历史背景

1986年以后，我国开始实行以计划经济为主、市场经济为辅的双轨制经济政策。特别是1992年以后，社会主义市场经济体制逐步建立与完善，国民经济建设突飞猛进。在这一历史阶段内，国家根据国民经济发展的具体情况，制定和实施了若干重要法规和政策，保证了我国经济由计划经济体制向社会主义市场经济体制顺利过渡。

这一阶段我国科技档案事业面临着巨大的社会变革：一是企业管理“上等级”。国务院于1986年7月颁发《国务院关于加强工业企业管理若干问题的决定》，使“抓管理、上等级、全面提高素质”成为这一时期企业管理的中心任务；二是企业内部经营机制的改革，包括租赁制和股份制改革，企业开始走向市场化发展；三是新技术革命的浪潮，信息论、系统论和控制论为科技档案工作发展提供理论指导；四是1988年《中华人民共和国档案法》、1990年《中华人民共和国档案法实施办法》先后颁布实施，我国档案事业走向法制化。自此全国档案工作“有法可依，有规可循”。

在上述背景下，我国科技档案事业伴随着国家经济体制改革的步伐，进行了深刻的调整，并不断探索着适合我国国情的科技档案管理模式。

（二）主要工作与成绩

第一，第三次全国性科技档案工作会议召开。在新的社会历史背景下，如何在打好科技档案工作基础的前提下，重视并管好不断增长的科技档案材料，成为摆在科技档案工作者面前的一个新课题。为了总结恢复、整顿工作的经验，研讨解决新问题的新途径，提高我国科技档案工作整体水平，国家档案局、国家经委、国家科委和国家计委于 1986 年 12 月联合组织召开了全国科技档案工作会议，会议的中心议题是“讨论基层企事业单位档案的综合管理及科技档案资源的开发利用”。此次会议讨论通过了《国营企业档案管理暂行规定》《科学技术研究档案管理暂行规定》《基本建设工程项目文件归档范围》《开发利用科技档案信息资源暂行办法》四个文件。

第三次全国性科技档案工作会议，是我国科技档案事业发展的一个转折点，标志着我国科技档案工作为适应国家经济体制改革的需要，由原来单一门类档案的管理，拓展为以科技档案为主体的多门类档案综合管理，从而实现档案信息资源的综合开发利用。另外，这也标志着我国各级基层单位的科技档案工作在经历恢复、整顿期之后，正朝着规范化、现代化方向迈进。与此同时，这也标志着我国科技档案资源的开发利用工作进入一个更高的层次，逐渐与技术商品、技术市场的管理发展接轨。

第二，企业档案管理升级工作在全国开展。根据国务院关于“抓管理、上等级、全面提高企业素质”的统一部署，国家档案局于 1987—1992 年在全国范围内开展了企业档案管理升级活动，即以企业科技档案为主体，包括管理、经营、财务、劳动人事等档案在内的综合性升级达标活动，其目的是通过升级，强化企业档案工作的整体水平，使档案工作更有效地服务于企业的发展需要。企业档案管理升级工作取得了重要成果：一是强化了企业档案人员的档案意识，并使企业档案工作在企业发展规划和企业计划中占据应有位置；二是实现了企业档案的综合管理和综合开发利用；三是加强了企业档案工作的基础建设；四是企业档案人员的素质得到了普遍提高；五是提高了对企业档案开发利用工作的重视程度；六是带动和促进了全国科技档案事业的发展。

总之，全国范围内的企业档案管理升级工作，积极配合了国家加强企业管理和提高企业素质的统一部署，全面增强了企业档案工作的实力，推动了国家科技档案事业的新发展。至 1991 年年底，全国共有国家一级档案管理企业 649 个，国家二级档案管理企业 8191 个，省级档案管理先进企业 33460 个。

第三，全国首届企业档案工作会议顺利召开。为了研究新形势下我国企业档案工作的任务和特点，使企业档案工作适应国家经济体制的重大变化，更好地为企业深化改革和经营发展服务，国家档案局和国家经贸委于 1995 年 7 月召开首届全国企业档案工作会议。首届全国企业档案工作会议在总结我国企业档案工作发展现状的基础上，重点讨论了以下问题：一是关于企业档案工作管理体制，即坚持集中统一管理和分级负责的原则，并且应当在便于保管和利用的前提下具体执行；二是关于开展企业档案工作目标管理活动，进一步提高企业档案工作的水平；三是关于建设企业档案馆的问题；四是关于做好档案业务基础工作和积极开发档案信息资源为企业提供利用的问题；五是关于新形势下值得研究的重要业务问题，包括企业档案与企业资产的关系问题，兼并、破产后企业档案的归属流向问题，企业集团和股份制企业档案工作的管理问题等。

（三）发展特点

我国科技档案事业的调整时期，也正值我国经济改革逐渐深入，国家经济体制发生重大变革的时期。这一时期我国科技档案事业呈现出以下特点：

第一，密切配合国家的各项改革政策、措施，针对科技档案工作发展的具体情况，统一部署工作任务和实施办法，不断解放思想，使科技档案事业在适应改革开放新形势的前提下为国家经济建设服务，同时获得进一步提高和发展。

第二，以企业档案工作的改革和发展为排头兵，推动我国科技档案事业的总体进步。狠抓基础工作，初步实现了企业档案管理的综合化、规范化、标准化和现代化，深化科技档案资源的开发利用工作，为科技档案信息资源的社会化服务创造了必要条件。

第三，形成了以《中华人民共和国档案法》《中华人民共和国档案法实施办法》《国营企业档案管理暂行规定》《科学技术研究档案管理暂行规定》等为主干的新中国档案法律法规体系，推动我国科技档案事业走上法制化道路。

第四，注重新技术和新管理理论在科技档案工作实践中的具体运用，全面质量管理、目标管理等现代管理方法的应用取得良好成效。科技档案管理理论研究出现新突破，科技档案专业高等教育体系已经基本成熟，广大科技工作档案人员的素质进一步提高。

第四节　科技档案事业的改革发展时期

一、历史背景

（一）国家经济体制改革

20 世纪 90 年代中后期，我国的经济体制改革逐步深化。与此同时，国家政治体制改革也分步骤地开展起来。在对企业认识不断深入的前提下，国家从执政理念、执政方式和相关法律法规建设方面，全方位地促进现代企业制度的建设。我国现代企业制度是指在现代市场经济条件下，以规范和完善法人制度为主体，以有限责任制度为核心，以股份有限公司为重点的产权清晰、权责明确、政企分开、管理科学的一种新型的企业制度。

原本在以计划经济体制为主导的情况下建立起来的科技档案事业，面临着现代企业制度建设新形势的要求进行改革以谋求继续发展的任务。从历史发展的过程来看，我国科技档案事业的建立，主要是在政府以行政手段的强力推动下开展和形成的。作为科技档案产生和保存的主要基地，企业的科技档案工作是国家规模科技档案事业的基础。现代企业制度要求政企分开，对科技档案事业产生了重大影响：

一是管理思维和手段产生新变化。随着我国政企分割的逐步深化，档案行政管理部门开始调整传统的思维和做法，将企业科技档案工作的管理融入对企业档案工作的整体管理中，其管理手段也以执法检查、行业监督、业务指导相结合的方式，取代了过去单一以行政命令或升级考评为主要手段的管理方式。

二是宏观管控方式的变革。对于科技档案事业的宏观管控方式，也由以往召开全国科技档案工作会议、贯彻落实会议精神和检查落实效果的形式，变为以调查研究、分类座谈和制定业务规范为主要管控形式。

三是重点监管和自主选择相结合。根据我国国有资产占特大型企业资产较大比重的实际情况，重点对国有特大型企业的档案和国家级重点工程进行监管，同时鼓励一般企业根据企业自身利益的需要，灵活自主地选择档案管理方式，并将大多数档案业务规范确定额外推荐性标准，供企业选择使用。

四是发挥学术团体的作用。充分发挥档案学会和行业档案工作协作组织的作用，积极展开业务交流和研讨，促进业务发展。与此同时，积极引导档案科技机构、专业教育培养机构和档案工作机构参加档案科研，组织档案科研项目的选题、立项和优秀成果评选等工作，对科技档案管理中业务问题的解决起到了推动作用。

（二）国有企业档案工作改革

现代企业制度的建立需要调整政府与企业的关系，原有主管各大工业行业的大部委，均被撤销调整，除一部分以行业协会的形式存在外，其余的大都转化为国有特大型企业集团。众多国有特大型企业的出现，一方面掌握着国有资产的绝大部分份额，对于国民经济有举足轻重的作用。另一方面，也提出了重新建立政府监管体制的要求。根据以上形势的变化，国家档案行政管理部门积极会同政府有关部门，在充分调查研究和利用科技档案管理已有经验的基础上，制定发布了若干法规、标准，对国有企业科技档案工作的改革提出要求，实施引导。其中包括：《国家重点建设项目档案管理登记办法》（1997 年国家档案局、国家计委发布）、《CAD 电子文件光盘存储、归档与档案管理要求》（GB/T 17678.1—1999）、《科学技术档案案卷构成的一般要求》（GB/T 11822—2008）、《国家重大建设项目文件归档要求与档案整理规范》（DA/T 28—2002）、《企业档案管理规定》（2002 年国家档案局、国家经贸委、国家计委发布）、《国有企业文件材料归档办法》（2004 年国家档案局、国务院国资委发布）、《关于加强企业档案信息化建设的意见》（2005 年国家档案局发布）、《关于加强驻外机构和境外企业档案工作的意见》（2005 年国家档案局发布）、《企业档案工作规范》（DA/T 42—2009）、《企业电子文件归档和电子档案管理指南》（2015 年国家档案局发布）、《建设项目档案监督指导工作指南》（2016 年国家档案局发布）、《建设项目电子文件归档和电子档案管理暂行办法》（2016 年国家档案局发布）、《企业数字档案馆（室）建设指南》（2017 年国家档案局发布）、《企业境外档案管理办法》（2018 年国家档案局发布）、《关于在深化国有企业改革中加强档案工作的意见》（2019 年国家档案局发布）等。

2009 年 7 月，国务院国资委、国家档案局联合召开了中央企业档案工作会议。国家档案局和中央企业要以此次会议为契机，进一步统一理想、理顺体制、强化管理、充实力量，切实把中央企业档案工作提到一个较高的水平。在会上时任国家档案局局长杨冬权同志提出，按照“出资人管理”的原则，国家档案局把对中央企业档案工作的直接指导、监督、检查职能转交给国务院国资委。2009 年 12 月，国家档案局和国务院国资委印发了《关于进一步加强中央企业档案工作的意见》（档发〔2009〕6 号）。2010 年 4 月，国资委办公厅组织召开了中央企业档案工作视频会议。这是国资委对中央企业履行指导职能以来首次召开的中央企业档案工作会议，也标志着我国中央企业档案工作进入一个新的发展时期。2019 年 1 月，国家档案局印发《关于在深化国有企业改革中加强档案工作的意见》，提出要进一步提高对国有企业档案工作的认识、进一步完善国有企业档案工作体制机制、做好国有企业资产与产权变动中的档案管理。

二、工作特点

在改革发展时期，我国科技档案工作，由于受我国科技管理体制、企业管理体制变革、档案行政管理机制调整、管理手段更新等一系列因素的影响，呈现出如下特点：

第一，融入改革发展的大环境。科技档案工作在改革开放的形势下正在从整体上融入企业制度和科技制度的大环境中，与国家经济、政治体制改革同步发展。在此过程中，不断对其与外部大环境不适应的部分进行调整和改善。同时，这期间必须遵循科技档案的运动规律，因为科技档案管理的特殊性依然存在，对于科技档案管理的规范化、科学化、现代化的要求并不会降低。

第二，法律手段和标准工具并用。一方面，我国主要以法律手段对科技档案工作进行宏观管控，以发布国家标准或行业标准为主要业务指导工具，并且通过信息网络建设和资源共享的原则，在市场机制的干预下，协调科技档案资源的配置和利用。另一方面，我国各个行业和各个地区的相关单位更多地利用学术组织开展业务交流，共同研讨科技档案管理的方式方法，寻找适合本单位科技活动特点的解决之道。

第三，资源意识与知识理念并举。科技档案管理活动，从以留存历史记录和凭证依据为主要目的，到以充分发挥其信息功能为阶段性任务，现在必将向着科技资源储备和知识管理的目标迈进。伴随着信息技术的飞速发展，科技档案作为一种科技资源和专业知识载体，作为生产力发展的有机组成部分，在企事业单位的科技文化进步中发挥着更大作用。

第四，现代化管理成为时代趋势。由于科技进步和工作手段的现代化，科技信息的产生、运行、留存、再利用等一系列工作，必将交由高自动化的管理系统完成。科技档案工作的主要任务，一是寻求自动化的解决之道；二是主要对科技信息资源或科技知识的管理与协调，更加注重对国家、地区或单位科技资源管理政策的制定和完善，并在此基础上，实现科技档案的智能化和专业化管理。

三、小结

纵观我国科技档案事业史，一个显而易见的事实就是：我国科技档案事业是伴随着我国社会体制变革，特别是经济体制变革而发展演进的，并且一直朝着法规化、制度化、标准化和信息化方向前进。经过多年的发展，现已成为较具规模和成效的国家科技档案事业，并积累了丰富的理论和实践经验。

但是，当前我国科技档案管理仍然存在一些问题，例如科技档案分散保存、电子档案管理难度大、科技机密频繁外泄、科技档案信息资源开放共享困难、科技档案信息资源开发利用不足等。特别是进入 21 世纪以来，我国科技体制改革不断深化，国家创新体系建设不断加快，这对科技档案工作提出了新挑战，对科技档案智能化、知识化管理提出了新需求，需要科技档案工作者继续探求科技档案工作创新之路。

第三章

我国科技档案工作的现存问题

经过数十年的发展，我国科技档案事业取得长足进步，为国家经济建设、科技创新做出了巨大贡献。立足当前我国社会主义现代化建设和科技强国发展战略的现实需求，科技档案工作需要进一步的创新发展。然而，当前我国科技档案工作在管理维度、服务维度、安全维度仍然存在各种问题，不能较好地适应国家创新体系建设的要求和满足科技工作者的需求。

第一节　从管理维度看科技档案工作现存问题

一、科技档案管理思想意识落后

（一）整体档案意识较薄弱

近年来，越来越多的单位领导和科技工作者认识到，科技档案是科技工作的依据、工具和成果，是重要的信息资源和知识资产，是国家和社会的宝贵财富。但是，仍有不少单位的领导和工作人员的科技档案意识薄弱，管理科技档案纯属应付国家档案法规和上级要求。正如曾在科技部工作11年的中国科学技术信息研究所副所长张新民研究员所言，在实际工作中对于科技档案管理，大家往往是“说起来重要，做起来次要，忙起来不要”①。清华大学档案馆薛四新博士也认为，由于档案宣传教育力度不足，尤其是档案法规制度培训仅局限于档案系统内部人员，科研项目成员档案

---

① 参见2014年5月8日对中国科学技术信息研究所的访谈记录。

意识薄弱。①

值得注意的是，据中航工业档案馆工作人员反映，现在基层的研究机构和科技工作者都比较重视科技档案，因为他们切实感觉到工作中离不开档案；反倒是国家层面和单位高层领导对科技档案没有那么重视。②另外，薛四新博士也认为："关键是顶层（国家有关部门）要重视。"③由此可见，科技档案管理的整体意识需要进一步加强，以实际业务需求"倒逼"科技档案管理工作可以成为科研机构内部提升科技档案管理能力，改善科技档案不受重视现象的重要途径。

（二）档案观念未与时俱进

尽管数字时代的浪潮已经波及人类社会和生活的方方面面，但是就科技档案工作领域而言，传统的科技档案工作观念未能跟随数字转型的步伐及时调整，具体表现在以下方面：

一是重收集保管轻开发利用。科技档案只有通过开发利用才能实现其重要价值。管理科技档案的最终目的也是服务于科技生产管理活动，服务于科技生产者、科技管理者。但是，现实工作中仍有许多档案部门和档案人员囿于传统的"重藏轻用"观念，将主要工作精力置于科技档案的收集保管，而非科技档案的开发利用。中国工程院关桥院士说，"科技档案和科研人员是隔离开的"，档案人员主要是保存档案，而缺乏利用服务的意识。④

二是重纸质档案轻电子档案。随着信息化进程不断加强，现在科技生产活动中，大量产生的是电子档案。但是仍有相当部分人死守"纸质档案观"，认为电子档案真实性无法保障，不承认电子档案。不少档案部门和档案人员一味地要求科技工作者将电子档案打印成纸质档案归档，增加了科技工作者的工作量，引起他们的反感。事实上，现代科技生产过程中形成的大量电子档案（如视频、多媒体文件、三维设计图、数据库等）是根

① 参见 2014 年 5 月 27 日对清华大学档案馆薛四新的访谈记录。

② 参见 2014 年 4 月 25 日对中国航空工业档案馆的调研访谈记录。

③ 参见 2014 年 5 月 27 日对清华大学档案馆薛四新的访谈记录。

④ 参见 2013 年 12 月 13 日对关桥院士的访谈记录。

本无法打印的。即使是将能打印的电子档案打印出来，也因其纸张数量和体积惊人，缺乏人力和库房管理。例如，据国家档案局经济科技档案业务指导司副司长王岚研究馆员介绍，将一架运七飞机的全部设计图纸打印下来的纸张体积，相当于这架飞机本身的体积。① 国家和各单位哪有如此多资源来保管这些巨量的纸质档案呢？还有不少信息化水平很高的单位（如台山核电有限公司、江苏核电有限公司、中国电子科技集团公司第三十八研究所）提出，公司的信息化水平完全可以实现“全电子化”，但是我国档案法规缺乏对电子档案的完全认同，上级档案部门也不敢给予政策支持。②

三是重结果档案轻过程档案。受“档案凭证观”影响，在科技档案工作中，各单位往往十分重视对科技生产、管理中依据性文件（如科研项目的申报书、任务书、合同书等）和结果性文件（如科研项目的结项申请书、结项批准书、最终工作报告、最终研究报告等）的收集归档，而忽视对过程性文件（如科研工作日志、阶段报告、进展报告、实验数据、数据计算中间性材料等）的收集归档。其实，档案不仅是凭证，也是信息、知识。过程性档案记录了科学研究的思路、步骤、方法，包含了科技创新的经验和教训，是极其重要的信息和知识资源。如中国科学院档案馆常务副馆长潘亚男说：中国科学院各个研究所虽说是完成了科技档案工作，其实“主要是对头、尾保障（开题和结项档案），而中间过程的档案则较难以收集，且内容多为科研项目的管理材料，而真正的技术性档案只占到10%左右”③。中航工业档案馆馆长助理戴先明指出：“科研过程中形成很多实验数据，成功的、失败的实验数据都具有保存价值，但是档案部门往往只保存最终结果，很多过程性的和背景性的实验数据都被忽略了。”④中国人民大学科研处沃晓静副处长也证实，“高校科研处一般只保管与科研管理活

① 参见2013年7月30日专家座谈会记录。
② 参见2013年7月30日专家座谈会记录。
③ 参见2014年3月6日对中国科学院档案馆的调研访谈记录。
④ 参见2014年4月25日对中国航空工业档案馆的调研访谈记录。

动相关的文件”，而不保管技术性的文件。[①] 因而，国家和各单位大量最有价值的过程性、技术性科技档案，并没有被有效地管理和充分地利用。

（三）“科技档案”概念淡化

我国科技档案工作始于20世纪五六十年代。在1980年《科学技术档案工作条例》颁布之后，我国科技档案事业进入快速发展阶段。但是，进入20世纪90年代后，随着计划经济体制向市场经济体制的过渡和现代企业制度的建立，企业开始成为科技创新的主体。尤其是，1998年国务院机构改革，撤销了几乎所有的专业经济主管部门（电力工业部、煤炭工业部、冶金工业部、机械工业部、电子工业部、化学工业部、地质矿产部、林业部、中国轻工业总会、中国纺织总会等），组建了许多新的中央企业，如中国航空航天工业总公司、中国船舶工业总公司、中国石化集团公司等。这样一来，原有的科技档案专业主管机关大都变成企业。在此背景之下，自1995年全国首届企业档案工作会议之后，“企业档案”概念日益凸现，而“科技档案”概念逐渐淡化。

在全球新科技革命方兴未艾、国家加快科技创新体系建设的今天，淡化“科技档案”概念极不合宜。而且，“科技档案”概念的淡化，使得各单位开展科技档案管理、对科技档案工作进行监督管理在名义上显得不够“名正言顺”和“理直气壮”。著名科技档案管理专家霍振礼研究员对此深感担忧，他认为“科技档案”概念的淡化不利于我国科技档案事业的发展。[②]同时，随着我国科技体制改革，科技创新、科技赋能等各项事业的蓬勃发展，“科技档案”作为我国科技事业发展过程中的重要产物，将迎来新一轮井喷式的增长。这也为后期科技档案工作的体系化、规模化、创新化发展夯实资源基础。

二、科技档案管理法规标准缺失

（一）科技档案专门法规制度建设滞缓

我国科技档案工作领域最重要的法律依据是《科学技术档案工作条

① 参见2012年12月26日对中国人民大学科研处的访谈记录。

② 参见2013年10月31日对霍振礼研究员的书面访谈记录。

例》，该条例于1980年12月9日经国务院批准，由国家经委、国家建委、国家科委和国家档案局发布，隶属国家行政法规序列。经历了40余年的发展历程，我国科技档案工作的内外环境发生了巨大变化，该条例内容存在颇多不合适、不合理之处，需要进行修订。但是，据国家档案局法规政策司有关负责同志介绍，该条例近期内没有修订计划，因为该条例修订后，很难经国务院批准达到行政法规的层次。①另外，国家自然科学基金委员会办公厅文电档案处、计划局综合处负责同志表示，国家自然科学基金委员会有意制定《国家自然科学基金档案管理办法》，但是由于国家层面的《科学技术档案工作条例》没有修订，所以此办法一直无法出台。②

尽管我国自1956年以来制定了一系列有关科技档案管理的法律法规和政策文件（详见表3-1）。除《科学技术档案工作条例》之外，其他与科技档案管理紧密的部门规章、规范性文件，如《开发利用科学技术档案信息资源暂行办法》（1988年财政部、国家档案局发布）、《开发利用科技档案所创经济效益计算方法的规定（试行）》（1994年国家档案局发布），也大都颁布时间久远，亟待修订。

表3-1　科技档案工作相关的管理办法列表（1956—2020）

序号	法律法规、政策	公布时间、颁发机关	主题或主要内容
1	《关于知识分子问题的报告》	1956年1月30日 刊载于《人民日报》	中共中央召开的关于知识分子问题会议上，周恩来代表中共中央所做的报告中提出要为发展科学研究准备档案资料、技术资料等必要的工作条件
2	《关于目前档案工作情况和今后工作安排的报告》	1956年3月 国家档案局发布，国务院转发	报告提出：关于技术档案的管理，应该重点摸底，迅速制定办法，建立管理工作，并提出拟建中央档案馆应有"技术图纸档案馆"

① 参见2013年7月30日专家座谈会记录。

② 参见2014年6月5日对国家自然科学基金委员会的调研访谈记录。

续表

序号	法律法规、政策	公布时间、颁发机关	主题或主要内容
3	《关于改进档案、资料工作的方案》	1957 年 9 月 国家档案局发布	这是国家为建立和加强科技档案工作而发布的第一个文件，对科技档案工作的意义、管理制度、利用和交流以及保密问题等有关内容做了全面的阐述
4	《国家档案局关于技术档案工作大连机构会议的报告》	1960 年 2 月 国家档案局发布，国务院转发	此为总结大连技术档案工作会议的报告，会议讨论并修改制定了《技术档案室工作暂行通则》
5	《技术档案室工作暂行通则》	1960 年 3 月 国家档案局发布，国务院批准	《通则》初步形成了专业主管机关进行行政领导、档案行政管理部门进行业务指导的国家科技档案事业管理体制，使我国科技档案工作实现了统一管理
6	《关于加强管理城市基本建设档案的意见》	1961 年 1 月 国家档案局发布，国务院转发	我国城建档案建设的开端
7	《关于如何加强管理城市基本建设档案的报告》	1961 年 1 月 国家档案局发布，国务院转发	文件中指出，要加强城市基本建设档案的管理工作，理顺管理体制，并实行统一管理
8	《关于自然科学研究机构当前工作的十四条意见（草案）》（简称“科研十四条”）	1961 年 7 月 19 日 中共中央批准施行	其中专门规定要建立专题技术档案，包括提出研究项目的过程，本项目工作的各项调查资料、原始试验数据、工作记录、讨论记录、论文报告、推广经过，以及鉴定资料、标本样品等实物

续表

序号	法律法规、政策	公布时间、颁发机关	主题或主要内容
9	《国营工业企业工作条例（草案）》（简称“工业七十条”）	1961年9月16日 中共中央批准	条例在第二章“技术管理”第十九条明确对建立工业企业技术档案工作做了规定：“企业要建立和加强技术档案、技术资料的管理工作。”
10	《关于加强科学研究机构中技术档案工作的报告》	1961年10月 国档字第218号， 国务院批转	科学研究机构应建立健全各项制度，改进工作，使技术档案更好地为科学研究服务
11	《关于工业企业技术档案工作的报告》	1962年5月25日 国家档案局发布， 国务院批转	报告总结了一年来的企业技术档案工作情况并提出今后的意见。国务院批示：技术档案管理是当前工业企业管理的重要组成部分之一。要求各级档案业务管理机关要进一步加强对企业技术档案工作的指导、监督和检查
12	《关于加强管理城市基本建设档案试行情况的报告》	1962年6月 国家档案局发布， 国务院批转	城建档案是城市建设、城市管理工作的重要条件；城建档案应当由城市规划、建设部门集中统一管理
13	《关于对“下马”企业和“下马”工程的档案管理工作的报告》	1962年11月 国家档案局发布， 国务院批转	国务院在批示中明确指出：“企业和工程档案，尤其是重要企业和重要工程的技术档案，必须妥善管理，绝不能因企业或工程的‘下马’使档案稍有损失，否则会给今后的生产建设带来不应有的困难。”

续表

序号	法律法规、政策	公布时间、颁发机关	主题或主要内容
14	《关于切实改善图纸质量和图纸复制技术的报告》	1963 年 国家档案局发布，国务院批转	生产企业和科学院所单位的研究、设计、施工等图纸，是经过科学技术人员大量劳动所取得的成果，是生产建设的依据，应当改进有关技术，改善保管条件，并制定相关的技术标准
15	《全国地质资料汇交办法》	1963 年 5 月 30 日 国务院批准发布	* 已废止。未找到原文 其前身为《全国地质资料汇交暂行办法》（1958 年）。地质资料是国家的宝贵财富，汇交和集中管理全国地质资料是一项重要工作。为了集中管理各部门所取得的各种地质资料，充分发挥其作用，以服务于国民经济建设、科学研究和教学工作，制定本办法
16	《1963—1972 年科学技术发展规划》中的档案资料规划	1963 年 12 月 2 日 中共中央、国务院正式批准	共分 5 类 27 项，包括建立健全各单位科技档案室工作，逐步建立一批科技专业档案馆，加强科技档案工作理论与方法的研究，加强对科技档案保管技术、修复和复制技术的研究等，并且提出完成这些具体任务的主要措施
17	《关于进一步加强技术档案工作的报告》	1964 年 3 月 中共中央、国务院批转	报告全面阐述了有关科技档案工作和建设中的各项重大问题

续表

序号	法律法规、政策	公布时间、颁发机关	主题或主要内容
18	《关于人民大会堂基建工程档案整理工作情况和加强基建工程档案工作意见的报告》	1964 年 4 月 国档字第 152 号， 国务院批转	对北京城市基建档案管理试行工作的经验总结，具有典型意义
19	《关于编制基本建设工程竣工图的几项规定》	1965 年 5 月 国家基本建设委员会颁发	《规定》要求："各项工程，凡与维修、检修、改建、扩建工作有关的部分，都应该编制竣工图。竣工图应当在施工中及时编制，一般编制两套，要切实保证质量，并作为验收工程时的验收条件之一。"
20	《关于确保机要文件和档案材料安全的几项规定》	1967 年 2 月 17 日 中发〔1967〕52 号， 中共中央、国务院制发	对文件和档案的保护做出了一定规定
21	《关于化工部"红战团"抢走国家档案机密的通报》	1967 年 8 月 31 日 由中共中央、国务院、中央军委、中央文化革命小组制发	《通报》规定"任何群众组织和个人都绝对不准抢走党、政、军机关和企业单位的机密档案，违者按党纪国法严肃处理"
22	《关于基本建设项目竣工验收暂行规定》	1973 年 8 月 21 日 〔1973〕建发综字 541 号 中国建设银行发布	对基本建设项目竣工验收的范围、依据和标准做了相关规定

续表

序号	法律法规、政策	公布时间、颁发机关	主题或主要内容
23	关于建立《海洋站业务工作档案》的通知	1974年2月25日〔1974〕国海科字第086号，国家海洋局发布	加强海洋站的业务管理工作，搞清海洋站历史沿革情况，进一步发挥历史资料的作用
24	《关于城市基本建设档案管理问题的报告》	1979年12月 国务院转发	这个文件可以说是“十年动乱”后开始全面恢复和发展城市基建档案工作的标志
25	《关于全国科学技术档案工作会议的报告》	1980年8月由国家经委、国家建委、国家科委和国家档案局制发 1980年9月国务院批转	把科技档案工作的机构设置，干部的配备和培训，必要设备的增加，以及业务制度的建立、健全等各项工作抓好，认真解决存在的问题，使工作能够顺利地向前发展，更好地为社会主义现代化建设服务
26	《科学技术档案工作条例》	1980年12月27日由国家经济委员会、国家基本建设委员会、国家科学技术委员会、国家档案局发布施行	这是在《技术档案室工作暂行通则》基础上的进一步发展和提高，是更加完备的科技档案工作法规。提出建立健全科技档案工作，完整地保存和科学地管理科技档案，充分发挥科技档案在社会主义现代化建设中的作用
27	《关于做好“下马”工程和关停并转企业档案管理工作的通知》	1981年1月 国家档案局发布	要求档案部门要协助各专业主管机关，抓好“下马”工程和关停并转企业的文书档案和科技档案（包括引进工程项目的技术图纸和资料）的集中、整理、封存、移交和安全保管等工作，绝不能丢失和分散

续表

序号	法律法规、政策	公布时间、颁发机关	主题或主要内容
28	《铁路科学技术档案管理规则》	1981年1月13日〔1981〕铁办字53号，铁道部发布	建立健全科技档案工作，完整地保存和科学地管理铁路科技档案，充分发挥铁路科技档案在社会主义现代化建设中的积极作用
29	《建筑材料工业部科学技术档案工作办法》	1981年2月21日建筑材料工业部发布	加强建筑材料工作科技档案的管理，充分发挥科技档案在科学研究、生产技术、基本建设中的作用，为建材工业现代化服务
30	《第六机械工业部科学技术档案工作暂行管理办法》	1981年6月13日第六机械工业部发布	建立健全造船工业的科技档案工作，加强科技档案的科学管理
31	《化工部关于化学工业科学技术档案分类大纲及保管期限的规定（试行）》	1981年8月5日化工部发布	加强对化学工业科技档案的管理
32	《关于企业整顿中要注意整顿科技档案工作的通知》	1981年9月国家经济委员会、国家档案局联合制发	文件中提道："企业的科技档案工作是企业的管理工作的基础工作之一，对于文明生产、技术革新、产品换代、全面质量管理、全面经济核算等都有密切的关系和积极的作用，所以在企业整顿中一定要将科技档案工作纳入其中。"
33	《第二机械工业部科学技术档案工作条例》	1981年12月25日〔1981〕二办字308号，机械工业部制发	建立健全第二机械工业部科技档案工作，完整地保管原子能工业的科技档案

续表

序号	法律法规、政策	公布时间、颁发机关	主题或主要内容
34	《关于建立村镇建设档案的通知》	1982 年 3 月 国档发〔1982〕38 号，国家档案局、国家建委、国家农委制发	明确指出“村镇也应该像城市一样，要有自己的建设档案”，此通知扩大了城市基建档案的内容范围，是城市基建档案工作进一步深化的标志之一
35	《关于编制基本建设工程竣工图的几项暂行规定》	1982 年 2 月 8 日 国家建委发布	文件中强调了竣工图的重要性，并强调在编制竣工图的形式和深度时，应根据不同情况区别对待
36	《林业科学技术档案管理办法（试行）》	1982 年 3 月 9 日 〔1982〕林办字 5 号，林业部发布	建立健全林业科技档案工作，充分发挥林业科技档案在生产、建设和科学技术研究中的作用
37	《关于在企业全面整顿中进一步整顿和加强科技档案工作的通知》	1983 年 2 月 国家档案局发布	强调对企业科技档案工作的领导；企业科技档案工作要尽快适应企业向生产经营型的转变，以及打造高素质的科技档案专业队伍等
38	《企业科技档案工作整顿验收要求》	1983 年 2 月 国家档案局发布	提出在企业整顿中要同时整顿和加强科技档案工作，并吸收档案部门参加整顿验收工作
39	《关于抓紧整顿企业科技档案工作的通知》	1983 年 7 月 国家档案局发布	要求在整顿中，较彻底地解决科技档案工作中长期以来基础不稳，发展不快，同生产、技术工作脱节的问题

续表

序号	法律法规、政策	公布时间、颁发机关	主题或主要内容
40	《医学科学技术档案管理办法》	1983 年 12 月 15 日 卫生部发布	*已废止 加强对医学科技档案的管理，达到完整、准确、系统、安全和有效利用的目的，为发展医疗卫生事业服务
41	《农牧渔业科学技术档案管理试行办法》	1984 年 2 月 10 日 农牧渔业部发布	建立健全农牧渔业科技档案工作，充分发挥农牧渔业科技档案的作用，为农牧渔业现代化服务。对农牧渔业科技文件材料的形成、积累和归档，农牧渔业科技档案的整理、保管、鉴定和销毁，做了具体规定
42	《有色金属工业科技档案工作实施办法》	1984 年 5 月 23 日 国家有色金属工业局发布	使有色金属工业各单位按照集中统一管理的基本原则，建立健全科技档案工作，达到科技档案完整、准确、系统、安全、科学管理和有效利用的要求，为有色金属工业的技术开发和提高经济效益服务；同时要积极准备条件，逐步实现档案工作的现代化
43	《森林资源档案管理办法》	1985 年 6 月 10 日 林资〔1985〕232 号，林业部发布	本办法规定建立资源档案的目的是随时反映资源消长的实际情况，为科学地指导林业生产提供依据
44	《气象科技档案汇交规定》	1985 年 8 月 5 日 中国气象局发布	完整地保存气象科技档案，充分发挥其在气象业务技术、科学研究和社会主义现代化建设中的作用

续表

序号	法律法规、政策	公布时间、颁发机关	主题或主要内容
45	《国家南极考察委员会、国家档案局关于加强对南极考察档案资料管理的通知》	1985 年 国档联发〔1985〕6 号	＊ 已废止
46	《机械工业部重要科学技术档案集中保管暂行办法》	1985 年 原机械部〔1985〕机办字 82 号	＊ 已废止
47	《中国气象局关于气象科技档案保管期限的规定》	1986 年 4 月 9 日 国气办字〔1986〕第 016 号，中国气象局发布	为便于确定气象科技档案的保管期限，科学地进行鉴定工作
48	《国务院关于加强工业企业管理若干问题的决定》	1986 年 7 月 4 日 国发〔1986〕71 号	决定指出："企业信息工作要从原始记录、凭证、台账、统计报表和用户信息反馈抓起，把生产经营全过程的信息收集、反馈、分析、处理扎扎实实地健全起来。"
49	《国家科委关于加强科学技术研究成果档案管理的通知》	1986 年 4 月 23 日 国家科委发布	＊ 已变更 更好地贯彻国务院批准的《科学技术档案工作条例》和国家科委发布的《关于科学技术研究成果管理的规定》，加强对科技成果档案的使用管理

续表

序号	法律法规、政策	公布时间、颁发机关	主题或主要内容
50	《关于对保密地形图进行统一编号的规定》	1986 年 国测发〔1986〕298 号	各资料部门对自己保管供应的各种比例尺地形图均应进行统一编号登记，开具发图单时必须注明地形图的编号
51	《科学技术研究档案管理暂行规定》	1987 年 3 月 20 日 国档发〔1987〕6 号，国家科学技术委员会、国家档案局发布	加强科学技术研究档案管理工作，充分发挥科技档案在社会主义现代化建设中的作用。明确了科技档案管理体制，即科技档案工作是科研管理的重要组成部分，各级档案管理部门和科技行政管理部门要对科技档案工作进行定期的检查
52	《国营企业档案管理暂行规定》	1987 年 3 月 20 日 国档发〔1987〕第 7 号，国家档案局、国家经委、国家计委发布	* 已失效 中国第一份关于企业档案工作的法规性文件。文件指出：企业档案工作是企业管理基础工作的组成部分，是维护企业经济利益、合法权益和历史真实面貌的一项重要工作
53	《国家教育委员会、国家档案局关于加强高等学校档案工作的几点意见》	1987 年 4 月 23 日 〔1987〕教办字 016 号，国家教育委员会、国家档案局发布	为落实全国档案事业“七五”发展规划，使高等学校档案工作更好地为教育体制改革，为教学、科研和学校管理等各项工作及“两个文明”建设服务而提出的意见

续表

序号	法律法规、政策	公布时间、颁发机关	主题或主要内容
54	《关于加强科学技术档案工作的意见》	1987年 国档发〔1987〕14号，国家档案局、国家经委、国家计委、国家科委发布	指出“在企业管理升级工作中，要把企业档案管理纳入企业基础管理工作予以加强，同企业管理工作紧密衔接起来，纳入计划，完善管理，全面提高企业素质”
55	《交通部科学技术档案分类编号办法》	1987年5月13日 交通部发布	统一交通系统的科技档案分类方法，实现档案管理和检索分类体系的标准化、规范化、系统化、现代化，开发档案信息资源，建立档案目录和咨询中心，以充分发挥档案的作用，更好地为交通运输事业发展和社会主义两个文明建设服务
56	《医药科学技术档案管理办法》	1987年5月25日 国家医药管理局发布	健全医药科技档案工作，加强对医药科技档案的管理，充分发挥医药科技档案在社会主义现代化建设中的作用
57	《企业档案管理升级试行办法》	1987年7月9日 国档文〔1987〕 15号	《办法》规定了企业档案管理升级工作的要求及考核内容、等级标准等
58	《化学工业档案管理暂行办法》	1987年10月7日 化工部发布	化学工业档案是指化工系统各单位在工作中形成的应归档保存的文件材料、图纸、账簿、凭证、影片等。它规定了化学化工档案管理工作的管理体制、领导与管理要求

续表

序号	法律法规、政策	公布时间、颁发机关	主题或主要内容
59	《中华人民共和国档案法》	1987 年 9 月 5 日由第六届全国人民代表大会常务委员会第二十二次会议通过，中华人民共和国主席令第 58 号公布，1988 年 1 月 1 日起施行 1996 年 7 月 5 日第八届全国人民代表大会常务委员会第二十次会议通过决定，对 1988 年 1 月 1 日施行的《中华人民共和国档案法》做出修改，并以中华人民共和国主席令第 71 号公布施行	这是我国档案事业法规建设进程中重要的里程碑，标志着我国档案工作开始走向法制化道路
60	《测绘科学技术档案管理规定》	1988 年 3 月 4 日 国测发〔1988〕82 号，国家测绘局、国家档案局发布	为加强测绘科技档案管理工作，充分发挥测绘科技档案在社会主义现代化建设中的作用制定本规定
61	《基本建设工程项目档案资料管理暂行规定》	1988 年 3 月 17 日 国档发〔1988〕4 号，国家档案局、国家计委颁布	对基本建设项目文件材料的汇总管理做出了明确规定，并对其归档范围、保管期限做了明确规定

续表

序号	法律法规、政策	公布时间、颁发机关	主题或主要内容
62	《全国地质资料汇交管理办法》	1988 年 5 月 20 日国务院批准 1988 年 7 月 1 日地质矿产部第 1 号令发布	为加强对地质工作成果资料的统一管理，充分发挥其在社会主义现代化建设中的作用，制定本办法
63	《开发利用科学技术档案信息资源暂行办法》	1988 年 10 月 26 日国档发〔1988〕16 号，国家档案局、财政部发布	大力开发利用科技档案信息资源，充分发挥科技档案在社会主义现代化建设中的作用。规定了科技档案的开发利用，以及如何正确处理开发利用科技档案信息与保密、专利之间的关系
64	《环境保护档案管理暂行规定》	1988 年 11 月 18 日国家环保局、国家档案局发布	＊ 已废止 环保档案主要指中央和地方环境保护机构在环境管理、监测、科研、宣传等环境保护活动中直接形成的，对国家和社会有保存价值的各种文字、图表、声像等不同形式的历史记录。该规定旨在加强环境保护档案工作
65	《全国地质资料汇交管理办法实施细则》	1989 年 6 月 26 日地矿部发布，自 1989 年 7 月 1 日实施，自 2003 年 3 月 1 日失效	＊ 已失效 为更好地贯彻实施《全国地质资料汇交管理办法》，制定本实施细则
66	《气象科学技术档案工作管理暂行规定》	1989 年 9 月 13 日国家气象局发布	加强气象科技档案工作，充分发挥气象科技档案在社会主义建设中的作用

续表

序号	法律法规、政策	公布时间、颁发机关	主题或主要内容
67	《普通高等学校档案管理办法》	1989 年 10 月 10 日国家教育委员会令第 6 号发布	其目的是加强高等学校的档案工作，提高档案管理水平，充分发挥档案的作用。《办法》中对于高校档案管理进行了明确规定
68	《中华人民共和国档案法实施办法》	1990 年 10 月 24 日国务院批准 1990 年 11 月 19 日国家档案局第 1 号令发布 1999 年 5 月 5 日国务院批准修订 1999 年 6 月 7 日，国家档案局第 5 号令发布	对《档案法》做出了更加明确具体的规定，为法律手段的运用确定了基本的方法和途径
69	《机电工业科学技术研究档案管理暂行规定》	1990 年 8 月 30 日机电部发布	加强机械电子工业科学技术研究档案的管理，充分发挥科技档案在机械电子工业发展和社会主义现代化建设中的作用
70	《国家档案局科学技术进步奖励办法》	1990 年 9 月 1 日国家档案局发布	为了奖励在推动档案科学技术进步中做出成绩的集体和个人，充分发挥广大档案科技人员的积极性、创造性，以促进档案事业的发展，制定本办法
71	《科学技术事业单位档案管理升级办法》	1991 年 5 月 28 日国家档案局、国家科委、建设部发布	进一步提高科学技术事业单位档案管理水平

续表

序号	法律法规、政策	公布时间、颁发机关	主题或主要内容
72	《关于重要科学技术档案进馆办法》	1991 年 11 月 25 日机电部发布	为加强科技信息资源的储备，保证储备质量，制定本办法
73	《能源部直属科研单位档案管理办法（试行）》	1992 年 9 月 9 日能源办〔1992〕855 号，能源部发布	为了加强档案工作的综合管理，统一立卷归档办法，逐步实现档案管理规范化、标准化，进一步提高档案管理水平，充分发挥档案在本单位行政、管理、科研、生产、基建和国家社会主义建设中的作用，制定本办法
74	《国家建筑材料工业局科学技术事业单位档案管理升级办法》	1992 年 8 月 5 日国家建筑材料工业局发布	进一步提高国家建筑材料工业局属科学技术事业单位档案管理水平，积极促进档案信息资源的开发利用
75	《医药卫生科学技术事业单位档案管理升级实施细则》	1993 年 3 月 15 日卫生部发布	强化医药卫生科技事业单位的档案管理，促进档案信息资源的开发利用，使医药卫生科技事业单位档案工作跟上卫生改革工作的步伐，更好地为卫生事业各项工作服务
76	《关于颁发〈测绘科技档案建档工作管理规定〉及有关技术标准的通知》	1993 年 3 月 30 日国测发〔1993〕第 088 号，国家测绘局发布	包括四个技术标准《测绘科技档案实体分类、保管单位组织、档号编制规则》《测绘科技档案案卷目录格式》《测绘科技档案分类标引规则》《关于国家标准〈科学技术档案案卷构成的一般要求〉的实施意见》

续表

序号	法律法规、政策	公布时间、颁发机关	主题或主要内容
77	《国家教育委员会关于发布〈高等学校档案实体分类法〉〈高等学校档案工作规范〉的通知》	1993 年 11 月 16 日 教办〔1993〕429 号，1994 年 1 月 1 日施行	为适应高等学校档案工作的开展和管理现代化的需要，实现高等学校档案实体分类及业务建设各环节的标准化、规范化而制定
78	《煤炭工业企业档案分类规则（试行）》	1994 年 4 月 5 日 煤炭办字〔1994〕第 110 号 国家能源局发布	本规则主要适用于煤炭系统矿务局、矿、机械厂等企业单位档案的分类整理、立卷和排架管理，是煤炭企业档案分类的基本依据
79	《开发利用科技档案所创经济效益计算方法的规定（试行）》	1994 年 8 月 17 日 国家档案局发布	明确了开发利用科技档案所创经济效益的计算方法
80	《环境保护档案管理办法》	1994 年 10 月 6 日 国家环境保护局、国家档案局令第 13 号	为加强环境保护档案管理，开发利用环境保护档案信息资源，根据《中华人民共和国档案法》及其实施办法，制定本办法
81	《机械工业部科技事业单位档案目标管理考评定级（暂行）办法》	1995 年 4 月 18 日 机械工业部发布	进一步提高科学技术事业单位档案管理水平
82	《关于档案科学技术研究成果管理的暂行规定》	1996 年 5 月 15 日 国家档案局发布	为了加强档案科学技术研究成果的管理，组织好档案科技成果的交流、应用和推广，推动档案科技进步，制定本规定

续表

序号	法律法规、政策	公布时间、颁发机关	主题或主要内容
83	《国家自然科学基金重点项目管理办法》	1996 年 11 月 20 日 国家自然科学基金委员会发布	＊ 已废止 重点项目支持科学技术人员针对已有较好基础的研究方向或者学科生长点开展深入、系统的创新性研究，促进学科发展，推动若干重要领域或者科学前沿取得突破，为了规范和加强国家自然科学基金重点项目管理，制定本办法
84	《水利基本建设项目（工程）档案资料管理规定》	1997 年 7 月 4 日 水办〔1997〕275 号	＊ 已废止 明确了水利工程档案管理规定。为切实抓好水利建设项目（工程）档案资料管理工作，充分发挥档案资料在水利工程建设、管理、运行、维护、改建、扩建等工作中的作用，制定本规定
85	《国家重点建设项目档案管理登记办法》	1997 年 8 月 19 日 档发字〔1997〕15 号，国家档案局、国家计委发布	促进国家重点建设项目档案管理的规范化和标准化，保障国家重点建设项目档案的完整、准确和系统，为实现重点项目档案的科学管理，保证建设项目在投产后拥有高质量的生产运行和项目管理的依据奠定了制度基础

续表

序号	法律法规、政策	公布时间、颁发机关	主题或主要内容
86	《城市建设档案管理规定》	1997 年 12 月 23 日建设部令第 61 号发布，根据 2001 年 7 月 4 日《建设部发布关于修改〈城市建设档案管理规定〉的决定》修正	加强城市建设档案管理，充分发挥城建档案在城市规划、建设、管理中的作用
87	《关于公布取消第二批行政性收费项目的通知》	1998 年 10 月 14 日财综字〔1998〕112 号，财政部发布	取消了城建档案保证金制度
88	《海洋档案管理规定》	1999 年 10 月 29 日国家海洋局、国家档案局发布	加强海洋档案工作，充分发挥海洋档案在国家社会发展和经济建设中的作用
89	《房屋建筑工程和市政基础设施工程竣工验收备案管理暂行办法》	2000 年 4 月 7 日中华人民共和国建设部令第 78 号，自 2000 年 4 月 7 日起施行	为加强房屋建筑工程和市政基础设施工程质量的管理，制定本办法
90	《国防科技工业档案工作管理暂行规定》	2001 年 2 月 12 日科工办〔2001〕37 号，国防科工委、国家档案局发布	适应国防科技工业改革与发展，规范国防科技工业档案管理的各项工作，保证国防科技工业档案工作的正常开展

续表

序号	法律法规、政策	公布时间、颁发机关	主题或主要内容
91	《中国科学院企业档案管理工作规范》	2001 年 10 月 22 日 科发办字〔2001〕416 号，科学院发布	进一步做好科学院企业档案管理工作
92	《国防科技工业固定资产投资项目竣工验收实施细则》	2001 年 10 月 31 日 科工法〔2001〕760 号，国防科工委发布	* 已废止 加强和规范国防科技工业固定资产投资项目竣工验收管理工作，保证建设项目合格交付使用，发挥投资效益
93	《林业重点工程档案管理办法》	2001 年 12 月 11 日 国家档案局、国家林业局发布	加强林业重点工程档案管理，实现林业重点工程档案管理的科学化、制度化和规范化，充分发挥工程档案的作用
94	《地质资料管理条例》	2002 年 3 月 19 日 中华人民共和国国务院令第 349 号 自 2002 年 7 月 1 日起施行	为加强对地质资料的管理，充分发挥地质资料的作用，保护地质资料汇交人的合法权益，制定本条例
95	《地质资料管理条例实施办法》	2002 年 12 月 20 日 中华人民共和国国土资源部令第 16 号 自 2003 年 3 月 1 日起施行	根据《地质资料管理条例》，制定本办法

续表

序号	法律法规、政策	公布时间、颁发机关	主题或主要内容
96	《企业档案管理规定》	2002年7月22日发布，2002年9月1日起施行，档发〔2002〕5号	规定了企业档案工作的监督指导机构、企业档案部门应履行的职责、企业档案工作人员的责任、企业档案的保管期限等
97	《国家质量监督检验检疫总局科技计划项目管理办法（试行）》	2002年 国质检〔2002〕333号，国家质量监督检验检疫总局发布	加强国家质量监督检验检疫系统的科技项目管理工作，促进质检系统科技进步
98	《水利档案工作规定》	2003年3月14日 水办〔2003〕105号，水利部发布	为进一步加强水利档案工作，根据《中华人民共和国档案法》《中华人民共和国档案法实施办法》，结合水利系统档案工作情况，制定本规定
99	《测绘科学技术档案管理规定》	2004年1月1日 国家测绘局发布	加强测绘科技档案管理工作，充分发挥测绘科技档案在社会主义现代化建设中的作用
100	《国家档案局、国务院三峡工程建设委员会办公室关于加强三峡三期工程档案工作的意见》	2004年 档发〔2004〕3号 国家档案局发布	三峡工程档案是三峡工程建设的基础性工作，在各地区、各部门及参建各方的高度重视下，三峡工程档案工作取得显著成绩，文中对加强三峡三期工程档案工作提出了五点意见

续表

序号	法律法规、政策	公布时间、颁发机关	主题或主要内容
101	《国有企业文件材料归档办法》	2004 年 1 月 20 日 档发〔2004〕4 号，国家档案局、国务院国有资产监督管理委员会发布	对于其中有关科技文件和科技档案的管理规定，沿用了以往科技档案工作实践中所取得的经验和标准，要求国有企业贯彻执行，并要求其他类型的企业参照执行
102	《中国科学院科研课题档案建档规范》	2005 年 3 月 2 日 中国科学院发布，2006 年 4 月 1 日起实施	为加强中国科学院科研课题档案的建档工作，提高科研课题档案的质量，充分发挥科研课题档案在科技事业和国家建设中的作用，制定本规范
103	《关于组织开展科技档案管理情况调研的通知》	2005 年 4 月 27 日 科学技术部发布	充分了解目前科技档案管理工作的状况，提出在新形势下加强科技档案管理，更好地开发和利用科技档案资源的有关政策性意见，科技部和国家档案局决定联合组织开展对科技计划项目档案管理情况的调研
104	《关于加强企业档案信息化建设的意见》	2005 年 5 月 8 日 档函〔2005〕81 号，国家档案局发布	《意见》中指出：明确企业档案信息化建设的目标与原则；建立健全企业档案信息化建设规章制度；建立适应企业信息化要求的档案管理系统；完善电子文件归档与档案信息数据库的管理等
105	《交通档案管理办法》	2005 年 9 月 19 日 交通部〔2005〕431 号	加强交通档案管理，提高档案管理水平，更好地为交通事业发展服务

续表

序号	法律法规、政策	公布时间、颁发机关	主题或主要内容
106	《国家档案局关于加强驻外机构和境外企业档案工作的意见》	2005 年 9 月 20 日档函〔2005〕205 号，国家档案局发布	为了加强驻外机构和境外企业档案工作，根据其特点，文中从认识、体制和管理三个方面提出有关意见
107	《水利工程建设项目档案管理规定》	2005 年 11 月 1 日水办〔2005〕480 号，水利部发布，2005 年 12 月 10 日生效	为加强水利工程建设项目档案管理工作，明确档案管理职责，规范档案管理行为，充分发挥档案在水利工程建设与管理中的作用，制定本规定
108	《关于促进民营企业档案工作发展的意见》	2006 年 2 月 13 日档函〔2006〕26 号，国家档案局、国家发展和改革委员会、中华全国工商业联合会发布	做好民营企业档案工作是档案工作适应我国经济社会发展新形势的必然要求，在建立健全民营企业档案工作方面，《意见》指出要促进民营企业档案工作与民营企业同步发展等；在促进民营企业档案管理水平不断提高方面，提出要制定企业文件材料归档和档案管理各项规章制度等意见
109	《关于进一步加强交通重点建设项目档案管理工作的意见》	2006 年 4 月 5 日厅档字〔2006〕101 号	完善交通重点建设项目档案管理体系
110	《重大建设项目档案验收办法》	2006 年 6 月 14 日档发〔2006〕2 号，国家档案局、国家发展和改革委员会发布	为加强重大建设项目档案管理工作，确保重大建设项目档案的完整、准确、系统和安全，《办法》明确规定了重大项目建设的验收组织、验收申请流程及验收要求

续表

序号	法律法规、政策	公布时间、颁发机关	主题或主要内容
111	《天然林资源保护工程档案管理办法》	2006年11月30日 办天字〔2006〕96号，国家林业局办公室发布	加强和规范天然林资源保护工程的档案管理，提高档案的利用水平，更好地为工程建设服务，根据天然林资源保护工程的实际制定办法
112	《国防科技工业固定资产投资项目档案验收办法》	2007年2月 科工办〔2007〕161号，国防科工委和国家档案局印发	加强国防科技工业固定资产投资项目档案管理
113	《国防科技工业固定资产投资项目档案管理规定》	2007年 科工办〔2007〕744号	为了加强国防科技工业固定资产投资项目档案管理工作，确保固定投资资产项目档案的完整、准确、系统、安全和有效利用，制定本规定
114	《关于加强涉密测绘成果管理工作》	2008年3月25日 国测成字〔2008〕2号，国家测绘局发布	进一步加强涉及国家秘密的测绘成果的管理，保障测绘成果的开发利用
115	《关于印发卫生档案管理暂行规定的通知》	2008年4月8日 卫办发〔2008〕24号，国家卫生和计划生育委员会发布	为加强卫生档案工作，更好地为卫生事业服务
116	《国家电子政务工程建设项目档案管理暂行办法》	2008年5月20日 档发〔2008〕3号，国家档案局、国家发展和改革委员会发布	它是针对使用中央财政性资金的国家电子政务工程建设项目，以及其他信息化建设项目档案管理而提出的，对档案的收集和整理、档案移交与管理、档案的验收均做出有关规定

续表

序号	法律法规、政策	公布时间、颁发机关	主题或主要内容
117	《卫生档案管理暂行规定》	2008年6月12日 卫办文档发〔2008〕112号，国家卫生和计划生育委员会发布	加强卫生档案管理工作，更好地为卫生事业服务
118	《国家地震安全计划管理办法》	2008年9月20日 中国地震局发布	对地震信息和档案管理进行了规定
119	《关于城市建设档案管理有关情况的通知》	档函〔2008〕270号，国家档案局发布	城建档案工作是国家档案事业的组成部分，必须在档案行政管理部门统筹规划、组织协调、统一制度、监督和指导下开展
120	《关于加强新增中央投资项目档案管理的通知》	档函〔2008〕289号，国家档案局发布	要求所有新建项目应无一遗漏地规范建档，旨在加强对项目档案的监管，更好地为项目实施和管理服务
121	《关于进一步加强中央企业档案工作的意见》	2009年12月4日 档发〔2009〕6号，国家档案局发布	对进一步引导和规范中央企业档案管理、有效服务中央企业各项工作具有重要意义
122	《房屋建筑工程和市政基础设施工程竣工验收备案管理暂行办法》	2009年10月19日 中华人民共和国住房和城乡建设部令第2号	对《房屋建筑工程和市政基础设施工程竣工验收备案管理暂行办法》进行部分修订
123	《长江三峡枢纽三期工程档案验收工作大纲》	2010年 档函〔2010〕202号，国家档案局发布	验收的重点为检查三峡枢纽一期、二期、三期工程和地下电站工程阶段档案验收遗留问题整改情况，以及三峡枢纽工程施工区征地档案等其他未经阶段验收的档案

续表

序号	法律法规、政策	公布时间、颁发机关	主题或主要内容
124	《关于加强新疆维吾尔自治区建设项目档案工作的意见》	2010年 档函〔2010〕239号	做好建设项目档案工作不仅为项目建设运营和监理管理提供保障，也是档案部门贯彻落实中央工作座谈会精神，服务新疆经济跨越式发展的重要举措
125	《水利科学技术档案管理规定》	2010年3月12日 水办〔2010〕80号，水利部发布	《规定》由正文和附表两部分组成。正文分为总则、收集归档、保管利用、奖惩、工作机制及人员、附则，共六章34条。附表将水利科技档案分为水文、水资源、水土保持、勘测、规划设计、设备仪器、运行维护、科学研究、水利工程建设项目、水利信息化项目共10类
126	《公路建设项目文件材料立卷归档管理办法》	2010年8月9日 交办发〔2010〕382号，交通部发布	为规范公路建设项目文件材料立卷归档工作，保证公路建设项目档案质量，制定本办法
127	《关于切实做好国家基础测绘项目成果档案归档工作的通知》	2010年9月8日 国测成发〔2010〕5号，国家测绘局发布	促进测绘成果档案的开发利用，就切实做好基础测绘项目成果档案归档工作进行了规定
128	《国家测绘局关于进一步加强涉密测绘成果行政审批与使用管理工作的通知》	2010年9月16日 国测成发〔2010〕6号，国家测绘局发布	为切实加强涉密测绘成果管理，进一步规范涉密测绘成果提供使用行政审批，涉密测绘成果提供、使用和保管行为

续表

序号	法律法规、政策	公布时间、颁发机关	主题或主要内容
129	《全国档案事业发展“十二五”规划》	2011 年 1 月 14 日档发〔2011〕1 号，国家档案局中央档案馆印发	在主要任务中明确了档案科技工作。从档案事业发展和实际工作需要出发，适应国家科技管理体制改革发展的要求，完善档案科技工作机制和管理方式，以项目管理带动档案科研工作。切实加强档案科技工作规划，组织引导具有战略性、科学性和实用性的档案科技项目研究，解决关系档案事业发展全局的重大理论和关键技术问题，重点开展档案管理模式创新与新技术新方法研究、档案安全保障能力研究、档案实体安全和信息安全策略研究、档案保护与修复技术设备研制等。加大档案科技成果推广转化力度，促进科技与档案业务工作的紧密结合
130	《中国地震局科技档案管理办法》	2011 年 3 月 20 日中震办发〔2011〕23 号，中国地震局发布	加强中国地震局各单位科技档案管理工作，充分发挥科技档案在防震减灾事业和现代化建设中的作用
131	《国防科技工业固定资产投资项目竣工验收实施细则（试行）》	2011 年 6 月 17 日科工法〔2011〕536 号，国家国防科工局发布	加强和规范国防科技工业固定资产投资项目竣工验收管理工作，保证建设项目合格交付使用，发挥投资效益

续表

序号	法律法规、政策	公布时间、颁发机关	主题或主要内容
132	《国家食品药品监督管理局办公室关于建立健全保健食品化妆品生产企业监管档案的通知》	2012年8月20日食药监办保化〔2012〕103号，国家食品药品监督管理局办公室发布	加强保健食品化妆品生产企业监管，充分发挥监管档案在保健食品化妆品日常监管工作中的基础作用
133	《企业文件材料归档范围和档案保管期限规定》	2012年12月17日国家档案局第10号令	对企业文件材料的归档范围和保管期限都做出了详细规定
134	《国家质量监督检验检疫总局科技计划项目管理办法》	2012年12月24日国质检科〔2012〕823号，质检总局发布	《办法》分总则、职责、申报、立项、实施、验收和成果管理、绩效管理、附则8章51条，自发布之日起施行
135	《国家发展改革委关于加强和完善国家电子政务工程建设管理的意见》	2013年2月16日发改高技〔2013〕266号，国家发展改革委发布	为贯彻落实《“十二五”国家政务信息化工程建设规划》，规范国家电子政务工程建设，加强国家电子政务工程建设项目的管理，促进政府信息共享和业务协同，提高投资效益而提出的意见
136	《档案管理违法违纪行为处分规定》	2013年2月22日中华人民共和国监察部、中华人民共和国人力资源和社会保障部国家档案局令第30号	预防和惩处档案管理违法违纪行为，有效保护和利用档案

续表

序号	法律法规、政策	公布时间、颁发机关	主题或主要内容
137	《电信和互联网用户个人信息保护规定》	2013 年 7 月 16 日 中华人民共和国工业和信息化部令第 24 号 自 2013 年 9 月 1 日施行	保护电信和互联网用户的合法权益，维护网络信息安全
138	《关于加强和改进新形势下档案工作的意见》	2014 年 5 月 中共中央办公厅、国务院办公厅印发	提出“县级以上各级档案行政管理部门要加强对档案收集整理工作的监督指导，特别是对重点工作、重大活动、重大建设项目、重大科研项目、重大生态保护项目以及新领域、新专业、新机构、新社会组织等，要监督指导有关方面及时建立档案工作制度”
139	《关于加强建立国家科技报告制度指导意见的通知》	2014 年 国务院办公厅发布	要求建立科技报告逐级呈交的组织管理机制：加强国家科技报告工作统筹管理，建立地方和部门科技报告管理机制，强化项目承担单位科技报告管理责任，明确科研人员撰写和使用科技报告的责任权利；建立科技报告共享服务机制：通过国家科技报告服务系统面向项目主管机构、项目承担单位、科研人员和社会公众提供开放共享服务

续表

序号	法律法规、政策	公布时间、颁发机关	主题或主要内容
140	《关于改进加强中央财政科研项目和资金管理的若干意见》	2014 年 国务院办公厅发布	建设国家科技管理信息系统，科技行政主管部门、财政部门会同有关部门和地方在现有各类科技计划（专项、基金等）科研项目数据基础上，按照统一的数据结构、接口标准和信息安全规范，2015 年年底前基本实现与地方科研项目数据资源的互联互通，建成统一的国家科技管理信息系统，并向社会开放服务
141	《深化科技体制改革实施方案》	2015 年 国务院办公厅发布	全面推进科技管理基础制度建设，推动科技资源开放共享
142	《促进科技成果转移转化行动方案的通知》	2016 年 国务院办公厅发布	开展科技成果信息汇交与发布：发布转化先进适用的科技成果包，建立国家科技成果信息系统，加强科技成果信息汇交，加强科技成果数据资源开发利用
143	《国家科技重大专项（民口）档案管理规定》	2017 年 科技部发布	重大专项档案管理工作坚持统一领导、分级管理的原则，科技部会同发展改革委、财政部（三部门）负责对重大专项档案管理工作进行统筹协调和指导监督，科技部重大专项办公室具体落实三部门的决策，重大专项牵头组织单位负责本专项档案的管理、监督和检查，专业机构具体落实本专项档案的管理工作；制定有效利用制度，推进重大专项档案的共享服务

续表

序号	法律法规、政策	公布时间、颁发机关	主题或主要内容
144	《国家科技资源共享服务平台管理办法》	2018 年 科技部、财政部发布	利用财政性资金形成的科技资源，除保密要求和特殊规定外，必须面向社会开放共享
145	《中国科学院科学数据管理与开放共享办法（试行）》	2019 年 中国科学院发布	明确主体责任、明确工作机制，明确科研项目数据汇交要求：科技项目数据管理计划作为立项必要条件，项目负责人按数据管理计划汇交数据，科技项目数据管理计划完成情况作为验收必要条件
146	《科学技术研究档案管理规定》	2020 年 国家档案局发布	按照国家档案工作统一领导、分级管理的原则，国家档案主管部门对全国科技档案工作实行监督和指导，国家科技主管部门在国家科技计划（专项、基金等）组织实施过程中加强科技档案工作的统筹协调。科研项目承担单位的上级主管部门（机构）应当把科技档案工作纳入本系统整体工作范畴，切实加强领导和管理。地方科技主管部门（机构）会同档案主管部门对本区域内科技档案工作实行监督和指导

续表

序号	法律法规、政策	公布时间、颁发机关	主题或主要内容
147	《中华人民共和国档案法》	2020年6月20日中华人民共和国第十三届全国人民代表大会常务委员会第十九次会议修订通过	县级以上各级档案馆的档案，应当自形成之日起满25年向社会开放。经济、教育、科技、文化等类档案，可以少于25年向社会开放；涉及国家安全或者重大利益以及其他到期不宜开放的档案，可以多于25年向社会开放。国家鼓励和支持其他档案馆向社会开放档案

另外，值得注意的是，由于“科技档案”概念的淡化，自1994年以后国家档案局再未出台任何专门针对科技档案（题名中包括“科技档案”或“科学技术档案”）的法规制度。尽管近年来国家档案局和相关部门陆续出台一系列有关企业档案（其主要组成部分是科技档案）、工程建设档案（科技档案中一大类）的法规制度，但是专门针对党政机关和事业单位的科技档案或科研项目档案的法规制度少之又少，仅有《测绘科学技术档案管理规定》（2004年国家测绘局发布）、《中国科学院科研课题档案建档规范》（2005年中国科学院发布）、《水利科学技术档案管理规定》（水办〔2010〕80号）、《中国地震局科技档案管理办法》（2011年中国地震局发布）、《民政部科学技术研究档案管理暂行办法》（2012年民政部发布）《国家科技重大专项（民口）档案管理规定》（2017年科技部发布）等少数几部。

与此同时，尽管科技部国家级科技计划项目众多，每年国家投入巨资资助成千上万的各类科研项目，至今却没有发布一部“国家科技计划项目档案管理办法”。国家自然科学基金每年投入200多亿元、资助3万多项科研课题，但至今没有出台一部“国家自然科学基金项目档案管理办法”。①我国具有丰富的科技资源，但是至今没有出台一部“科技资源共享法”或“科技资源共享办法”指导科技资源的开放共享，在更高的层面上实现科技资源的价值。

（二）融入科技管理法制体系进展缓慢

科技档案是科技管理的重要产物，也是科技管理的重要依据。科技档案管理作为科技管理的基础性工作和重要组成部分，应该纳入整个科技管理体系之中。相应地，有关科技档案管理的要求，也应该纳入整个科技管理法规制度体系中。但是，课题组查阅各种重要的科技管理法规制度发现，这些法规制度中对科技档案管理提出具体明确要求的条文少之又少。

以科技部已出台的国家级科技计划管理办法为例，仅《国家高技术研究发展计划（863 计划）管理办法》《国家科技攻关计划管理办法》提出了建档要求，多数未做相应规定；有五个管理办法提出建立项目数据库系统“实现资料共享”，但这些要求比较笼统，没有明确相关部门和人员的责任，缺乏相应考核与奖惩措施，具体如表 3－2 所示。

表 3－2　科技档案工作相关的管理办法列表

序号	管理办法	提出 建档要求	提出 档案开发利用
1	《国家科技计划项目管理暂行办法》	×	√
2	《国家重点基础研究发展计划（973 计划）管理办法》	×	√
3	《国家高技术研究发展计划（863 计划）管理办法》	√	×
4	《国家科技攻关计划管理办法》	√	√
5	《国家科技支撑计划管理暂行办法》	×	√
6	《国家软科学研究计划管理办法》	×	√
7	《星火计划管理办法》	×	×

① 参见 2014 年 6 月 5 日对国家自然科学基金委员会的调研访谈记录。

续表

序号	管理办法	提出建档要求	提出档案开发利用
8	《国家级火炬计划项目管理办法》	×	×
9	《国家科技成果重点推广计划管理办法》	×	×
10	《国家重点新产品计划管理办法》	×	×

注：根据科技部计划项目管理办法整理，同时参考：高凤云．我国科技情报科技档案开发利用的思考［J］．科技管理研究，2011（17）：38－40，56.

而国家自然科学基金委员会发布的八个项目管理办法，只在《国家自然科学基金项目管理规定（试行）》中十分含糊地提到一句“基金项目立项、申请、评审、执行和管理中凡涉及国家科技保密、知识产权和科技档案管理等问题，按国家和自然科学基金委有关规定执行”。而其他七个具体的项目管理办法中没有一个条款提及“档案”二字，如表3－3所示。

表3－3 国家自科委项目管理办法列表

序号	管理办法	包含“档案”的条款数	备注
1	《国家自然科学基金项目管理规定（试行）》	1	第三十五条　基金项目立项、申请、评审、执行和管理中凡涉及国家科技保密、知识产权和科技档案管理等问题，按国家和自然科学基金委有关规定执行
2	《国家自然科学基金重大项目管理办法》	0	
3	《国家自然科学基金重点项目管理办法》	0	
4	《国家自然科学基金面上项目管理办法》	0	

续表

序号	管理办法	包含“档案”的条款数	备注
5	《国家自然科学基金青年项目管理办法》	0	
6	《国家杰出青年科学基金项目管理办法》	0	
7	《国家自然科学基金国际（地区）合作研究项目管理办法》	0	
8	《国家自然科学基金地区科学基金项目管理办法》	0	

如潘世萍所言：“在《国家科技计划项目管理暂行办法》和各计划项目的管理办法中，大多没有出现与项目档案管理相配套的条款，其结果是致使相应的档案法规形同虚设，各项项目档案管理的要求无法得到真正的落实。”①

（三）科技档案工作的标准未成体系化

目前我国专门针对科技档案管理的国家标准、行业标准较少，如表3－4所示，仅有国家标准5项、行业标准11项，远远没有涵盖科技档案管理的各个环节（尤其是长期保存、开发利用环节），没有涵盖各行各类的科技档案管理（目前仅建筑、核电两个行业的标准较多）。

① 潘世萍．论国家科技计划项目档案中政府权益的体现［J］．档案学研究，2007（6）：11－13.

表 3-4 我国科技档案工作相关标准列表

序号	类型	名称	标准号
1	国家标准	科技档案案卷构成的一般要求	GB/T 11822—2008
2	国家标准	建设工程文件归档整理规范	GB/T 50328—2001
3	国家标准	CAD 电子文件光盘存储、归档与档案管理要求	GB/T 17678. 1—1999
4	国家标准	CAD 电子文件光盘存储、归档与档案管理要求　第二部分：光盘信息组织结构	GB/T 17678. 2—1999
5	国家标准	技术用图复制图的折叠方法	GB/T 10609. 3—2009
6	行业标准	核电档案分类准则及编码规则	NB/T 20042—2011
7	行业标准	核电电子文件元数据	EJ/T 1224—2008
8	行业标准	核电文件档案管理要求	EJ/T 1225—2008
9	行业标准	中国档案分类法 核工业档案分类与代码	EJ 657. 1—92
10	行业标准	中国档案分类法　核工业档案专用综合复分表	EJ/T 657. 2—1992
11	行业标准	特殊和超大尺寸纸质档案数字图像输出到缩微胶片上的技术规范	DA/T 49—2012
12	行业标准	企业档案工作规范	DA/T 42—2009
13	行业标准	国家重大建设项目文件归档要求与档案整理规范	DA/T 28—2002
14	行业标准	科学技术研究课题档案管理规范	DA/T 2—1992
15	行业标准	建筑工程资料管理规程	JGJ/T 185—2009
16	行业标准	建设电子文件与电子档案管理规范	CJJ/T 117—2007

在科研项目档案管理方面，当前我国科技档案管理工作仅参循的一个国家标准《科学技术研究课题档案管理规范》（DA/T 2—1992）为 1992 年制定，该标准施行至今尚未有进一步的修订、更新。中国科学院 2006 年制

定了《中国科学院科研课题档案建档规范》，其他一些单位也制定了自己的类似的单位或行业标准，而这些标准之间又互不统一。国家自然科学基金委员会工作人员认为，标准缺失使得科技档案管理无规可循；而标准不统一又给科技档案的接收、整理（尤其是电子档案的接收）带来极大的麻烦。[①]随着跨部门、跨领域、跨国别的科技研发活动不断增多，如何以科学、统一的标准来推进科技档案资源的归集、整合工作至关重要。

三、科技档案工作监管力度较小

（一）档案行政管理机关监管作用弱化

自20世纪90年代以来，国家档案局和地方各级档案局将档案业务监督管理的重点置于各级国家综合档案馆的档案工作（主要是历史档案、党政机关移交进馆的文书档案）、党政机关的档案工作（主要是文书档案），而对科技档案、企业档案及其他专门档案工作的监督管理有所弱化。

在社会主义市场经济体制和现代企业制度改革之下，我国实行政企分开发展模式。企业依法自主经营、自负盈亏，各级档案行政管理部门不能像过去那样主要依靠行政手段对企业档案工作进行监督管理。尤其是2009年中央企业档案工作会议之后，按照“出资人管理”的原则，国家档案局将对中央企业档案工作的直接指导、监督、检查职能移交给国务院国资委。这样，国家档案局和各级地方档案局进一步弱化了对国有企业档案工作的监督管理。至于非国有企业档案工作，各级档案行政管理部门更多是指导、服务，监督、检查的力度更小。课题组所调研的一些科技档案管理部门对国家档案局弱化对科技档案工作的监督管理都颇有微词。

由于各级档案行政部管理部门对科技档案工作监督管理的弱化，我国传统“条块结合”的科技档案宏观管理体制的“块”难以为继。

（二）各专业主管机关的监管力度不足

1980年《科学技术档案工作条例》第二十七条规定：“科技档案工作必须按专业实行统一管理。国务院所属的各专业主管机关和省、自治区、

① 参见2014年3月6日对中国科学院档案馆的调研访谈记录。

直辖市人民政府所属的各专业主管机关，应当建立相应的档案机构，加强对所属企业、事业单位科技档案工作的领导。”据此规定，1998 年国务院机构改革之前，电力工业部、煤炭工业部、冶金工业部、机械工业部、电子工业部、化学工业部、地质矿产部、林业部、中国轻工业总会、中国纺织总会等工业专业主管机关，大都设有专门档案机构，对本系统下属各单位科技档案工作进行监督管理。1998 年国务院机构改革之后，这些专业主管机关被撤销，大都转制为中央企业。相应地，因失去国家行政监管职能，其档案机构对下属各单位的科技档案工作监督管理力度被弱化。

一些专业主管机关转制为企业后，在相当长一段时间内没有明确总部档案机构对下属单位档案工作的指导、监督、检查职能。还有一些专业主管机关转制后，甚至撤销了原有档案馆。例如，化学工业部撤销后，化工档案馆也被撤销，其档案交由中国石油和化学工业联合会保管。即便是像中国航空工业集团公司、中国科学院这样成建制地保留或建立专门档案机构（中国航空工业档案馆、中国科学院档案馆）的单位，也因专门档案机构层级较低（往往是第三层）、职责规定不明确，导致其对下属单位档案工作开展监督管理的力度十分有限。宝钢集团有限公司，作为中国钢铁行业的航空母舰，其档案机构为公司的“中央研究院情报中心档案室”，属于公司第四层级的机构。这种第四层级的档案管理机构又如何能对集团下属数十个机构和上百家子公司的档案工作进行有效监督管理?

清华大学档案馆薛四新博士也反映，除了国防科工委对军工科研项目档案管理进行检查验收，无论是国家档案局或北京市档案局，还是教育部都从未对清华大学的档案工作进行过指导、监督和检查。[①] 国家自然科学基金委员会到依托单位（项目承担单位）调研时发现，一些小单位基本没有档案工作。但是，国家自然科学基金委员会对此并没有（无权）采取一定的约束措施。[②]

由于各专业主管机关对科技档案工作的监管力度较弱，原有的“条块结合”的科技档案宏观管理体制的“条”难以为继。

---

① 参见 2014 年 5 月 27 日对清华大学档案馆薛四新的访谈记录。

② 参见 2014 年 6 月 5 日对国家自然科学基金委员会的调研访谈记录。

（三）科技档案纳入与验收制度未落实

早在20世纪60年代，我国科技档案工作者就在实践中总结出了“三纳入”“四参加”“四同步”制度。“三纳入”是指将档案工作纳入立档单位领导的工作议事日程，纳入规章制度及工作流程，纳入有关人员的经济责任制或岗位责任制。“四参加”是指立档单位档案部门或档案人员参加产品鉴定，参加科研课题审定，参加基建项目验收，参加设备开箱验收或引进项目接收，负责检查归档科技文件是否齐全、完整、准确、系统。“四同步”是指立档单位下达科技、生产项目计划任务与提出项目文件材料的归档要求同步，检查项目计划进度与检查项目文件材料积累情况同步，验收、鉴定项目成果与验收、鉴定项目文件材料归档情况同步，项目总结与项目文件材料完成归档同步。

“三纳入”“四参加”“四同步”制度是被实践检验行之有效的，而且被《科学技术档案工作条例》《科学技术研究档案管理暂行规定》《国有企业文件材料归档办法》等法规规章确定的制度。但是，在课题组的调研中，一些基层单位反映由于档案部门在本单位中话语权较弱，现在“三纳入”“四参加”“四同步”制度并没有很好地贯彻执行。根据薛四新2010年的调查，84.62%的高校科研项目结题鉴定验收评审阶段没有档案馆（室）人员参加；86.82%的高校档案馆对科研项目进展中文件管理并未进行跟踪、指导、积累（院系兼职档案员只是事后催要）。她说，清华大学的科研项目档案管理制度很健全，“三纳入”“四参加”“四同步”也是很好的制度，但是这些制度都没有落实执行。①

另外，在我国工程建设领域，国家档案局会同国家发展和改革委员会于2006年制发《重大建设项目档案验收办法》（档发〔2006〕2号），以期为各级政府投资主管部门组织或委托组织进行竣工验收的固定资产投资项目的验收提供指导和支持。2007年国防科工委和国家档案局颁布了《国防科技工业固定资产投资项目档案验收办法》（科工办〔2007〕161号），档案验收被列入项目最终总体验收前的五个专项验收（档案验

---

① 参见2014年5月27日对清华大学档案馆薛四新的访谈记录。

收、消防验收、劳动安全验收、职业卫生验收、环境保护验收）之一。在实际工作中，这一制度落实执行较好，有效实现了对重大建设项目档案的监管。①

但是在科学研究领域，科研项目档案验收制度却并未建立。科技部主管的 10 个国家科技计划，以及国家自然科学基金等重要科研项目在进行验收时，只注重最终研究成果的验收、财务审计验收，没有将档案验收纳入项目验收范畴，从而无法对项目承担单位的科研项目档案管理进行真正有效的监管。薛四新反映，除了国防科工局严格执行科研项目档案验收之外，仅教育部 2013 年、2014 年到清华大学进行过两次科研项目档案验收，且都没有通过；而清华大学每年承担数量众多的重大科研项目，都没有开展科研项目档案验收。②

正如张爱霞、沈玉兰所言，《国家科技计划管理暂行规定》《国家科技计划项目管理暂行办法》“没有对科技计划项目档案提出明确、具体的要求，在项目合同文本中没有相应的归档条款；没有将档案验收纳入项目验收环节；在计划项目各阶段的鉴定评估中，缺少对项目档案的同步检查和监督，在项目验收中，几乎没有档案专业人员进行档案专项验收或参与验收”③。地方的科研项目档案管理制度亦是如此。例如，《北京市科技计划项目管理办法》虽然对项目管理性档案提出了要求，但是对于项目研发过程中形成的技术性档案并没有提出明确的管理要求，也没有作为项目验收的一个必要条件。

---

① 参见 2013 年 7 月 30 日专家座谈会记录。

② 参见 2014 年 5 月 27 日对清华大学档案馆薛四新的访谈记录。

③ 张爱霞，沈玉兰．国家科技计划项目档案管理现状分析及对策研究［J］．科技进步与对策，2008（12）：25－28.

第二节　从服务维度看科技档案工作现存问题

一、前端：资源归集整合难度大

在课题组调研中，基层档案工作者普遍反映当前的工作难题之一就是：科技档案收集难，科技文件材料归档不全，科技档案分散于各个部门、项目组或科技工作者个人手中。据关桥院士介绍，中航工业北京航空制造工程研究所（625 所）“最原始的资料多存于院士的铁皮柜中”①。按薛四新 2010 年的调查，有 28.6% 的高校档案馆从未接过科研课题档案。清华大学的科研经费、科研项目每年都在增长，而归档的档案数量却在逐年减少。② 国家自然科学基金委员会保存的许多科研项目档案的内容、材料不齐全，甚至连最基本的项目申请书都缺失。③科技档案收集难、归档难主要有三方面的原因：

（一）科技工作者的移交与归档意愿不强

大部分科技工作者或都担心自己的知识产权被他人侵害，或者企图将职务发明技术成果据为己有。为此，他们在科研项目完成之后，将科研项目的核心内容，如实验方法、实验数据、工艺参数、关键设计图纸、技术诀窍等留在手中，不愿意提供出来或者有意提供虚假数据，导致研究成果难以被重复或利用。而档案工作人员又缺乏相关领域的知识，无法有效确定归档文件材料的完整性和真实性。所以，清华大学档案馆收集的科技档案主要是文书类的，如合同、任务书等，过程性材料和核心技术材料都收不上来。④

---

① 参见 2014 年 4 月 25 日对中国航空工业档案馆的调研访谈记录。

② 参见 2014 年 5 月 27 日对清华大学档案馆薛四新的访谈记录。

③ 参见 2014 年 6 月 5 日对国家自然科学基金委员会的调研访谈记录。

④ 参见 2014 年 5 月 27 日对清华大学档案馆薛四新的访谈记录。

（二）未贯彻科技档案项目主持人负责制

当前，科技研发、生产主要采取项目制。项目组以项目经理或项目主持人为核心，其成员往往来自不同部门甚至外单位，而且时有变动。为保证科技文件材料归档的完整性和准确性，《科学技术档案工作条例》《科学技术研究档案管理规定》《高等学校档案管理办法》等，都不同程度地要求实行项目主持人负责制，要求科研项目负责人对归档科研文件材料的完整性、准确性、系统性负责。但是，实际工作中，由于档案部门话语权小、制度监督执行力差，这一制度没有得到很好的贯彻落实。因此，导致许多科技档案散存于项目成员手中。

（三）科技档案资源处于分散保存的状态

从国家层面来看，科技档案资源分散保管于各个系统各个单位。由于我国存在科技部、国家自然科学基金委员会、中国科学院、中国科学技术协会、国防科工局和众多（履行一定专业主管职责的）中央企业等科技主管部门，这些科技主管部门之间互不隶属，各自规划、组织科学研究生产活动，各自管理本系统形成的数量惊人的科技档案。按我国档案法规制度规定，中央和国家机关的档案保存 20 年之后，应向中央档案馆移交；但是，据了解，除 2006 年接收过国家自然科学基金委员会的 3 万多卷科研项目档案之外，因馆藏空间和管理压力，中央档案馆一直没有也不愿意接收中央和国家机关的科技档案，而只接收文书档案。例如，科技部的国家科技项目档案，中央档案馆就不愿意也没有接收。① 如此一来，这些科技档案就分散于各科技主管部门保存。

中央企业下设成千上万个子公司、分公司或其他分支机构，这些下属单位都形成了大量的科技档案。但是，除中国航空工业集团公司、中国船舶重工集团公司、国家电网公司等少数几家中央企业在总部建有专门档案馆，集中保管下属单位的重要科技档案之外，绝大多数中央企业（如五矿集团、中粮集团、中国建筑工程总公司、中国电力建设集团有限公司等）总部的档案室只保存总部的文书档案，至于科技档案则由下属单位各自保

① 参见 2014 年 6 月 5 日对国家自然科学基金委员会的调研访谈记录。

管。即使是在一个机构内部，科技主管部门也只保存科技项目申请立项、检查验收、评奖评优“首尾环节”的管理性档案；而数量更多、价值更大的与科学研究生产活动直接相关的工作计划、日志、阶段报告、进展报告、数据计算中间性材料、实验数据、计算机数据、补充实验材料等过程性的技术性档案，则分散保存于成百上千个项目承担单位手中。

另外，随着现代科技越来越复杂庞大，跨学科综合研究和跨机构合作研究成为重要趋势，而且科技研发生产模块化程度越来越高，一个大型的科技项目或产品往往被分成众多子项目、子系统、零部件，由数十乃至上百家单位分别承担。这些单位包括企业、科研机构、高校等不同性质的机构，分属于不同系统。各单位在承担子项目、子系统、零部件过程中产生了大量的科技档案，项目完成之后这些档案仍保存于本单位，只对本单位提供利用。没有法规制度、合同协议明确要求将这些项目移交给项目或产品的牵头单位或委托单位集中保管。如中航工业档案馆馆长助理戴先明说：“现在很多科研项目都是多个单位参与，但是谁牵头、谁来管理（科技档案）都没有规定。科工局只对固定资产进行检查和验收，很多项目主管部门也不管（科技档案）。”这样一来，一个大型科技项目或产品的科技档案就分散于上百家单位，科技档案资源整合难度大。

二、中端：资源开发利用程度低

（一）科技档案解密及开放鉴定难度大

科技档案开发利用程度低是科技部门和科技工作者长期以来所诟病之处。究其原因，不难发现关键之处在于：科技档案解密及开放鉴定难度大。

一方面，由于我国保密法规制度不健全，责任追究机制不合理，许多单位和科技工作者出于自我保护的需要，不管具体某一科技文件是否包含秘密事项信息，只要所在单位属于涉密单位、只要所承担的项目属于涉密项目，一概标为“秘密”“机密”或“绝密”，而且往往没有注明保密期限，从而使得许多科技档案从一产生起，即处于“密不示人”的状态，即使注明保密期限，保密期限到了，也较难如期解密开放。如潘亚男所言：

"有些项目本身涉密，但其购买的设备则是通用的，这些设备也因其项目的原因被定了密级，无法正常利用。有些项目档案，因其承担部门涉密，却使得整个项目档案都成了涉密档案。"①

另一方面，在科技档案被定密之后，很少启动解密程序。尤其是当科技档案移交档案部门后，档案部门并没有解密权。若需利用涉密档案，必须联络形成和移交科技档案的部门先进行解密，此后才能提供利用。而且，往往是当有科技工作者因工作需要提出要查阅某份科技档案时，才被动地开始启动这份科技档案的解密程序。然而，整个解密程序的推进往往需要数月甚至数年，极大地影响了科技档案的有效利用。关桥院士认为："涉及保密的大多存档。但问题是档案馆对于很多已超过保密时限的档案却不能及时公开，主要是无人对其进行鉴定。"② 潘亚男说：中国科学院档案馆"无定密权和解密权，只能根据（中国科学院办公厅）保密处制定的相关制度去执行"；"目前是有人定密，解密却无人跟踪。涉密档案如若不进行解密处理就无法开放利用"；"档案密级原则上是谁定密谁解密，但具体工作中有些带番号的单位当年定了密级，20 年后需要解密这些档案时却找不到这些单位，使得这些该解密的档案一直拖着不能公开利用"。③ 清华大学档案馆尽管每年都开展解密工作，但是也存在因找不到科研项目负责人导致科技档案无法解密的情况，因为清华大学的科技档案是不能自动解密的。④中航工业档案馆高大岭馆长坦承："由于怕承担责任，现在企业中的（科技档案）解密工作基本上无法开展。"⑤

（二）档案部门业务基础和服务能力弱

科技档案开发利用程度低的主要原因之二是科技档案管理部门的管理基础工作薄弱、主动服务意识差、服务方式单一、服务手段落后等。

当前，绝大多数科研、生产活动都是基于计算机系统，产生的科技档

① 参见 2014 年 3 月 6 日对中国科学院档案馆的调研访谈记录。
② 参见 2013 年 12 月 13 日对关桥院士的访谈记录。
③ 参见 2014 年 3 月 6 日对中国科学院档案馆的调研访谈记录。
④ 参见 2014 年 5 月 27 日对清华大学档案馆薛四新的访谈记录。
⑤ 参见 2014 年 4 月 25 日对中国航空工业档案馆的调研访谈记录。

案也大都是电子形式的，而且许多电子档案（例如三维设计图、PDM 数据、模拟实验数据等）对其生成系统依赖性很强。一方面，档案部门缺乏合格的数字档案馆（室）系统及相应人才、技术来接收这些电子档案。另一方面，许多电子档案脱离原有的生成系统归入数字档案馆（室）系统后，无法识读与利用。所以，许多单位档案部门对这些重要的电子档案只能任由科研、生产部门和人员自行保管，更谈不上开展统一的科技档案利用服务。

另外，缺乏主动服务意识，受限于机构属性，也是制约科技档案开发利用的原因。例如，社会用户到访国家自然科学基金委员会查阅科研项目档案（只向该项目的依托单位或项目组提供利用），须持所在单位介绍信或其他证明，经国家自然科学基金委员会相关学部的相应处长批准后，再到办公厅文电档案处查阅。文电档案处不直接对外开放，也不直接接待档案利用者。①另外，中国科学院档案馆自 2001 年建馆至今，尚未建立数字档案馆系统，只能提供纸质档案的现场查阅，无法在线提供电子档案。②吉林省研究机构中，仅 36% 的单位对其科技档案进行编研开发，64% 的立档单位没有进行。③

关桥院士认为："目前来说，科技档案利用效率是比较低下的，大部分尚处于保存阶段，未进入利用状态。原因之一是档案人员缺乏内容整理的基础，使得原本作为知识积累阶段的档案未能发挥出应有作用。"④

三、后端：资源利用服务方式少

（一）依程序申请利用方式为主流

课题组调研数据显示：大多数国家科技计划项目档案仍然采用传统的申请审批利用方式。以国家自然科学基金委为例，如果一个用户需要利用

---

① 参见 2014 年 6 月 5 日对国家自然科学基金委员会的调研访谈记录。
② 参见 2014 年 5 月 8 日对中国科学技术信息研究所的访谈记录。
③ 王萍，王志才，张诗敏．吉林省科技档案管理调查分析报告［J］．档案学通讯，2012（4）：80 – 83.
④ 参见 2013 年 12 月 13 日对关桥院士的访谈记录。

一份国家科技计划项目档案，首先要提出申请，然后经由该项目所属的学部知悉，并征得项目承担负责人同意，才可以提供利用。这种方式，不仅浪费用户的时间，而且加大了基金委内部员工的工作量。这种方式也无形中让很多没有“合理目的”的用户望而却步，不利于国家科技计划项目档案的普及利用。

中国科学院系统、航天科技集团、航空工业等科技行业下属的科研机构也是当前我国科研项目主管单位之一。通过文献调研和在线网页访问，从科研项目档案开放利用的实施范围、服务内容出发总结得出表 3－5。由此可见，当前我国科研项目主管单位的档案数字化情况十分可观，科研项目档案开放利用服务的提供范围以机构内部利用为主，部分机构对外提供网络检索服务。

表 3－5　我国科研项目主管部门科技档案开放利用服务情况表

服务内容	科技部	自科委	中科院	航天科技集团	航空工业
提供内部服务	是	是	是	是	是
提供外部服务	否	是	是	是	—
提供网络检索	是	否	—	是	是
提供条目检索	否	否	—	是	是
提供全文检索	否	否	—	否	是
保密、知识产权	是	是	—	是	是
档案数字化	否	是	是	是	是
利用制度完善	否	是	是	是	—

（注：“—”表示暂时不清楚情况）

另一种科技档案资源利用方式是通过科技部或者基金委的信息公开平台来进行在线检索。这两种方法各有利弊，审批式一般是内部人员或者与项目有关的人员的利用方式，手续繁杂，但是可以获得自己想要的内容；而在线检索的方式更多是面向一般科研人员和社会公众，由于科技档案上线的数量有限且设置了权限，一般用户只能获取摘要信息，无法浏览全文。

（二）科技档案共享平台功能不足

信息化背景下，科研项目开展的环境逐渐由线下文本协作向线上系统协作转变，大型计算机运算设备和网络信息传递、共享设施在科研项目开展过程中被广泛地应用。一方面，数字环境下，科研项目开展过程中产生的科研项目文件具有复杂性、异构性和存储介质不稳定性等特点，这在一定程度上增加了需要归档并长期保存科研项目文件的接收、传递、管理和存储的难度。另一方面，如何帮助社会公众实现对海量科研项目档案的有效检索和获取，无疑是新时代科研项目档案管理关注的重点。为了解决这一问题，我国部分科技主管部门牵头搭建科技成果公开/共享平台，以推动科技成果宣传和交流。

然而，现实情况并不乐观。现有的一些国家科技计划项目成果公开平台“孤岛现象”严重，不方便用户的一站式检索。例如，中国科技部的“国家科技报告服务系统”和国家自然科学基金委的“科学基金共享服务网”都是目前做得比较不错的公开利用平台，但是前者侧重收录的文献类型是“科技报告”，后者侧重收录的是项目的结题报告等成果类型，内容有交叉也有重叠，不方便用户在统一的网络利用平台上检索所有需求的内容。

第三节　从安全维度看科技档案工作现存问题

一、科技档案所有权不明影响整合与共享

众所周知，党政机关的档案归国家所有，属于公共档案，最终要移交给相应级别的国家综合档案馆进行保管。而事业单位产生的档案，从法理上来说，也归国家所有，属于公共档案。但实际工作中，相当一部分事业单位的档案，未纳入国家综合档案馆进馆范围，仍由形成单位自行保管。至于国有企业的档案，由于本企业的经济利益需要和国家综合档案馆的库

房压力，其档案也保存于本企业，未移交国家综合档案馆（只有少数具有代表性的国有企业档案进馆）。

由国家财政资助的科技项目所形成的档案，从法理上来说，也应属于国家所有。但是，国家各类科技计划管理办法一般只要求项目承担单位提交最终研究成果，并未明确要求项目研究过程中档案的归属权，也没有要求将与最终研究成果相关的档案提交项目主管部门。而且，科技部于2000年12月13日发布的《关于加强与科技有关的知识产权保护和管理工作的若干意见》（国科发政字〔2000〕569号）提出："除以保证重大国家利益、国家安全和社会公共利益为目的，并由科技计划项目主管部门与承担单位在合同中明确约定外，执行国家科技计划项目所形成科技成果的知识产权，可以由承担单位所有。"科技部、财政部于2002年联合颁布《关于国家科研计划项目研究成果知识产权管理的若干规定》，其中第一条指出："科研项目研究成果及其形成的知识产权，除涉及国家安全、国家利益和重大社会公共利益的以外，国家授予科研项目承担单位。项目承担单位可以依法自主决定实施、许可他人实施、转让、作价入股等，并取得相应的收益。同时，在特定情况下，国家根据需要保留无偿使用、开发、使之有效利用和获取收益的权利。"由于科技档案是知识产权的载体，所以人们通常认为，科技项目工作过程形成的科技档案也由国家交给了科技项目承担单位。

值得注意的是，不仅各项科技管理法规制度没有明确规定科技档案的所有权与归属，各类科技项目协议书对科技档案的所有权与归属也没有做出明确约定。如此一来，科技行业内部一般默认"科技档案由谁产生即由谁所有"，而各单位出于维护自身利益考虑，往往不愿意将自己保存的科技档案提供其他单位和个人利用，供全社会共享。

即便在一个企业集团中，科技档案所有权也存在争议。独资（或全资）子企业的档案所有权和管理相对简单，属于母公司；但是控股企业尤其是参股企业，其档案所有权和管理权如何界定，就是一个问题。科技档案所有权不明，科技档案工作的开展就难以规避法律上的风险。

二、科技档案内容涉及知识产权保护问题

科技档案作为组织机构或个人在科技、生产活动中直接形成的、保存备查的信息记录，与知识产权具有密不可分的关系，具体体现在：（1）科技档案记录的内容隶属知识产权范畴。“知识产权”指“法律规定的民事主体对自己脑力劳动所产生的智力成果享有的民事权利，又称智力成果权、智慧财产权”。① 科技档案记录着组织机构科技生产活动中的技术内容，其中多以技术专利、生产材料配方、工艺美术样品等企业无形资产的形式展现，可视为组织机构的智力成果。（2）科技档案是知识产权的承载主体之一。知识产权的客体是智力成果，是人类脑力劳动的产物，本身不具有物质形态，不占有一定的空间，客观上无法为人们所占有，所以权利人为了实现其物质和精神权利，需要将这种无形的东西体现于一定的物质载体上，通过有形的载体为人们感知和了解。② 因此，组织机构的科技成果在形成过程中产生的文字、图表、音频、数据等各种形式载体的文件材料既是智力成果的物质载体，也是构成科技档案的重要内容。（3）科技档案是知识产权交易的物理媒介。组织机构间涉及知识产权的科技成果转让、出售等行为的实现，需要物理媒介的参与。科技档案作为承载知识产权科技成果的物理实体在知识产权交易中扮演着不可或缺的重要角色。通过对科技档案进行开放、利用、转让等处置，就能实现组织机构间科学技术或科研成果的转让。

由此可见，科技档案作为组织机构的一种科技储备形式应受到组织的高度重视和保护。然而，在科技档案管理现实情况下，知识产权的管理机构和措施明显滞后。一方面，缺少专门的知识产权专家对机构内的科技档案进行内容分析和鉴定，划分不同主题科技档案的知识产权使用范围，帮助科技档案所有人维护自身权益。另一方面，部分机构为了减少科技档案开放利用引发的知识产权侵权风险，采取“一刀切”的方式直接禁止科技

① 熊建文．科技档案管理中知识产权保护研究［J］．云南档案，2012（10）：51－52.

② 陈晓瑚，张丽．试论林业科技档案的利用与知识产权保护［J］．湖北林业科技，2012（4）：67－70.

档案的对外开放和利用。从长远来看，这种举措将会造成科技资源浪费，使得科技人员缺少利益归属感和成就感，不利于科技研发工作的良性运转。

三、科技档案管理系统面临信息安全问题

当今世界，科技创新已经成为各国综合国力竞争的主战场。在科技引领经济社会发展的时代背景下，加大科技成果档案开放力度的呼声越来越高。与此同时，随着现代通信技术和计算机技术的普及与应用，基于互联网平台传递、接收和获取信息成为社会公众喜闻乐见的方式。用户在互联网环境下方便、快捷又不受时间和地域限制地访问所需的档案资源成为档案利用的大趋势。然而，相较于传统科技成果档案保存和利用过程的可控性，依托计算机系统、互联网平台搭建的科技档案管理系统在开展科技档案存储、传送业务时面临着诸多不可控的风险因素。

课题组调查显示，仅个别科研主管单位对科技档案管理系统的安全管理和操作制定制度规范，建立档案专人、专机、拷贝、备份、传输等管理制度，以确保档案信息安全。①另外，在科技档案管理系统的后期运维、定期技术支持、安全防火墙设定、远程传输加密等方面，还处于探索和试点应用阶段。由此可见，在数字时代，科技档案信息安全问题仍然值得关注和重视。

---

① 根据课题组调研访谈。

第四章

西方国家科技档案管理的经验借鉴

第一节 美国科技档案管理情况及特点

一、美国科技档案管理情况

在美国，科技档案多以“科技报告”（Scientific Report）的形式存在。在20世纪70年代末和80年代中期，美国成立专门的科技档案联合会（Joint Committee on Archives of Science and Technology，JCAST，1978－1984）①，开始研究科技文献的保管问题。美国拥有世界上数量最多的科技报告，这些科技报告类型多样，来源广泛，覆盖政府、企业、科研机构等多个领域，在内容上大致由科学技术文献、科学技术信息、技术数据、技术文献、技术报告等文件类型组成。② 这些科技报告从功能和形式上隶属于科技资料，但其内容之丰富、详尽、真实程度并不亚于我国划分的科技档案范围。对该类科技报告进行管理等业务活动实质上便相当于我国的科技档案工作。

美国科技档案工作更偏向于一种情报资料工作，其管理目的在于实现

① 科技档案联合会（Joint Committee on Archives of Science and Technology，JCAST，1978－1984）由三个专业组织组成：历史科学协会（the History of Science Society），历史技术协会（the Society for the History of Technology），美国档案工作者协会（the Society of American Archivists）。

② 王维亮．美国政府四大科技报告指南［M］．北京：科学技术文献出版社，1995.

包含科技档案在内的科技资料的有效利用和传播，故其对科技档案工作更强调将机构完成的研究与工程和各种科研项目的成果编写成文献，并以有效方式提供对这些科研项目的查询。例如，为方便美国政府四大科技报告（国防部和三军系统的 AD 报告、国家航空与航天局的 NASA 报告、能源部系统的 DE 报告、政府其他部门的 PB 报告）的检索利用，美国编制了三大检索工具——美国《政府报告通报及索引》（GRA&I）、《航空和航天科技报告》（STAR）、《能源研究文摘》（ERA）。为了保证科技档案工作有序高效开展、实施对科技档案的充分开发利用，美国从国家层面通过实施一套严格的技术信息管理制度加以保障。由于科技活动形成于不同类型的机构，其制定的规章制度也涉及多个层面，上及国家级的法规政策、部门级规章制度，下至基层单位管理制度。

在国家层面，《美国联邦采办法规》（*Federal Acquisition Regulations*, *FAR*）、《美国联邦信息资源管理政策》（*Federal Information Resources Management Policy*）、《国家技术信息法案》（*The Information Technology Act*）《信息自由条例》（*The Freedom of Information Act*）等法律法规都对科技活动中产生的信息资源做出相应规定。如《美国联邦信息资源管理政策》要求把由政府资助大学、科研单位等非营利机构科学研究产生的信息资源管理纳入科技基金管理合同。此外，《美国联邦采办法规》也针对性地从法律层面上为科技报告强制呈缴提供法理依据，该法规指出：凡承包由联邦政府拨款资助的科研和生产项目者，都必须向联邦政府提交合格的科技报告（含该项目中形成的科技档案）。每个项目产生和提交的科技报告的数量、类型和时限在合同书上应有明确规定。①

在部门层面，以国家政策法规为基础，美国国防部、航空航天局、能源部、商务部等部门都制定有针对本部门科技报告工作的规章制度。例如，《国防部科技报告格式要求》《NASA 科学技术信息记录、审批和传播要求》《能源信息法》等，明确了各部门科技报告的提交范围、方法、程

① 侯仁华．科技报告政策体系及服务方式研究［J］．情报学报，2013（5）：472－477.

序等，确保安全管理和利用。①

在基层单位层面，基于上述两级制度的指导，各项目承担单位根据本单位的具体情况制定单位内部科技报告工作实施细则。例如，美国圣地亚国家实验室制定的SAND报告准备指南详细规定了本实验室科技报告的类型、撰写格式、提交等内容。②

另外，美国科技档案管理活动强调科技管理部门和信息管理部门协同工作。值得注意的是，美国国家机构层面的科技档案工作被纳入美国政府科技报告的收集、管理和服务工作中。一般而言，美国政府的每个部门都下设专门的科技信息机构负责科技报告的收集、加工、保存、传播等工作。其运作机制具体表现为：首先，科技管理部门和项目承担单位通过合同等方式确定需要提交的科技报告的类型、数量、内容和格式等，在开展科技活动时，项目承担单位根据合同、协议等要求撰写、提交科技报告，并负责对其密级、知识产权、专利信息等进行审查。其次，科技管理部门对提交上来的科技报告的密级、分发限制、格式等进行审查，确保科技报告按要求提交到本部门信息中心；本部门信息中心对提交上来的科技报告进行集中永久保存，并根据安全利用制度在不同使用范围内提供服务。另外，各部门信息中心会将公开的科技报告移交国家技术信息服务局。最后，由国家技术信息服务局对公开科技报告进行长期保存的同时，向社会提供公开服务。例如，美国国防部规定，凡国家出资形成的科技文件材料，均要以文献形式编写成文，并成套地送交国防部国防技术信息中心（DTIC）。此外，非公开科技报告使用申请书一般也由科技管理部门审批，信息部门按照审批意见提供服务。两者的通力合作，确保了科技报告的按时提交和安全利用。③

---

① 贺德芳．科技报告资源体系研究［J］．信息资源管理学报，2013（1）：4－9.

② Guide to Preparing SAND Reports.［EB/OL］.［2021－04－07］. http：//www. prod. sandia. gov/cgibin/techlib/accesscontrol. pl/1998/980730. pdf.

③ 尹建，霍振礼．美国科技档案工作探析（1－4）［J］．档案与建设，2001（5－8）.

二、美国科技档案管理特点

（一）较为完备的法规及制度体系

美国作为一个科学技术高度发达的国家，其科技档案的规模也位居世界前列。从国家层面而言，美国的科技档案多包含在科技报告之中。经过多年的实践，美国科技报告管理形成了相对完备的法规制度体系、组织机构体系和工作机制。从法规制度的范围和类型来看，美国建立了“国家政策法律+部门法规+项目承担单位规章制度”三级法规制度。从法规制度的内容上来看，为了保障科技信息的有效积累和开放共享，美国不仅明确了科技报告的资源战略地位，同时还对科技报告的产生、收集、管理和交流利用，以及相关机构设置、运行机制、知识产权、密级管理等方面予以明确规定。在诸如《美国联邦信息资源管理政策》《信息自由条例》《文书削减法》《版权法》等强化美国信息资源管理的政策中，不难看出，相关科技信息制度均已纳入科研管理、信息资源管理、信息安全等制度之中。由此可见，美国围绕科技信息资源管理的法规制度从不同层面上确保了科技报告的产生、提交和安全交流利用，将科技管理变为一种强制性和规范性行为。

（二）多层次收集服务和管理体系

为保证科技档案工作的顺利开展，美国建立了集中和分散相结合的多层次科技档案收集、服务和管理体系。从机构微观层面看，大多数机构比如私人企业内部会设立信息中心或情报中心，负责对机构业务过程中的科技档案等原始数据和信息的收集、保存，并设立专人负责与机构各部门进行沟通、联络和协调，确保机构内部所产生的科技档案得到充分交流、利用。

而在国家宏观层面，美国专设国家技术信息服务局（NTIS）① 负责对美国国家级包括科技档案在内的科技信息进行收集、加工、保存和服务的

① Preliminary Assessment of NTIS Closure. [EB/OL]. [2021-04-07]. http://www.nclis.gov/govt/ntis/ntis.html.

管理工作，并对其他部门、行业和地方的科技资料工作进行指导。对于美国政府所属的各部门同样会设立类似的信息中心分别负责本系统产生的科技信息的收集和发行、保密和解密工作，如国防部国防技术信息中心、能源部科技信息办公室（OSTI）及航天航空信息中心（CASI），分别负责AD报告、DE报告和NASA报告的相关工作。另外，这些部门的信息中心还需要将公开和解密的科技报告及时提交给国家技术信息服务局，从而实现从上至下集中收集和保存完整的、全国范围内的科技信息资源，如图4－1所示。然而，由于美国是私有制国家，美国当局主要负责对那些由政府出资资助的科研项目的科技资料进行系统收集、加工和管理，而对那些私营企业中所产生的科技资料是无能为力的。从这个角度来说，美国的科技档案管理工作又是分散的。

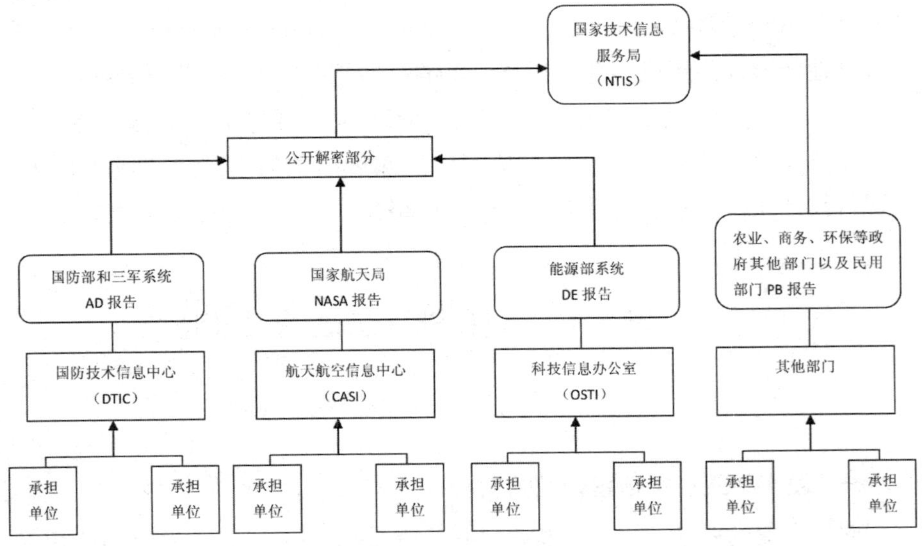

图4－1　美国科技报告组织管理结构图

（三）知识化的管理理念和方式

在美国，科技档案并不是自成一类，而总是和其他重要的情报资料、科技文献一同进行管理。不论其文献编写形式，还是管理机构设置，都是一种情报资料管理方式。这表明美国将包含科技档案在内的信息资源看作是一种重要的信息资产与知识资产。资产的意义在于它能够带来经济效益。为实现这类知识资产保值增值，即实现包含科技档案在内的科技信息资源的再利用，产生二次知识经济价值，就需要对其进行有效开发和利用。在这种管理环境中，科技档案也就具有很强的情报资料属性，而情报资料属性又体现在现行利用和参考性方面，因而美国科技档案工作开展的重点便放在了及时的科技信息交流共享上。为了加速包括科技档案在内的科技信息资源的传播、扩散和知识流转，一方面，美国通过制度化的方式统一规范其编写格式要求和编号规则，同时明确档案交流共享范围、密级划分、授权使用、服务对象；另一方面，美国通过多种途径向私营部门、公众和政府机构等提供科技信息的检索、查询及获取服务。其中，各部门信息中心不仅集中提供本部门科技报告的存取服务，如 NASA 技术报告服务器（NTRS）、能源部科技报告查询入口 ScienceAccelerator. gov；同时还联合其他政府部门形成多部门科技信息的一站式存取服务，如 GreyLIT net-wor、Science. gov。通过以上方式对科技活动中产生的科技信息进行系统积累、完整保存和充分开发利用，从而促成知识的积累、继承和成果转化，实现科技档案的收集和管理向数字化、网络化、分布式服务方向发展。

第二节　澳大利亚科技档案管理情况及特点

一、澳大利亚科技档案管理情况

澳大利亚的科学技术发展程度在国际上享有盛名，基础研究与应用基础研究具有较高水平，拥有较强的研究队伍和世界一流水平的大学和国家科研机构，尤其在农业、生物技术、地学、天文学、医学等领域处于世界领先地位。与此同时，澳大利亚在科技档案管理方面也取得了一定的成绩，主要表现在以下两方面：

一是实施澳大利亚科技档案项目（Australian Science Archives Project ,

ASAP，1985—1999）[①][②]。作为墨尔本大学的自筹项目，该项目最早由 Professor R. W. Home 于 1985 年建立，是一个澳大利亚科技档案与文件服务、信息服务、研究和发展项目。该项目中对于“科技档案”[③] 的界定为：科技档案不仅包括科学研究的结果性文档，还包括科学研究的过程性文档。这些科技档案可能会随着研究者、学科和研究的时间而有所不同，因而种类繁多，包括各种信件、专业或技术文件（如实验室记录等）、试验和计算图纸、课堂讲稿、日记、期刊、报告、行政文件、照片以及其他非原始材料。ASAP 非常注重对科学家个人材料的收集和保管，它和许多研究机构开展了合作，确保能收集这些机构的研究者的相关材料，尽可能进行集中保管，并对科学家个人材料管理提供建议和对策，这需要大量的资金作为支撑。也有很多的科学家自愿参与该项目并捐赠了自己的相关档案材料，这些成为澳大利亚科技遗产中的重要组成部分。

二是建立澳大利亚科学技术遗产中心（Australian Science and Technology Heritage Centre，简称 Austehc）[④]。Austehc 是澳大利亚科技档案项目（ASAP）的延续和发展的成果，它成立于 1999 年 5 月，位于墨尔本大学文学院，是一个存储、推广和发展澳大利亚科学、技术、医药等科技档案的领导中心[⑤]，主要通过在线提供科技文献资源利用服务，服务项目包括澳大利亚在线名人词典（Australian Dictionary of Biography Online）[⑥]、Bright Sparcs、Guides to Records（科技文件指南）、科学和维多利亚（Science and the Making of Victoria），等等。其中，澳大利亚在线名人词典是澳大利亚永久保存的名人传记词典，它于 2006 年正式上线，该在线词典中含有澳大利

---

① ASAP. ［EB/OL］. ［2021－04－07］. http：//www. asap. unimelb. edu. au/.

② ASAP. ［EB/OL］. ［2021－04－07］. http：//www. asap. unimelb. edu. au/asap_ arc. htm.

③ Scientific Archives. ［EB/OL］. ［2021－04－07］. http：//www. asap. unimelb. edu. au/asap_ arc. htm.

④ 澳大利亚科学技术遗产中心. ［EB/OL］. ［2021－04－07］. http：//www. austehc. unimelb. edu. au/.

⑤ Austehc. ［EB/OL］. ［2021－04－07］. http：//www. austehc. unimelb. edu. au/ogen/launch/.

⑥ 澳大利亚在线名人辞典. ［EB/OL］. ［2021－04－07］. http：//adb. anu. edu. au/.

亚历史上有代表性的名人的简短介绍、信息和相关描述；而 Bright Sparcs 是一个档案登记系统，超过 4000 个注册用户参与了科学、技术、医药方面的文献共享，其中包括提供他们自己的档案材料和档案资源的参考文献；科技文件指南是一个由 Austehc 和 ASAP 公布的澳大利亚科学家、科学组织的档案检索工具。

二、澳大利亚科技档案管理特点

（一）注重保管科学家个人的档案

澳大利亚在科技档案工作中非常注重管理科学研究者个人的档案。他们认为，科学家个体的记录能够反映他们在公众生活以及专业领域之外所扮演的角色，不管是作为官方成员、委员会或是咨询机构成员，抑或是作为一个作家或是思想家。文化、经济、政治或是宗教发展，都会在相关的科技文件中找到记录。如果我们要理解一个人在科学研究中的面貌，个人文件是至关重要的，科技档案中应该包括科学家的个人记录。同时，科学机构和行业提供的档案不应该仅仅包括一些行政记录，他们应该提供一些科学家的个人信息，包括所取得的突破、解决的重要问题、政治战争的胜负情况等。这些个人档案能够为澳大利亚科学研究的内容和实践提供一个非常有价值的视角。所以澳大利亚在科技档案管理过程中非常注重对科学家个人文件的收集和保管，记录一个人的一生是非常困难的工作，但是这份工作能够给科学家本人以及其他研究者提供非常重要的资源。

（二）先进的数据库系统和网络工具

澳大利亚科学技术遗产中心建设过程中使用了三种数据库系统和网络工作：一是在线遗产资源管理器（Online Heritage Resource Manager，简称 OHRM）①，它是主要提供给档案工作者、博物馆馆长、研究者使用的 Web 发布工具，是一个基于上下文资源的发现和利用系统，能够将生成者、档案和遗产资源、出版资料链接到一个系统中，在这个数据库系统中，静态和动态的 HTML 输出都能实现，这样就可以构建一个全面的 Web 资源；二

① OHRM.［EB/OL］.［2021-04-07］. http://www.austehc.unimelb.edu.au/ohrm/.

是网络学术资源出版商（Web Academic Resource Publisher），这是一个提供给研究者实现学术网络出版的参考文本工具；三是遗产文档管理系统（Heritage Documentation Management System），这是一个基于 HTML 和 EAD 通用检索工具的档案处理系统。

（三）多元主体参与档案的共建共享

不论是 ASAP，还是后期建立的 Austehc，其建设的成功是多元主体共同参与的结果。Austehc 是由多个科学研究机构长期合作建成的，在长达 14 年的建设过程中，地方、国家和国际层面为 Austehc 提供了包括资金、技术、人力等支持和帮助。许多学术协会、私人机构、企业和个人积极参与 Austehc 的建设，如澳大拉西亚人协会历史、哲学和社会科学的研究（Australasian Association for the History, Philosophy & Social Studies of Science）、科学技术与医学档案（Science Technology & Medicine Archives，简称 STMA）、国际科学技术发展社团联合会（International Federation of Associations for the Advancement of Science and Technology，简称 IFAAST），等等。另外，以 Bright Sparcs 为例，该平台上当前已有超过 4000 个注册用户参与科学、技术、医药方面的档案文献共享活动，其中包括提供他们自己从事某一领域科研探索产生的档案材料和档案资源的参考文献。

第三节 欧盟科技档案管理情况及特点

一、欧盟科技档案管理情况

欧盟的科技档案管理经历了从小到大、从分散到联合的过程。欧盟科技档案管理工作开展最为典型的成果是欧洲灰色文献系统（System for Information on Grey Literature in Europe，简称 SIGLE）①。1980 年 2 月，根据法国提议，英国图书馆文献提供中心、法国原子能委员会所属的核研究中

① 欧洲灰色文献系统．[EB/OL]．[2021－04－07]．http：//www.opengrey.eu/.

心及德国的能源、物理、数学情报中心共同协商，决定从 1981 年 1 月到 1982 年 12 月，由欧洲经济共同体（European Economic Community，简称 EEC）资助（欧洲经济共同体改为欧盟后，由欧盟进行资助），建立欧洲灰色文献信息系统（SIGLE）。SIGLE 是欧洲灰色文献开发协会（European Association for Grey Literature Exploitation，简称 EAGLE）的一个合作项目，主要是建设一个在线数据库，用以收集、保护欧洲各国产生的灰色文献，并提供灰色文献的检索利用服务，实现欧洲灰色文献开发协会各成员国的“灰色文献（Grey Literature）”开放、利用与共享。

“灰色文献”首次出现是在 1976 年，被《图书馆与情报学文摘》（*Library and Information Science Abstracts*）列为关键词之一。1978 年 12 月，在欧洲共同体（现在的欧盟）的主导与英国图书馆外借部（BLLD）的协助下，灰色文献学术研讨会在英国约克郡召开，该会议主题是：改善灰色文献收集与利用的环境。这次研讨会促进了欧洲的图书馆与文献中心之间的合作，并将“灰色文献”定义为“未经正常出版渠道发行的非传统文献”。自此，灰色文献这个术语被此次会议正式认可和接受，开始在欧洲主要图书馆与文献中心应用。

但是，到目前为止，关于“灰色文献”并没有一个明确定义，现对其定义多指 1997 年在卢森堡举行的“第三次国际灰色文献会议”中所提出的，“系指不由经营利出版者控制，而由各级政府、学术单位、工商业界所产制的各类印刷与电子形式的资料”①。SIGLE 对灰色文献的定义是“灰色文献是分布在图书和信息科学领域中，不由经营利出版者控制，而由各级政府、学术单位、工商业界所形成的各类印刷与电子形式的资料”②。可见，灰色文献就是一种“不经常规商业渠道交流、不易找到、并非总是容

---

① 周萍，刘海航．欧盟科技报告管理体系初探［J］．世界科技研究与发展，2007，29（4）：94－100.

② 灰色文献在 SIGLE 中的英文表述为：Grey Literature is a field in library and Information science that deals with the production, distribution, and access to multiple document types produced on all levels of government, academics, business, and organization in electronic and print formats not controlled by commercial publishing i. e. where publishing is not the primary activity of the producing body.

易获得的文献资料”，这种资料带有很强的知识性和情报性，因而读者数有限，主要在专家、学者间交流，印刷数量很少。

灰色文献是科技领域的一种初级交流工具，其核心组成部分即为科技文献。SIGLE 中涉及了很多的文献类型（为了便于检索和利用，系统中所有的科技文献都为英文版），主要有：（1）预刊本（Preprints）；（2）各种形式的论文，包括博士论文（Dissertations）、硕士论文（Theses）、会议论文/集（Conference Papers/Proceedings）、议事论文（Discussion Papers）等；（3）各种形式的报告，包括研究报告（Research Reports）、技术报告（Technical Reports）、调查报告、市场研究报告、旅游报告（Tip Reports）等；（4）所有政府出版物；（5）企业机构期刊（House Journal）；（6）商业文献（Trade Literature）；（7）通讯/会讯（Newsletters）；（8）标准（Standards）；（9）专利（Patents）；（10）翻译文献（Translations）。其中科技报告所占比例为 62.7%，学位论文占 31.7%。灰色文献是一种重要的信息资源，它是由相关学科领域的研究人员和实践者直接生产出来的，也就是我们所说的科技档案。其生产速度快、内容新颖、灵活性强，比其他类型的文献更详细，不仅能为专家服务，而且可以为一般的读者提供其感兴趣问题的研究总结、事实、统计资料和其他更具综合性观点的资料。①

2005 年，EAGLE 的成员决定解散协会并且停止输入新的科技文献，SIGLE 数据库中失去了支持其作为在线数据库的主机支持。后来，在 INIST－CNRS（Institut de l'Information Scientifique et Technique）所实施的开放存取活动中，OpenSIGLE 项目得以启动，该项目决定将 SIGLE 数据库转化成为一个 DSpace 平台，并且实现其内容向 OpenSIGLE 的转移。2009—2010 年，国际灰色文献（GreyNet International）② 加入 OpenSIGLE，大大丰富了 OpenSIGLE 中的科技文献内容。GL 系列会议的预刊本也被添加到 OpenSIGLE 中。通过提供会议文献的全文利用，OpenSIGLE 提供了国际性的针对灰色文献的开放利用。2011 年，OpenSIGLE 改变了其平台设

---

① Grey Literature. [EB/OL]. [2021－04－07]. http://www.csulb.edu/library/subj/gray_ literature/.

② GreyNet International. [EB/OL]. [2021－04－07]. http://www.greynet.org/.

计，并将其名称改为“开放灰色文献（OpenGrey）”。OpenGrey 具有新的特征并提供新的内容，公众可以在 OpenGrey 中再次检索并免费获取相关文献及其索引。目前，OpenSIGLE 系统中已经有 887477 条记录，每月更新。

二、欧盟科技档案管理特点

（一）注重共建与共享

与 MEDLINE、BIOSIS 等专业数据库收录灰色文献相比，SIGLE 由于多国参与，收录的灰色文献非常广泛并且可获得性相当。SIGLE 系统中有多个国家和组织（目前有 14 个合作单位）参与数据共享，且 SIGLE 在各成员国家或机构中都设立了一个灰色文献中心。该中心负责各国灰色文献的收集，然后提交到 SIGLE，由其统一的管理机构欧洲灰色文献利用协会负责组织协调工作。英国、德国、法国、尼德兰、意大利、俄罗斯、欧共体委员会、西班牙、比利时等国家都属于合作单位，并都在向 SIGLE 系统提交和共享灰色文献，其中英国的贡献率已经超过了 50%，位居第一。这些国家或组织都有一个国家中心，负责该国家或地区灰色文献的收集，也负责保证所提供的 SIGLE 数据库中的每一条记录的有效性，并保证所有在 SIGLE 数据库中列出的文献的可获得性，即根据记录中提供的地址或索取号找到其详细资料或原文。

（二）注重跨学科收集

在 SIGLE 之前的数据库提供的灰色文献一般是针对某专业领域的（如科学与技术、能源与航空），而 SIGLE 中的文献类型十分丰富，有效实现了跨学科文献类型的整合，其学科收录范围非常广泛，收录所有学科的非传统文献，提供关于欧洲研究方法与结果的很有价值的信息。SIGLE 是一个汇集多学科的灰色文献数据库，也是一个跨学科的科技文献数据库，其学科涵盖自然科学和应用自然科学、技术、经济、社会和人文科学等多个领域，其中人文学科占 40%，生物医学占 21%，物理学占 9%，电子学占 6%，地球科学和工程学各占 5%，数学、能量与能源以及化学各占 4%，农业、环境科学与材料各占3%，其他占2%。①

（三）多维的检索路径

SIGLE中的文献记录以都柏林元数据进行标识，确保文献在系统中的唯一性，检索利用极为便利。SIGLE中所有文献记录都包括书目细节、主题类目、关键词、有效性等描述，如书目细节包括英文标题或原语种标题、研究组织、文献出版日期、文献类型、页数、报告数和文献的语种。这使SIGLE能够支持主题检索（标题、关键词、摘要）、报告号检索、发布机构检索、作者检索、文献类型检索等，用户可以很容易地检索到自己需要的文献记录。

第四节　对我国的借鉴与启示

从上述西方国家科技档案实践介绍中可以看出，中外在科技档案认知、管理、开发水平上都存在较大差距。从趋势上讲，国外科技档案的情报价值明显，重视知识产权及法规建设，其开发利用方式越来越朝着知识化、网络化、智能化的方向发展，跨国、跨学科、多主体参与的科技档案共建共享已初见端倪，这对于我国科技档案开发具有重要的借鉴意义。

一、重视科技档案的情报价值

首先，需要明确一点：在国外，没有专门的“科技档案”“科技档案管理”概念，与我国科技档案相近的概念是“科技报告”“灰色文献”“技术资料”等。尽管如此，这并不代表这些国家不存在实际意义上的科技档案和科技档案管理。以美国为例，美国的科技档案和科技档案管理是利用了科技文件材料成果性的一面，在情报信息工作的

① SIGLE.［EB/OL］.（2021－04－07）［2021－04－07］. http：//www. kb. nl/infolev/eagle/frames. html.

基础上发展起来的，科技档案与情报资料融为一体，隐含在情报资料之中。美国政府四大科技报告（国防部和三军系统的AD报告、国家航空与航天局的NASA报告、能源部系统的DE报告、政府其他部门的PB报告）被誉为世界上最著名的科技报告，这些科技报告从功能和形式上讲是科技资料，但我国图书情报档案界认为它就是科技档案。科技档案在国外都以“科技报告”“灰色文献”“技术资料”等情报资料的名称和形式存在，这从侧面反映出国外对于科技档案情报价值的高度重视。

随着信息技术不断发展、科研院所及高效科研能力逐渐增强、企业自主研发水平不断提高，我国形成了数量丰富、主题多样、内容含金量高的科技档案资源。这些科技档案资源像一座等待开采的“金矿”，具有巨大的情报价值。鉴于此，我国在对科技档案进行管理和开发时，应该深化对科技档案情报价值的认知，改变传统的档案价值观念，更新科技档案管理、开发的理念，逐渐改变过去对科技档案“重藏轻用”“重保管轻开发利用”的管理思路和方式，在管理过程中实现以充分开发科技档案的情报价值，有效利用和传播科技信息，服务于我国科技研究与科学创新的主要目标。

二、推进相关法规制度的建设

科技档案工作的顺利开展离不开国家各级法规制度的保障。西方国家十分重视科技档案的相关法规制度建设，如美国建立了“国家政策法律+部门法规+项目承担单位规章制度”三级法规制度，上至国家政策法规下至机构规章制度。这些法规制度明确了科技文献的战略地位，并保障了科技报告的产生、收集、管理和交流利用等环节的正常运行，保障了科技信息的有效积累和开放共享。而且从美国颁布的《美国联邦信息资源管理政策》《信息自由条例》《文书削减法》《版权法》等一系列强化信息资源管理的法规政策中，不难看出：相关科技信息制度均已纳入科研管理、信息资源管理、信息安全等相关制度之中。这对我国科技档案法律法规建设具有重要启示。

（一）加强科技档案专门法律规范建设

自1980年以来，我国关于科技档案管理的各种相关法规制度数量不少，但是这些法规制度属于行政法规、部门规章、规范性文件和项目承担单位规章制度等中低级层面，强制力有限，而法律层面关于科技档案管理的制度设计较为缺乏。总之，一部系统的关于科技档案管理的顶层法律法规亟待建立。建立专门的科技档案管理法至少具有以下意义：一是它能为我国科技档案事业提供法律依据，真正实现科技档案管理的有法可依；二是它是有效保护我国科技档案财富，开发科技档案信息资源的有效武器；三是它是公民、法人及相关组织从事科技档案事务的行为准则，真正实现科技档案管理的有法必依；四是它是公民、法人及相关组织维护科技档案权利，履行科技档案义务的法律保障。所以，建议相关部门可以加快推进科技档案管理的专门性法律法规建设，实现"国家政策法律 + 部门法规 + 项目承担单位规章制度"三级科技档案管理法规制度建设，真正为我国科技档案管理提供全面的法律支撑和制度保障。

（二）重视科技档案知识产权制度建设

自1980年6月我国参加了《建立世界知识产权组织公约》以后，知识产权得到了广泛重视，我国先后制定了专利法、技术合同法、著作权法、商标法等多项有关知识产权的法律法规，推动了知识成果的转化。科技档案是知识和情报的载体，占有科技档案也即取得了相关科技知识的使用权和收益权，因此，科技档案和知识产权的关系十分密切。由于我国在科技档案知识产权法规制度建设上的滞后性，很多不法分子不择手段地窃取相关科技档案，如科技图书、配方和关键技术资料等。甚至存在部分单位在市场竞争中采取不正当手段购买或者贿赂对方有关人员以窃取科技档案。这导致有关部门加大了对科技档案的"保密度"，过度保护限制了我国科技信息的正常交流与共享。为保护科技档案的知识产权，加大对侵犯科技档案知识产权行为的打击力度，加强科技档案知识产权的制度建设已经成为一个不容忽视也是不可回避的问题。

三、注重科技信息资源集成管理

西方国家受信息化革命的影响，高度重视科技信息资源的情报价值，注意科技信息资源的集成管理。例如，美国构建了一个覆盖科技档案形成、收集、整理、归档、保管和利用全过程的“科研项目组、科技管理部门及其信息中心、国际技术信息服务局”三位一体的科技档案集成管理模式。这种集成管理模式对科技档案管理要素、管理结构及其内在联系进行重构，使各个要素依据科技档案自身的内在规律，组合成一个有机整体。而且，各集成要素间不是简单地叠加汇聚，而是互补匹配，形成更加高效有序的整体结构。美国这种“三位一体、统一规范、各司其职、资源共享、相互促进、协同高效”的科技档案集成管理模式实现了对科技档案的形成、收集、整理、归档、保管、利用全过程进行有效控制，使美国科技档案管理工作高效有序，有力地促进了科技信息的资源共享，这也是美国形成国家层面的科技档案信息资源管理的重要基础。

我国科技信息资源数量大、类型多、价值大，但是在对其进行开发时，各主管部门往往是关门建设、各自为政，导致我国庞大的科技档案信息资源并未实现有效整合，科技信息资源较为分散，科技档案信息资源的价值实现大打折扣，因此实现科技档案的集成管理对于我国科技信息资源开发利用尤其重要。

（一）实现科技档案管理过程的集成

我国应该也从制度上确立“科研项目组、科技管理部门、档案馆”的科技档案集成管理模式。科研项目组、科技管理部门、档案馆是科技档案集成管理的主体，也是科技档案集成管理模式有效运作的关键。因此，可以考虑采取激励与约束相结合的运作机制，既注重对这些集成主体积极性的调动，又要采取强制性措施规范他们的行为。具体来说，可以考虑从目标指引、利益驱动、制度保障、管理促进、沟通协调等五方面来进行，即以保障科技档案的齐全完整、实现科技档案信息资源的高度共享、提升科学技术研究水平为目标，以科研项目组的研究需求和权益保障利益、科技管理部门的高效科研管理利益、档案馆的业务管理利益为驱动，以明确各级、各类与科技档案管理相关人员职责的科技档案管理制度规范为保障，以科技管理部门为桥梁和纽带，结合档案馆和科研项目组的模式来促进管理，以集成主体及其工作人员之间的沟通、连接、配合为协调机制，最终实现科技档案管理过程的有机集成，从而实现对科技档案形成、收集、整理、归档、保管、利用全过程的有效控制。

（二）实现科技档案信息资源的集成

科技档案是科技文献中最为核心的组成部分。如何借助数字时代的新兴技术手段和工具，实现科技档案资源的挖掘？我国科技档案主管部门可以牵头开发建设一个庞大的科技信息数字资源库，库中可以包括除科技档案之外的，有关科学研究方面的图书、期刊、情报、资料等，这样可以突破传统档案馆只保存科技档案的局限。如今，全世界的数字资源库，基本采取专题资源整合汇聚的建设模式，而不限制资源到底是档案、图书抑或是其他，所以科技档案数字资源库中包括非科技档案的信息资源也属正常。例如，以科技档案为例，可以考虑从科技档案利用的实际需求出发，按照专题内容构建文件、专利证书、科研奖励证书、科研项目、研究论文等科技档案信息资源模块，建设异构数据的信息集成，最终实现科技档案信息、技术文件、多媒体信息、图书信息以及各业务系统目录信息的集成和共享。

四、开展国家科技档案数据库建设

（一）重视综合性科技档案数据库建设

国外许多国家都已经建立了国家层面的综合性科技报告的专题数据库和相关检索工具，有条件地、分权限地向公众提供利用服务，如澳大利亚科学技术遗产中心（Australian Science and Technology Heritage Centre）、美国的四大报告检索工具、欧盟的灰色文献管理系统（SIGLE）等。这些数据库都产生了良好的社会反响。我国可以参考美国，将科技档案管理作为一项国家战略，切实加强国家层面的科技档案数据库建设，以科技档案信息为主，兼顾其他类型的科技信息而构建数据集合。科技信息的来源有科技档案形成机构、科研机构、政府机构、各类型（以科技为主）的网站及其他类型信息，将这些信息通过一定的准则和格式进行科学组织，即对它们进行收集、整理、加工编码，并融入专家智慧对其进行筛选、集成和存储，同时不断地维护更新，以形成有机的知识库。

（二）重视专题性科技档案数据库建设

在综合性的科技档案数据库建设中，应该重视各大专题性的科技档案数据库建设，以满足用户的个性化需求。数据库中可以包含科技档案全文数据库、科技档案目录数据库、网络资源数据库、政务信息数据库、事实型数据库，以及其他类型数据库（如科技图纸数据库、科技数据数据库等）。专题性科技档案数据库也可以根据不同的学科进行建设，例如欧洲灰色文献系统就是一个按学科进行分类的文献系统，包括了人文学科、生物医学、物理学、电子学、地球科学、工程学、数学、能量与能源学、化学、农业、环境科学与材料等多种学科。这些专题性科技档案数据库的建设能够弥补综合性档案数据库的不足，方便用户检索，满足用户的科技档案信息需求。

五、推动多元主体参与的共建共享

（一）鼓励跨地区、部门的共建共享

西方国家非常重视本国内跨地区、跨部门的科技文献共享。例如，俄罗斯在科教系统领域开展计算机信息和远程通信系统的基础设施建设，在覆盖俄罗斯 45 个地区的国家信息网框架下建立了 20 个超级计算机中心，其中包括莫斯科具有世界水平的跨部门超级计算机中心，并建有 300 多个科技优先发展领域的数据库。目前，莫斯科的 300 多家科研机构及莫斯科近郊的科研机构已通过固定光纤网与因特网互联；同时，俄工业科技部还计划整合资源，将装备现代科学仪器设备的科研基地联成网络，以实现科技资源共享，提高科技活动的物质技术保障能力。我国科技档案的来源广

泛，科研院所、高校、企业等，都是我国科技档案的形成主体。但是就目前而言，我国科技档案资源并没有实现有效整合，各地区、各部门之间的交流和共享较少，形成了无数个“信息孤岛”，故在进行科技档案信息资源开发时，可以考虑实现跨地区、跨部门的科技档案共建共享，建设共建共享协作网，为我国科技信息公众服务搭建有效载体，并以此来减少重复建设、避免“信息孤岛”的出现。当然，这里的共建共享不是指面向社会公众普遍开放，而是可以采取权限设置，如对于参与共建的组织机构可以提供科技文献的全文检索，而对于一般的用户可以提供科技文献的目录检索。

（二）重视国与国间的合作共建共享

随着全球化的深入发展，中国的科技进步离不开国际的交流与合作。国际科技信息资源共建共享的趋势已经越来越明显，如欧洲灰色文献系统中就面向欧洲各国实现了科技文献资源的共建共享。因此，我国可以考虑在保障科技档案信息安全的基础上，有条件、有限度地参与国际科技信息资源的共建共享，如可以考虑以代理的形式加入欧洲灰色文献系统，我国目前已经有中国航空信息中心（CAIC）和中国科学院过程工程研究所等办理了 SIGLE 在中国的代理，但是其权限比较有限。当然，我国还可以考虑倡导建立起东亚科技信息资源系统，实现东亚区域内科技信息资源的共建共享。

六、强化网络信息技术研究应用

随着信息技术的不断进步，人类社会正在加速迈进一个以网络信息技术为支撑的新时代。科技档案信息化建设是顺应潮流、适应时代发展的重要选择，也是科技档案事业发展的必然趋势。国外在科技档案管理中非常注重网络信息技术的应用，按照信息化的程度，国外科技档案管理经历了从计算机电子化管理（1967—1994）到分布式计算机网络化管理（1994—2000）再到互联网大数据智能化管理（2000 年以来）三个阶段。国外的科技档案管理发展史实际上也是一部网络信息技术发展史，二者相互融合，共同构成了国际科技档案信息化发展史。网络化和信息化管理已经成为现代科技档案管理的必然趋势。我国科技档案管理中也必须重视网络信息技术的应用，唯有如此，才能实现对科技档案信息资源的充分开发和利用，促进科技成果应用的最大化。除了数字化、网络化管理技术应用之外，当前还应着重应用互联网大数据智能化技术，将科技档案资源转化为知识资源和情报资源。

第五章

我国科技档案管理体系建设的对策建议

我国科技档案管理体系建设的基本原则应是遵循科技档案的基本特性、运动规律及管理要求，适应科技档案管理内外环境条件的变化要求，借鉴国外科技档案管理先进经验，结合我国具体实际，构建科学合理、有效可行的科技档案管理体制机制。总的来看，科技档案管理体系是一个包括思想意识、法规制度、标准规范、组织体系、管理模式、人才队伍、经费投入等各个层面或要素在内的复杂系统。构建和完善我国科技档案管理体系，应以增强思想意识为前提，以健全法规制度和标准规范为基础，以优化组织体系和管理模式为关键，以加强人才队伍建设和经费投入为保障。

第一节　树立新科技档案观

更新档案工作观念，增强档案意识，是做好科技档案工作的重要前提。国家和各单位要通过多种方式方法加强科技档案宣传教育，增强全社会的科技档案意识。各级领导不仅要在思想上重视科技档案，还要将科技档案纳入议事日程，真正在行动上重视科技档案工作。同时，各相关主管部门、各单位领导和员工应该与时俱进，树立新的科技档案观。

一、树立档案资产意识

过去，提及“档案”，人们往往首先想到档案是一种历史记录，或是一种原始凭证，具有法律证据价值，继而忽视了档案还是一种信息、知识，具有情报参考价值。作为原始凭证，科技档案的利用价值相对较小，因为科技档案不同于文书、会计、人事及商务合同等档案，需要用其作为法律证据的场合相对较少。而且，不同于行政管理工作中形成的文书档案，科技档案具有很强的技术性，包含了大量的科技信息与知识，是国家和组织重要的资产。

资产是指对过去的交易或事项形成的、由企业拥有或控制的、预期会给企业带来经济利益的资源。科技档案的信息属性、知识属性决定了其经济价值，尤其是在知识经济时代，科技档案作为企业无形资产的地位更加凸现。国际标准 ISO15489《信息与文献—文件管理》指出："文件是有价值的信息资源和重要的企业资产。"国际标准 ISO30300《信息与文献—文件管理系统—基础和术语》进一步明确："文件作为一种信息资源，是组织智力资本的一部分，因此也属于组织的资产。"我国档案行业标准 DA/T 42—2009《企业档案工作规范》也强调："企业档案是企业知识资产和信息资源的重要组成部分。"

其实，早在 20 世纪 90 年代，国内档案界就已基本达成了"档案是资产"的共识。① 1992 年，上海海洋地质调查局在参与组建"上海石油天然气公司"时，曾以其东海平湖油气田勘探阶段所获得的档案资料作价 1.2 亿元，作为"上海石油天然气公司"的注册资本认缴。② 1994 年，国家档案局发布的《开发利用科技档案所创经济效益计算方法的规定》，事实上就是对科技档案资产进行价值评估的一种尝试。大亚湾核电站就曾根据这一规定，对其一些典型的档案利用案例进行了定量化的价值评估。③ 而英国的"数据资产框架"（Data Asset Framework，简称 DAF）④ 则表明，英国社会已承认科技档案的资产属性，并将其作为一种资产进行管理，提出了一套通用的数据资产管理方案，这为我国科技档案资产管理提供了理论依

① 马素萍．国有企业档案资产及其特性分析［J］．北京档案，2008（3）：24－26.

② 宋兴，钱圭白．东海平湖油气田勘探阶段资料和成果价格评估方法的探讨［J］．中国地质矿产经济，1994（2）：27－30.

③ 张斌，徐拥军．我国科技档案管理体制机制建设的政策建议［J］．档案学研究，2016（3）：25－34.

④ Data Asset Framework［EB/OL］．（2008－04－01）［2021－04－25］．https：//www. data－audit. eu/.

据和实践参考。

我国科技界、档案界应该树立科技档案资产观，将科技档案纳入国家和组织的资产管理范畴，积极探索科技档案资产登记、评估、审查的标准与方法。

二、坚持以利用为导向

科技档案作为一种重要的知识资产，只有通过开发利用才能实现其重要价值。管理科技档案的最终目的也是服务于科技工作，服务于科技生产者和科技管理者。2014 年，中共中央办公厅、国务院办公厅印发的《关于加强和改进新形势下档案工作的意见》要求建立健全方便人民群众的档案利用体系，号召各级党委和政府要把提供档案信息服务作为公共服务的一部分，要以实现档案信息资源社会共享为目标，为社会各方面提供档案利用及政府公开信息、其他信息的服务。档案部门和档案人员要转变“重藏轻用”的观念，树立以需求为导向、以用户为中心的理念，将主要工作精力置于科技档案的开发利用，满足科技工作者对科技档案的需求上，以科技工作者的满意度、对科技工作的支持度作为工作质量与服务水平的主要评价标准。科技主管部门要将科技档案开发利用视为科技成果推广应用与转化的重要形式之一，将科技档案开发利用率列为科技成果评价的重要指标之一。

三、建立对电子档案的信任

一方面，需要通过宣传教育，使人们认识到电子档案尽管具有信息的非人工识读性、易变性、易逝性等特征，但它仍是一种实实在在的记录；只要进行科学的管理，并满足一定的要素，电子档案如同纸质档案一样是可靠的、可信的，是可以作为证据被生成与保存的。

另一方面，考虑到科技工作中形成的电子档案种类繁多、格式特殊、数量巨大，应逐渐减少对“双套制”（纸质档案和电子档案双套保存）、“双轨制”（纸质文件和电子文件双轨运行）的依赖，尽快过渡到“单套制”“单轨制”。尤其是在各项与档案管理相关的制度规范中，不应强制要求将以下电子档案打印成纸质档案保存：

（1）单位内部使用，不涉及法律问题的电子档案；

（2）价值不大、短期保存的电子档案；

（3）无法打印，或打印后反而不具有凭证价值的电子档案；

（4）数量巨大，打印需消耗巨大数量纸张和保存空间的电子档案；

（5）保存于通过权威测试认证的具有长期保存功能的数字档案馆（室）系统中的电子档案等。

2019年4月26日发布的《国务院关于在线政务服务的若干规定》，第八条至第十二条内容充分肯定了电子档案的法律效力，这为实现档案“单套制”和“单轨制”提供了依据，该规定的第十条指出：“电子证照与纸质证照具有同等法律效力。”第十二条指出：“政务服务机构应当对履行职责过程中形成的电子文件进行规范管理，按照档案管理要求及时以电子形式归档并向档案部门移交。除法律、行政法规另有规定外，电子文件不再以纸质形式归档和移交。符合档案管理要求的电子档案与纸质档案具有同等法律效力。”

当然，建立对电子档案的完全认可与信任还有赖于国家通过修订《档案法》以及与证据相关的法律，充分承认电子档案（电子文件、数据电文）的法律证据效力。2020年6月20日新修订的《档案法》第三十七条规定：“电子档案应当来源可靠、程序规范、要素合规。电子档案与传统载体档案具有同等效力，可以以电子形式作为凭证使用。”这从根本上赋予了电子档案的法律效力，对于人们消除对电子档案的不信任感具有现实意义。

四、重视过程性档案

科技档案不仅是对科技工作依据和结果的记录，也是对科技活动的记录。科技活动的过程性记录，尽管不是最终的科技成果，但是它却实实在在地记录了科技活动的思路、步骤、方法，包含了科技创新的经验和教训，是极其重要的科技信息和知识，有时甚至比最终科技成果更有价值。为此，我国需要修改完善一系列与科技档案管理相关的法规制度，明确将科技活动的过程性文件，例如科研工作日志、阶段报告、进展报告、实验数据、数据计算中间性材料等，列入科技档案归档范围；而且在科研项目验收中，不仅要验收最终成果档案，还要验收过程性档案。

依据《科学技术研究课题档案管理规范》（DA/T 2—1992），过程性科技档案主要包括以下材料。一是研究准备阶段：调研报告、可行性研究报告、课题论证、文献综述；科学基金、科研课题经费申请报告及批件；任务书、协议书、科研合同、委托任务书、会议记录及重要来往文函；实验试验方案、设计方案、调查考察方案。二是研究试验阶段：试验任务书、试验大纲；实验、试验、测试的重要原始记录、整理记录及报告；观测、探测、观察记录，野外调查、考察记录和整理记录及综合分析报告；计算文件；计算机软件；检验文件；理论分析文件；设计文件、图样；工艺文件；课题阶段总结。三是总结鉴定验收阶段：课题工作总结（含最终完成、阶段完成或中断）；研究报告；论文、专著；科研课题经费决算；科研课题成果验收、鉴定、评审文件。四是成果奖励申报阶段：科技成果申报表及附件；科技成果奖励申报与审批文件；获奖凭证；专利文件。五是推广应用阶段：推广应用方案；技术转让合同、协议书；成果推广应用中形成的技术文件及工作总结；国内外同行评价及用户反馈意见；成果宣传报道文件。六是与各阶段有关的文件：包括专业会议文件；标本、样品目录；照片、影片、幻灯片、录音带、录像带、机读文件等。

2020 年 9 月 11 日，国家档案局、科技部联合印发的新修订的《科学技术研究档案管理规定》公布，自 2020 年 11 月 1 日起施行。该文件就对过程性科技档案的收集管理做出了明确规定，其第十四条明确指出："各单位应当根据科研内容和科研管理程序，结合科研项目特点确定归档范围。科研项目在立项论证、研究实施及过程管理、结题验收及绩效评价、成果管理等全过程中形成的，具有保存价值的各种形式和载体的科研文件材料均应当纳入归档范围。"同时，该文件指出，科技档案的归档范围主要包括但不限于立项论证阶段，研究实施及过程管理阶段，结题验收及绩效评价、成果管理阶段。该文件的发布对过程性科技档案管理具有重要的指导作用，相关单位应该予以贯彻落实，保护好、管理好一切科技档案资源。

五、坚持"科技档案"概念

"科技档案"是我国特有的概念，也是我国科技事业、档案事业的一大特色。但是，1995 年全国首届企业档案工作会议和 1998 年国务院机构改革后，我国"企业档案"概念日益凸现，而"科技档案"概念逐渐淡化。事实证明，这样不仅不利于我国科技档案事业的发展，而且也影响我国科技事业的进步。为此，如霍振礼、王传宇等我国的科技档案工作专家积极呼吁，我国应该坚持"科技档案"概念。①

一是需要进一步明确"科技档案"与"企业档案""科技报告"的区别与联系。企业档案是一个复合概念，科技档案是其主体。科技报告可谓是科技档案中最重要的技术性内容部分。加强企业档案管理、建设科技报告体系，不是要弱化科技档案管理，而是应使之与强化科技档案管理相辅相成、相互促进。

二是国家档案局或相关主管部门在各种法规制度、工作报告中，需使用"科技档案"一词的地方，应坚持使用"科技档案"，不宜用"企业档案"或其他术语代替。

三是如霍振礼先生所言，应在档案学术研究中加强"科技档案管理学"分支学科的建设，在档案教育培训中加强"科技档案管理"课程的建设。②

第二节　健全科技档案工作法规制度体系

一、修订《科学技术档案工作条例》

我国现行的《科学技术档案工作条例》，是我国科技档案领域里最重

---

① 根据课题组 2013 年 10 月 31 日对霍振礼研究员的书面访谈和 2014 年 5 月 6 日对王传宇教授的访谈。

② 参见 2013 年 10 月 31 日对霍振礼研究员的书面访谈记录。

要的法律依据。该条例于 1980 年 12 月 9 日经国务院批准，由国家经委、国家建委、国家科委和国家档案局联合发布，属于行政法规。过去 40 多年，该条例对于指导科技档案工作发挥了重要作用。如今，随着时代的变迁和社会的进步，科技档案工作的内外环境已经发生了巨大变化，该条例内容与当下科技档案工作现实需求存在许多不合适、不合理之处，需要予以修订。

建议由国家档案局牵头，会同国家科学技术部、国家发展和改革委员会、工业和信息化部、住房和城乡建设部、教育部、国家卫生健康委员会、自然资源部、农业农村部、水利部、生态环境部、国务院国有资产监督管理委员会、国家国防科技工业局、国家市场监督管理总局、国家林业和草原局（国家公园管理局）、国家海洋总局、国家地震局、中国气象局、中国地质调查局、中国科学院、中国科学技术协会、国家自然科学基金委员会等有关部门或机构，在深入调查研究、广泛征求意见的基础上，根据实际情况和科技工作需要，提出《科学技术档案工作条例》修订意见，报请国务院审批。修订后的《科学技术档案工作条例》应该：

（1）扩大科技档案的概念和范围，使之包含电子档案、过程性档案；

（2）明确科技档案的所有权，尤其需明确由国家财政支持的科技项目所形成的科技档案归国家所有；

（3）进一步厘清档案主管部门、科技主管部门、科技项目承担部门、项目组、科技工作者等相关主体的权利、职责（或义务）及其相互关系；

（4）进一步明确各级档案行政主管部门对科技档案工作行使档案行政监督检查权；

（5）进一步明确科技项目承担部门、项目组、科技工作者的归档、移交档案的职责（或义务）；

（6）进一步明确科技项目委托单位、牵头单位监管、整合各子项目承担单位的科技档案的职责（或义务）；

（7）进一步明确“三纳入”“四参加”“四同步”制度等。

二、健全其他相关科技档案法规制度

为配合《科学技术档案工作条例》的修订，并使之贯彻和落实，国家档案局应会同国家科学技术部、国家发展和改革委员会、工业和信息化部、住房和城乡建设部、教育部、国家卫生健康委员会、农业农村部、水利部、生态环境部、国务院国有资产监督管理委员会、国家国防科技工业局、国家市场监督管理总局、国家林业和草原局（国家公园管理局）、国家海洋总局、中国地震局、中国气象局、中国地质调查局、中国自然资源部、中国科学院、中国科学技术协会、国家自然科学基金委员会等有关部门或机构，制定或修改各专业领域的科技档案管理规章制度。

例如，国家卫生健康委员会应会同国家档案局修订《医药卫生档案管理暂行规定》；中国气象局应会同国家档案局修订《气象科学技术档案工作管理暂行规定》；科学技术部和国家档案局应针对国家级科技计划，制定《国家科技计划项目档案管理办法》；国家自然科学基金委员会和国家档案局应制定《国家自然科学基金项目档案管理办法》；中国科学技术协会和国家档案局可针对中国科学技术协会下属 287 个全国性学会，制定《关于加强中国科学技术协会所属全国学会档案管理工作的意见》等。表 5－1列出建议修订或制定的主要的科技档案管理法规制度。

表 5－1　建议修订或制定的科技档案管理法规制度（部分）一览表

序号	法规制度标题	（建议）批准/颁布机构	建议修订/制定
1	《科学技术档案工作条例》	国务院	修订
2	《医药卫生档案管理暂行规定》	国家卫生健康委员会、国家档案局	修订
3	《气象科学技术档案工作管理暂行规定》	中国气象局、国家档案局	修订
4	《测绘科学技术档案工作管理暂行规定》	中国自然资源部国家档案局	修订

续表

序号	法规制度标题	（建议）批准/颁布机构	建议修订/制定
5	《中国科学院科研课题档案建档规范》	中国科学院、国家档案局	修订
6	《国家科技计划项目档案管理办法》	科技部、国家档案局	制定
7	《国家自然科学基金项目档案管理办法》	国家自然科学基金委员会、国家档案局	制定
8	《关于加强中国科学技术协会所属全国学会档案管理工作的意见》	中国科学技术协会、国家档案局	制定

三、纳入整个科技管理法规制度体系

科技档案是科技管理的重要产物，也是科技管理的重要依据。科技档案管理作为科技管理的基础性工作和重要组成部分，应该纳入整个科技管理体系之中。相应地，有关科技档案管理的要求，应纳入整个科技管理法规制度体系之中。

建议各部门、系统出台的科技管理（或科技项目管理）法规制度，均包含有关科技档案管理的条款，针对本项科技活动中形成的档案，明确规定：

（1）科技档案工作的上级主管部门、本单位责任部门或责任人（对于科技项目，实行项目主持人负责制）；

（2）科技档案的所有权，尤其需明确由国家财政支持的科技项目所形成的科技档案归国家所有；

（3）科技项目承担部门、项目组、科技工作者的归档、移交档案的职责（或义务）；

（4）科技项目委托单位、牵头单位监管、整合各子项目承担单位的科技档案的职责（或义务）；

（5）科技文件材料归档范围（包含电子文件、过程性记录）和科技档案移交范围，以及归档、移交的时间、方式等；

（6）惩奖措施等。

第三节 强化科技档案工作监督管理体系

我国实行“条块结合”的科技档案工作监督管理体系，即“在国家档案局的统一掌管下，按专业实行统一管理，中央和地方各级专业主管机关对所属系统的科技档案工作实行领导和指导，国家各级档案行政管理部门实行监督、指导和检查的管理体制”①，如图5－1所示。

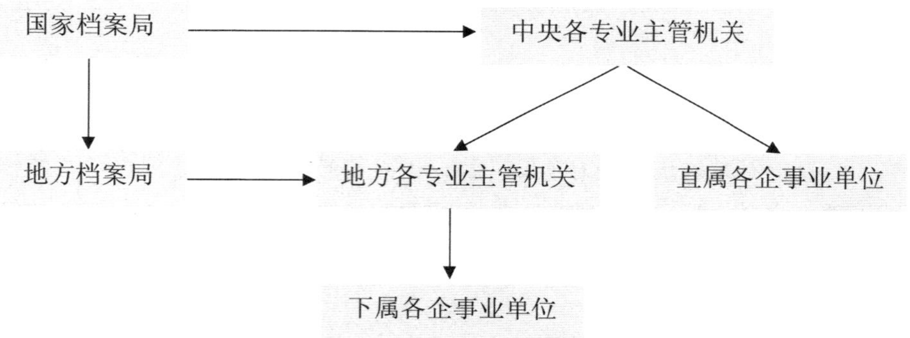

图5－1 我国科技档案管理监督管理体系

著名科技档案管理专家王传宇教授、霍振礼研究员都认为，这一个宏观管理体制仍然是科学的，应该坚持，不能弱化。② 许多基层档案管理部门也同样持此观点，认为应该加强档案行政管理机关和上级科技主管机关对科技档案工作的监督管理。

---

① 王传宇，张斌. 科技档案管理学［M］. 3版. 北京：中国人民大学出版社，2009：64.

② 根据课题组2013年10月31日对霍振礼研究员的书面访谈和2014年5月6日对王传宇教授的访谈。

一、加强各级档案行政管理机关对科技档案工作的监督管理

国家档案局和地方档案局应依据《档案法》及其实施办法、《科学技术档案工作条例》《档案执法监督检查工作暂行规定》（1992年3月30日，国家档案局令第4号令）、《档案行政处罚程序暂行规定》（2000年5月10日，国家档案局发布）、《关于加强和改进新形势下档案工作的意见》（2014年5月，中办发〔2014〕15号）《科学技术研究档案管理规定》（2020年10月，国家档案局第15号令）等加强对各单位科技档案工作的监督管理，加强行政执法力度。

尽管根据《科学技术档案工作条例》“按专业实行统一管理”的原则，由各专业主管机关加强对所属企事业单位科技档案工作的领导。例如，城市建设档案工作由住房和城乡建设部直接主管，中央企业档案工作由国务院国资委直接主管。但是，一方面国家档案局应该主动根据《档案法》及其实施办法、《科学技术档案工作条例》加强对各专业主管机关科技档案工作的指导、监督和检查，督促各专业主管机关指导、监督、检查下属各企事业单位的科技档案工作。例如，企业档案工作改由国务院国有资产监督管理委员会直接主管后，并非意味着国家档案局没有职责和权力监督管理中央企业档案工作，而只是意味着由原来的直接对中央企业的档案工作进行监督管理转变为通过国务院国有资产监督管理委员会间接对中央企业的档案工作进行监督管理。如王传宇教授所言，应该是“各专业主管机关去抓下属企事业单位，而国家档案局来抓各专业主管机关”①。另一方面，各专业主管机关应接受国家档案局的指导、监督与检查，主动与国家档案局紧密合作，共同促进本专业系统科技档案工作的开展。

二、加强各专业主管机关对科技档案工作的监督管理

《科学技术档案工作条例》第二十七条规定：“科技档案工作必须按专业实行统一管理。国务院所属的各专业主管机关和省、自治区、直辖市人

① 根据课题组2014年5月6日对王传宇教授的访谈。

民政府所属的各专业主管机关，应当建立相应的档案机构，加强对所属企业、事业单位科技档案工作的领导。”因而，国家科学技术部、国家发展和改革委员会、工业和信息化部、住房和城乡建设部、教育部、国家卫生健康委员会、自然资源部、农业农村部、水利部、生态环境部、国务院国有资产监督管理委员会、国家国防科技工业局、国家市场监督管理总局、国家林业和草原局（国家公园管理局）、国家海洋总局、国家地震局、中国气象局、中国地质调查局、中国科学院、中国科学技术协会、国家自然科学基金委员会等有关部门或机构应该加强对下属各企事业单位科技档案工作的监督管理。许多中央企业，如中国航空工业集团、中国航天科技集团、中国核工业集团等，作为行业性的国有垄断公司，事实上兼有类似专业、系统主管部门的职能，其总部应该加强对下属各单位科技档案工作的监督管理。

通过对上述两个“强化”，重新打造科技档案宏观管理体制的“条”与“块”，提高我国科技档案资源的国家控制力。

第四节　理顺各相关主体的权责关系

科技档案工作中涉及社会公众、科技主管部门（内含项目管理机构、档案管理机构）、档案主管部门、科技项目承担单位（内含项目管理机构、档案管理机构）、项目组和科技工作者等众多相关的利益主体，须明确这些利益主体之间的权利与职责（或义务）关系。

根据我国现有档案管理、科技管理法规制度，科技档案工作相关主体的权责关系如图 5－2 所示。

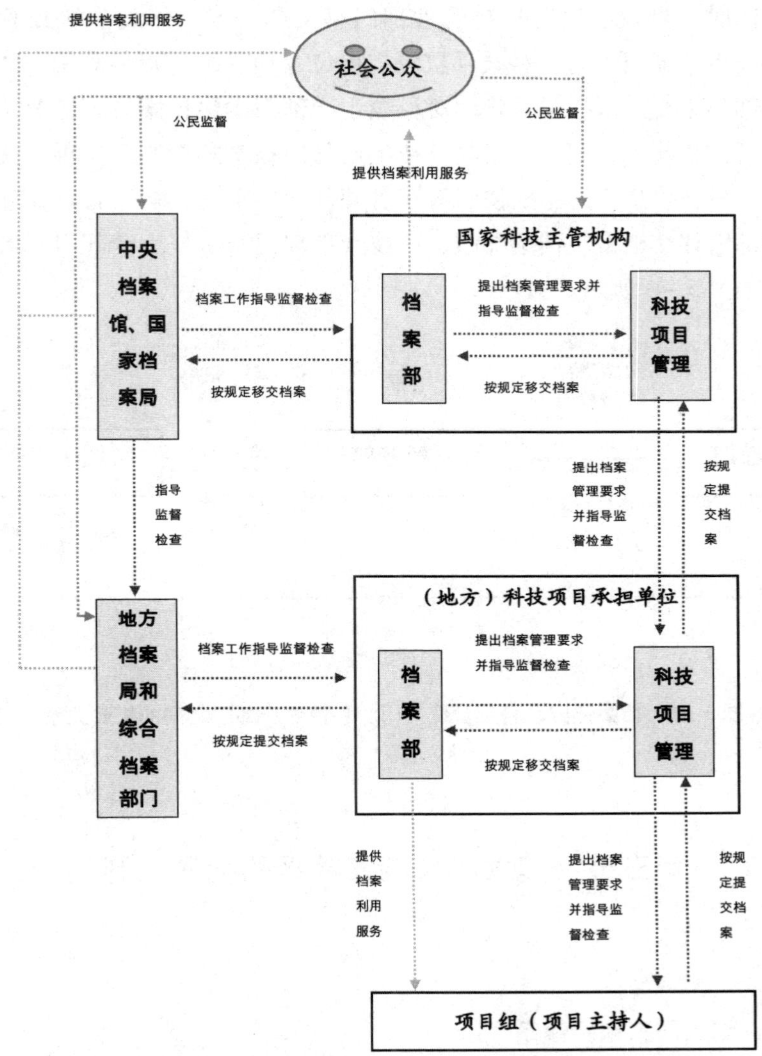

图 5 – 2　科技档案工作各相关主体之间的权责关系

从图 5 – 2 可知，档案部门［包括国家和地方档案局（馆）、科技主管部门的档案机构、科技项目承担单位的档案管理机构］主要是依据档案法规向科技管理部门（包括科技主管部门的项目管理机构、科技项目承担单位的项目管理机构）提出科技档案管理的要求，并对其进行指导、监督和检查；同时，接收、保管科技管理部门移交的档案，然后为科技管理部门、科技生产部门（包括科技项目承担单位及项目组）提供利用服务。科技管理部门主要是依托项目管理对科技生产部门提出档案管理的要求，并对其进行监督检查；同时，接收科技生产部门移交的档案后，再移交给档案部门。科技生产部门主要按照科技管理部门要求进行档案管理，并向科技管理部门移交档案。档案部门、科技管理部门、科技生产部门三者之间的关系如图 5 -3 所示。

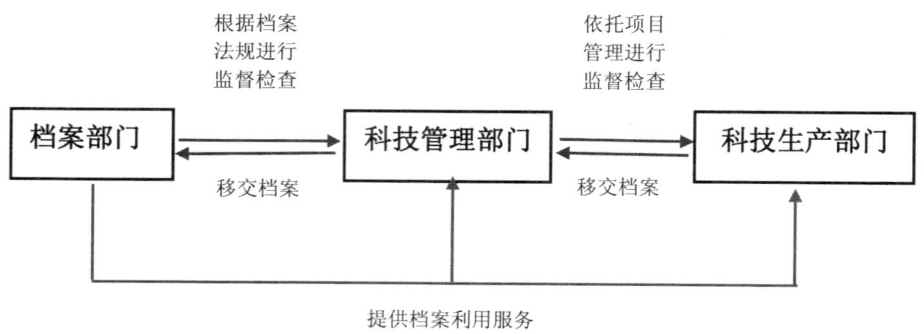

图 5 -3　档案部门、科技管理部门、科技生产部门之间的权责关系

第五节　建立科技档案管理的纳入机制

一、纳入国家创新体系

2012 年 9 月 23 日，中共中央、国务院印发了《关于深化科技体制改革加快国家创新体系建设的意见》，提出要“强化科技资源开放共享”。即“建立科研院所、高等学校和企业开放科研设施的合理运行机制。整合各类科技资源，推进大型科学仪器设备、科技文献、科学数据等科技基础条件平台建设，加快建立健全开放共享的运行服务管理模式和支持方式，制定相应的评价标准和监督奖惩办法。完善国家财政资金购置科研仪器设备的查重机制和联合评议机制，防止重复购置和闲置浪费。对财政资金资助的科技项目和科研基础设施，加快建立统一的管理数据库和统一的科技报告制度，并依法向社会开放”。

2014 年国务院发布的《关于改进加强中央财政科研项目和资金管理的若干意见》第二部分“加强科研项目和资金配置的统筹协调”中第五条规定，建设国家科技管理信息系统，并向社会开放服务；第七部分“加强相关制度建设”中第二十四条规定，建立健全信息公开制度，除涉密及法律法规另有规定外，项目主管部门应当按规定向社会公开科研项目的立项信息、验收结果和资金安排情况等，接受社会监督。

2017 年 6 月由科技部、财政部联合发布的《国家重点研发计划管理暂行办法》第七章“监督与评估”第六十五条规定，建立公众参与监督的工作机制，按照公开为常态，不公开为例外的原则，加大项目立项、验收、资金安排和专家选用等信息公开力度，主动接受公众和舆论监督，听取意见，推动和改进相关工作。并且明确规定项目承担单位应当在单位内部公开项目立项、主要研究人员、科研资金使用、项目合作单位、大型仪器设备购置以及研究成果情况等信息，加强内部监督。2017 年 11 月科技部发布的《国家科技重大专项（民口）档案管理规定》第六章“共享与利用”中设置了四个条款（第二十九条至第三十二条）规定，查阅、摘抄和复印重大专项档案利用条件，制定档案有效利用制度，推进重大专项档案的共享服务，加强项目（课题）档案信息资源开发利用，并明确重要的、珍贵的档案和资料的利用条件。

2018 年 2 月由科技部、财政部联合发布的《国家科技资源共享服务平台管理办法》旨在规范管理国家科技资源共享服务平台，推进科技资源向社会开放共享，提高资源利用效率，该办法第五条规定，利用财政性资金形成的科技资源，除保密要求和特殊规定外，必须面向社会开放共享。

综上所知，以上相关政策，在科技档案的开放利用方面都强调要面向社会开放共享利用，重视对科技档案信息资源的开发，构建科学技术管理信息系统，提高科技档案资源的利用率，具有保密要求和特殊规定的除外。科技档案是重要的科技资源，应该将科技档案事业建设纳入整个国家创新体系、国家知识创新工程建设之中。在国家创新体系、国家知识创新工程建设过程中，要将科技档案列入科技资源范畴，将科技档案资源建设与开发利用视为体系（或工程）建设的重要组成部分和支撑条件。在国家、地区或行业范围内，实现科技档案资源的合理配置、高效利用。

二、纳入科技项目合同管理体系

现代科技生产主要以项目形式开展。通常，科技主管部门（如国家科学技术部、国家自然科学基金委员会、国防科工局等）代表国家，以出资人和委托方身份，通过评审、招标程序，签署项目任务书或合同书，将科技生产任务委托给各企事业单位（科技项目承担单位）。从法理角度来看，科技主管部门和科技项目承担单位是一种合同关系，科技主管部门（甲方）向科技项目承担单位（乙方）提供科技经费，乙方向甲方交付科技成果。而科技档案是科技成果的重要载体和组成部分，应将其视为交付物或交付成果之一。因此，应该将科技档案管理纳入科技项目合同管理体系，在各类科技项目任务书或合同书中，增加档案管理条款，明确将交付科技档案列为科技项目承担单位的义务，并加强对履约情况的监督检查。通过合同，对科技项目承担单位、项目负责人的科技档案管理行为进行约束。

三、纳入知识管理体系

在机构层面，科技档案管理应纳入组织的信息资源管理体系、知识管理体系之中。随着信息社会和知识经济时代的到来，信息和知识的价值日益凸现。现代各行各业和各单位都在加快推进信息资源管理和知识管理。档案是重要的信息资源和显性知识，档案应该成为信息资源管理、知识管理的重要组成部分。如张斌教授所言："企业档案是企业重要的知识资源，企业档案管理是企业知识管理的重要内容。"① 而且，从档案管理的自身发展趋势来看，档案管理在完成从实体管理到信息管理的发展后，正经历着

---

① 张斌，徐拥军，褚峻，等．知识资源管理：企业档案工作改革的新思路［J］．中国档案，2004（10）：37－39.

从信息管理到知识管理、从知识管理向知识服务的过渡。[①] 因此，各单位应将科技档案管理纳入整个信息资源管理体系、知识管理体系之中，将本单位的科技档案库打造成为本单位的知识库、思想库。

四、落实“三纳入”“四参加”“四同步”制度

“三纳入”是指将档案工作纳入立档单位领导的工作议事日程，纳入规章制度及工作流程，纳入有关人员的经济责任制或岗位责任制。“四参加”是指立档单位档案部门或档案人员参加产品鉴定，参加科研课题审定，参加基建项目验收，参加设备开箱验收或引进项目接收，负责检查归档科技文件是否齐全、完整、准确、系统。“四同步”是指立档单位下达科技、生产项目计划任务与提出项目文件材料的归档要求同步，检查项目计划进度与检查项目文件材料积累情况同步，验收、鉴定项目成果与验收、鉴定项目文件材料归档情况同步，项目总结与项目文件材料完成归档同步。

“三纳入”“四参加”“四同步”是我国科技档案工作的传统经验。尽管当前管理和技术环境发生了巨大变化，但“三纳入”“四参加”“四同步”仍是科学合理、行之有效的制度。目前主要的问题是，由于国家档案局和各专业主管机关弱化对科技档案工作的监督管理，使得“三纳入”“四参加”“四同步”流于形式，没有得到认真彻底的贯彻执行。我国应该在各项与科技档案管理相关的法规制度中，进一步体现“三纳入”“四参加”“四同步”的要求，并提出对违反“三纳入”“四参加”“四同步”的具体处罚措施，加大对违规行为的处罚力度。

---

① 徐拥军，牛力．企业档案管理的十大发展趋势［J］．中国档案，2014（5）：31－33.

第六节　建立科技档案验收和审计制度

一、建立科技项目档案验收制度

国家档案局、国家发展和改革委员会颁布的《重大建设项目档案验收办法》，国防科工委和国家档案局颁布的《国防科技工业固定资产投资项目档案验收办法》，在实际工作中都取得了良好效果，大大提升了项目档案管理的水平。科学技术部、中国科学技术协会、中国科学院、国家自然社会科学基金委员会、国家哲学社会科学规划办公室等也应借鉴这一经验，在本系统的科技项目（尤其是重大项目）验收中实行档案专项验收制度，把通过档案专项验收作为通过科技项目最终验收的一个前提条件。对于未通过档案专项验收的科技项目，不得进行科技项目最终验收。

目前，各类科技项目的中期检查表、结项申请表中都需要项目承担单位的科技管理部门和财务部门签字盖章，以此要求项目承担单位对科技项目进展情况或最终研究成果、项目经费开支情况负责或予以审核。将来，应在各类科技项目中期检查表、结项申请表中增加一个审核栏目“归档情况”，要求项目承担单位的档案部门签字盖章，由档案部门确认该项目是否已经按规定形成、归档和移交档案。

此外，还可借鉴许多企业在工程建设项目档案管理的经验，只有档案部门签署意见确认项目档案已经完整齐全归档，才向科技项目承担单位或项目组拨付最后一笔研究经费（尾款）。这样，就可为科技档案归档收集建立有效的最后一道关口。

二、建立档案资产审计制度

国家档案局和审计署可试行档案资产审计，将档案纳入资产范围，进行档案资产或信息资产的登记、评估与审计。例如，2008 年全国人大代表、富润控股集团有限公司董事局主席赵林中提出：要像“离任财务审计”一样，对党政机关、企事业单位法定代表人进行“离任档案审核”，并纳入《档案法》。[①] 2000 年，英国发布了《信息资产登记》和《评估信息资产：政府组织机构电子文件的鉴定》，用于英国联邦政府机构对包括档案在内的信息进行资产登记和评估。这一经验可供我国借鉴和参考。

第七节　推进科技档案管理标准化

标准化是人们在生产建设活动中，广泛地将科学研究成果和生产实践经验进行总结，形成共同准则，并加以普遍推行的活动。标准化意味着统一、简化、协调和最优化的基本原理。推行标准化是提升科技档案管理质量和水平的基本要求。尤其是在数字化、网络化时代，推进科技档案管理标准化，是构建科技档案资源共享体系的重要基础。

一、加快国家和行业标准规范建设

为推进科技档案管理标准化、规范化，促进科技档案共建共享，需要加快科技档案国家和行业标准规范建设。尤其是加强科技档案开发利用、科研项目档案管理、科技档案元数据、常用电子档案格式、电子档案长期保存等方面的国家标准和行业标准建设。

二、积极采纳应用国际标准

多年来，我国档案界一直强调推行标准化，但实际工作中，主要遵循的是国家标准和行业标准，而较少关注国际标准。随着经济全球化、管理国际化，采用国际标准成为现代组织的基本趋势和必然要求。而且，许多国际标准反映了某一领域内的先进理念和最佳实践，卓越组织应该以权威的国际标准为指引。

---

① 赵林中代表：法人“离任档案审核”应纳入《档案法》［EB/OL］.（2008－03－09）［2014－01－02］. http：//www. gov. cn/2008lh/content_ 914983. htm.

档案管理领域的国际标准主要由 ISO/TC46/SC11（国际标准化组织档案/文件管理分技术委员会）负责制定。目前，ISO/TC46/SC11 制定的几个重要国际标准，如表 5－2 所列。

需要说明的是，TC46/SC11 关注的是文件管理领域的核心标准，而在具体的工作环境中，还需要关注 ISO 其他分技术委员会提出的与文件管理有关的其他标准，其中比较重要的包括 ISO14721 开放档案信息参考模型（OAIS）、ISO27000 信息安全管理体系、ISO9000 质量管理体系，以及科学数据、科技报告、科技管理领域的相关标准等。

上述国际标准都值得我国档案部门、科技管理部门应用或参考。

表 5－2　档案管理领域重要的国际标准

标准号	标准名称	我国是否采标
ISO30300	Information and documentation – Management systems for records – Fundament and vocabulary 信息与文献—文件管理系统—基础和术语	已纳入采标计划
ISO30301	Information and documentation – Management systems for records – Requirements 信息与文献—文件管理系统—需求	已纳入采标计划
ISO30302	Information and documentation – Management systems for records – Guidelines for implementation 信息与文献—文件管理系统—实施指南	
ISO30303	Information and documentation – Management systems for records – Requirements for bodies providing audit and certification 信息与文献—文件管理系统—机构审计与认证需求	

续表

标准号	标准名称	我国是否采标
ISO30304	Information and documentation – Management systems for records – Assessment guide 信息与文献—文件管理系统—评估指南	
ISO5489	Information and documentation – Records management 信息与文献—文件管理	已采标第一部分 GB/T 26162. 1—2010
ISO23081	Information and documentation – Records management processes – Managing metadata for records 信息与文献—文件管理过程—文件元数据管理	已采标第一部分 GB/T 26163. 1—2010
ISO26122	Information and documentation – Work process analysis for records 信息与文献—用于文件管理的工作过程分析	已纳入采标计划
ISO13028	Information and documentation – Implementation guidelines for digitization of records 信息与文献—文件数字化实施指南	
ISO13008	Information and documentation – Digital records conversion and migration process 信息与文献—数字文件的转换和迁移流程	
ISO16175	Information and documentation – Principles and functional requirements for records in electronic office environments 信息与文献—电子环境下文件管理原则与功能需求	已纳入采标计划

第八节　加强科技档案人才和经费保障

一、建立档案从业资格认证制度

为了规范科技档案人员的准入，提高科技档案管理岗位的进入门槛，从而从源头上提高科技档案队伍素质，应建立档案从业资格认证制度。只有取得一定的档案从业资格证书，才能从事相应岗位级别的科技档案工作。

档案从业资格认证制度主要由认证主体、认证对象、论证内容、论证方式和证书管理等要素构成。档案从业资格认证主体宜由国家档案局委托中国档案学会来担任。认证对象应是在各级各类单位专职从事档案管理的工作人员。认证内容（或者说对从业者的素质、知识和能力要求）包括档案法规及职业道德素养、档案管理理论知识、档案管理业务技能、档案信息化知识和技能等，其中应包括针对科技档案管理的法律、理论知识、业务技能的内容。论证方式可采用两种方式：一是专业学历认定，即对于已取得档案学专业本科及以上学历者免试获证；二是专业考试认定，即对于未获档案学专业本科及以上学历者通过专业考试获证。通过首次认证、再次认证和终身认证相结合的方式加强证书管理。

二、继续推行档案专业技术职务评聘制度

进入21世纪以来，随着全国各地综合档案馆编制纷纷从事业单位编制转变为公务员或参照公务员管理编制，绝大多数综合档案馆的工作人员不再被允许或没有动力参加档案专业技术职务评聘，档案专业技术职务评聘的热度和影响力越来越低，以至于许多企事业单位也不再单独设立档案专业技术职称评聘。这严重地影响了科技档案人员钻研专业的热情，也严重阻碍了科技档案人员的职业上升通道。因此，国家人力资源和社会保障部、国家档案局应该推行档案专业技术职务评聘制度，并鼓励各企事业单位科技档案人员参评。只有这样，才能打造一支专业化的科技档案人才

队伍。

2020年4月9日，国家人力资源和社会保障部及国家档案局联合发布了《关于深化档案专业人员职称制度改革的指导意见》，该文件明确指出，档案专业人员是我国专业技术人才队伍的重要组成部分，承担为党管档、为国守史、为民服务的职责与使命。因此要按照中央深化职称制度改革的总体要求，遵循档案专业人员成长规律，建立以科学评价为核心、以有效激励为目的、符合档案职业发展特点的科学化、规范化、社会化的档案专业人员职称制度，将档案专业人员评价与培养和使用相衔接，促进档案专业人员的职业发展，为建设高素质的档案干部队伍提供制度保障。因此，各级档案部门和各单位档案部门应该认真贯彻该文件的相关要求，推行档案专业技术职务评聘制度，提高科技档案人员工作积极性。

三、加强科技档案管理高等教育与在职教育

1998年之前，我国曾在中国人民大学、郑州航空航天管理学院等多所院校设有“科技档案专业”。然而，在1998年教育部颁布了《普通高等学校本科专业目录》之后，“科技档案专业”并入“档案学专业”，科技档案专业高等教育受到一定冲击。但是，为了加强科技档案人才队伍建设，国家档案局、科学技术部、教育部等仍应鼓励设有档案学专业的高校坚持开设“科技档案管理学”课程，在档案学、科技管理硕士专业中增设“科技档案管理”方向。同时，将“科技档案管理学”纳入在职教育培训课程体系。鼓励或强制要求科技档案人员积极参加在职培训、继续教育。

四、将科技档案管理经费纳入科技项目经费预算

为保证科技档案管理经费投入，宜将科技档案管理经费纳入科技项目经费预算，在整个科技项目经费预算中按一定比例划拨科技档案管理经费，用于相关的档案库房、设施和用品。据中航工业档案馆、广东省韶关钢铁集团有限公司测算，这一比例宜为0.3‰～0.5‰。[①]

---

① 参见2014年4月25日对中国航空工业档案馆的调研访谈记录。

第六章

我国科技档案服务体系建设的对策建议

党的十九大报告中指出，创新是引领发展的第一动力，是建设现代化经济体系的战略支撑。科技档案具有经济、社会和文化等方面的潜在价值，科技档案的利用与服务关系到我国科学技术的发展创新与进步，关系到我国经济与社会的发展，创新利用与服务方式有利于科技档案充分发挥现实价值，发挥其对经济、科技与社会发展的支撑作用。加强科技档案服务体系建设，对于为国家战略创新力量提供当前最前沿、最全面、最科学的知识资源和思维动力具有积极意义。

第一节　基于大数据环境的科技档案利用观念变革

一、明确科技档案与大数据的关系

大数据环境下，半结构化、非结构化数据比例逐渐提高，同时，数据的海量增长使得常规的关系数据库无法对其进行管理，数据的无序性和杂乱性使得大数据转变了价值实现方式，灵活运用“量”这一优势为数据赋予了更有前景的数据分析价值，同时媒体间的数据融合也成为一个重要趋势，使得专业领域的数据价值可以应用更加广泛的社会层面。

维基百科对大数据的定义做出了解释：“大数据是因为其规模性、实时性和复杂性而无法使其在一定时间内使用常规工具对其进行获取、搜索、存贮、可视化和分析分享的数据集合。”我国的科技生产活动丰富，本身记录和反映生产活动的档案数量就很庞大，尤其是自国务院 2015 年 6 月下发《国务院关于大力推进大众创业万众创新若干政策措施的意见》

后，各类企业和自主创业者形成的科技档案数据量更是呈直线增长。因此，科技档案具有大数据的规模性特征。科技档案数据本身也包含大量半结构化和非结构化数据，其在媒体表现形式上也具有多元化的特征，无论是内容和媒介都体现出大数据的复杂性。此外，移动互联网的广泛应用在很大程度上影响了科技档案的工作方式，由此形成的科技档案数据也呈现出碎片化、实时化等特征，进而导致科技档案的规范性和成套性受到很大冲击。因此，大数据时代背景下，科技档案也呈现规模性、复杂性和碎片化的特征。

二、科技档案数据利用的有效性分析

鉴于科技档案数据的规模性、知识性与专业性，一种新的价值实现方式逐渐引起广泛关注，即科技档案的数据分析、预测未来的价值。决定档案信息资源有效还是无效，主要有三个因素：一是档案信息资源本身的价值；二是企业是否需要；三是提供是否及时。大数据时代，有效利用科技档案信息资源，就是要针对组织的不同需要，挑选最有价值的档案信息，及时提供给企业利用，从而实现档案信息资源的有效性。① 具体而言，主要集中表现在以下三方面：

第一，在科技档案本身的价值方面。从专业领域而言，科技档案具有科技价值，蕴含着大量的科技信息，是一种知识形态的生产力，对推动行业发展具有重大意义。科技档案具有情报价值，因为科技档案的原始记录性，使之可以为后人的科学研究活动、生产经营活动提供可靠的情报价值，乃至传承文化与知识。科技档案的科技价值决定了其必须面向社会服务、对社会发展负责。在大数据时代，科技档案的这一价值得到更大的凸显，大数据使得科技档案的科技价值有了开放利用，融合更大范围数据的必要，也就是大数据需要专业化的数据资源作为基础；同时，大数据也为科技档案的情报价值提供了更先进的工具，云计算、数据挖掘和数据分析

① 李水萍. 浅谈科技档案信息资源的开发利用 [J]. 图书情报导刊，2006 (3)：84－85.

等技术手段，使得科技档案具有了预测未来的能力，对当下的企业经营决策、业务活动效益提升具有直接的影响与作用。

第二，企业是否需要。科技档案的生命力就在于利用，使命就是满足社会需求，推进社会发展。企业在进行生产经营活动时，一方面，需要利用科技档案的记录性，将企业的生产经营活动记录到特定载体上，作为企业合法合规经营和知识产权的凭证，具有一定的法律价值。尤其是在大数据时代，大数据是在对大量原始数据进行挖掘、赋予价值和提升后形成，需要档案数据作为有力凭证，以确保原始生成数据和数据编排的所有权和著作权都归属于本企业。另一方面，需要利用科技档案的传承性，科技档案参与企业生产经营活动的主要方式为复用科技档案资源，避免重复性劳动，提高经济效益。企业需要用过去推测未来，大数据时代使得科技档案有价值的数据范围明显扩大，为企业利用科技档案数据提供了一种新的可能和工具支持。

第三，提供是否及时。提供是否及时的关键在于对科技档案开放利用时机的把握。这种对时机的掌控情况，不仅取决于档案工作者的主观把握，而且还与科技工作者的意识、科技档案利用市场的发展、科技信息与经济发展的转化效率等外部因素有直接关系。科技档案向生产力的转化过程是一个紧密的链条，若其中有一个环节受阻，那么整个转化过程必然会受到阻碍。大数据时代，数据挖掘和采集技术使得科技档案数据以一种“被动”的状态被各方抓取利用，这直接导致科技档案的信息性、数据性得以加强。值得注意的是，在此过程中，科技档案的知识性转化却受到“冷落”，其中核心的、专业性和知识性数据的提供效率并未得到应有的提升。①

三、认清大数据时代背景下面临的矛盾

大数据时代，传统科技档案的价值实现方式遭遇了严峻的挑战，科技档案大数据庞杂的数量、复杂的媒体形式和数据结构，对查考价值与知识

① 巩宝荣．科技档案的能量及其发挥［J］．机电兵船档案，2001（6）：40－42.

价值的实现提出了更高要求。具体而言，大数据时代，科技档案的价值实现主要遇到了三方面的阻力：

一是科技档案保密性与开放性的矛盾加剧。在传统科技档案利用模式下，科技档案需要根据保密级别进行有序开放，确保科技档案信息的安全利用。而大数据、云计算、人工智能等新一代信息技术的出现，使得对海量数据的挖掘成为发挥数据分析价值的前提，由于大数据本身就意味着数据的汇集、融合与开放，因此，科技档案的保密性特征会极大地限制大数据时代科技档案数据分析价值的发挥，从而使得科技档案开放性与保密性之间的矛盾加剧。

二是科技档案成套性与碎片化的矛盾显现。公众以手机、电子书等移动终端为媒介，获取的信息比较零散，既不完整，也不系统。在大数据时代，信息碎片化是当前整个社会在信息接收环节所呈现的共性特征，这在很大程度上塑造着公众获取信息的习惯。科技档案信息是成套归档和提供利用的，且同所有其他档案一样，其内容具有连贯性，形成背景数据也是科技档案重要的标志与信息点，内容结构上的完整性与不可分离性与当前公众阅读习惯之间存在矛盾，若强制分割科技档案信息，极有可能导致知识传达不准确乃至错误，最终将可能在很大程度上影响科技档案的利用效率。

三是科技档案专业性与跨界融合的矛盾显现。科技档案是一个专业性较强的档案种类，其内容具有较强的知识性和较高的信息密度。大数据时代，数据之间的融合是必然的趋势，科技档案一般具有较为丰富的载体形态，其数据整合在技术层面临较高的难度。在数据内容的跨界融合和分析利用方面，一方面，科技档案的专业性和独立性，在一定程度上限制了档案数据与其他专业领域进行数据融合的可能性。另一方面，科技档案内容的专业性，可能导致科技档案在利用层面局限于某一特定领域，不利于科技档案工作的长远发展。

四、变革大数据时代的科技档案利用理念

做好科技档案利用工作的关键在于认识到科技档案的重要价值，大数

据时代，科技档案被赋予了数据量的资源优势，表现出了数据分析的价值。科技档案不再局限于具体知识的获取利用，不再受限于科技档案信息的精准化提取。在对科技档案利用时，档案工作者需要树立“大档案观”，关注更大范围的碎片化、个性化的档案信息利用，同时也要避免“泛档案观”，确保档案信息服务的真实有效。

一是树立“大档案观”。当档案从材料、信息上升到数据层面，复杂化的档案形式和大量的数据资源要求档案工作者在大数据技术和科学管理理念的指引下，积极构建适应大数据时代的“大档案观”，从更有价值、更有意义的视角鉴别和审查科技档案收集、建立的过程，加大对碎片化、个性化、数字化信息的关注，使科技档案利用能够反映科技活动和科技发展的进程，真实地记录科技成果与时代变迁。①

二是避免“泛档案观”的影响。并非所有的科技档案数据都是可以收集、管理并提供利用的。大数据环境下的数据来源变得大众化和混杂化，在提供科技档案数据服务时，一方面，要确保科技档案数据来源是真实可靠的，这是提供科技档案服务的基本职业准则。无论是否处于大数据时代，真实性始终是档案的核心价值。另一方面，需要提高科技档案数据的有效性，这是提供优质科技档案服务的重要保证。大数据虽然强调量的积累，但是无效信息超过一定比例会极大地干扰最后的分析结果，对有效数据的清理也会为后期的科技档案管理减轻工作量。

我国以核电企业档案部门为代表，已经开始为企业提供大数据分析服务。譬如，江苏核电企业档案部门要求对每一个核电设备和基本要件进行精准标识，同时该设备的生产、运营和维修等情况需要随时跟踪记录，档案部门即可通过分析这些设备数据，得出哪些设备、哪个备件、什么时间容易出现故障等设备分析报告，进而方便企业生产、管理和维护相关设备，对于设备提供商而言，也是极有价值的数据分析报告。

---

① 刘会．浅论大数据背景下科技档案管理的改革之道［J］．现代职业教育，2017（16）：144－145.

第二节　加强新技术与科技档案服务利用的融合

近些年，各类新信息技术如大数据、区块链、移动互联网、人工智能、5G 等技术发展迅猛，已成为推动各行各业、各领域变革发展的重要力量，极大地促进了经济、产业及科技的深入变革与发展，在此背景下，新信息技术正逐步赋能科技档案管理和服务工作，学者以及实践工作者都在积极探索新信息技术与科技档案工作的契合点，变革科技档案工作的思维、技术、工具、方式和方法，打破科技档案工作发展困局，寻找数字时代科技档案服务工作新着力点。信息技术是科技档案开放与共享有效运行的关键前提。科技档案管理单位应以开放、求新的理念积极探索信息技术、工具的应用之路，以信息技术之利器推动科技档案服务创新与发展。

一、应用数字化技术实现科技档案资源信息化

科技档案资源数字化包括两方面的内容：一是数字化的科技档案资源，即利用扫描技术、OCR 识别技术、多媒体技术，以及存储技术等，将各种形式载体的科技档案资源内容转化为可被计算机识别和读取的数字科技档案资源；二是原生数字科技档案资源，即在计算机设备、业务系统、多媒体等设备中直接形成的数字化科技档案资源。当前，我国科技档案资源存储较为分散，各单位档案保管情况良莠不齐，有些单位在档案信息化浪潮的推动下，已对科技档案资源进行了数字化，如国家自然科学基金委员会已实现科研项目档案全部数字化，但整体而言，当前科技档案的数字化情况不容乐观，薛冰对各省市科技档案馆、天津市部分科研院所与高等院校、大型企业以及央企驻津单位的科研项目档案数字化情况进行了调查，结果显示科研项目档案数字化进程较为落后，尤其在企业中，多数企

业科研项目档案数字化尚未开展。① 对科技档案进行数字化，是使科技档案具有数据维度意义的前提和关键，数字化技术作为科技档案资源价值最大化释放的底层根基，其承载着科技档案内容资源格式转化的任务，是科技档案资源在数字时代价值发挥的第一道技术处理步骤。

二、引入数据化技术深挖科技档案内容价值

众所周知，在数字时代，经济、科技、产业的发展越来越呈现数据驱动的特征，科技档案价值的深度发挥，以及服务内容与方式的重大变革，对科技资源建设提出了更高层次的要求，基础层的数字化技术并不能满足数字环境下用户对科技档案的需求。与此同时，传统科技档案资源不同媒介间的互通性较差，导致科技档案资源共享受阻，服务利用效果较差。科技档案资源经数字化和数据化技术处理后，具备较高的媒介互通性和可计算性。鉴于此，创新科技档案服务与利用需要引入数据化技术。科技档案资源数据化是指将档案信息转化为计算机可以阅读和理解的档案信息资源的过程，其目的在于实现计算机自动分析、理解和处置档案信息，譬如，自动识别、分类、著录和标引，将利用档案由“页面阅读”转变为“内容控制”与“信息开发”，建立档案资源内容之间的语义关联，实现对档案资源进行深度处理和分析，以充分挖掘数字科技档案内容价值。科技档案数字化向数据化转变意味着档案信息化内容从对既有的存量档案的扫描向对增量电子文件实施全流程的数据治理转变。数据化技术是对数据管理、分析技术的统称，主要涉及本体概念模型、语义分析、关联数据等技术，对数字档案内蕴含的知识单元进行语义加工处理、分析，将科技档案内容语义化为数据，实现科技档案数据的细颗粒度化，挖掘科技档案间隐藏的深层联系，并对结果进行可视化呈现。譬如，对科技档案文本内容进行分类、聚合、关联处理，实现科技档案中各类知识单元的细颗粒度加工，大力推进科技档案精细化、智能化、智慧化治理和服务，深化科技档案资源

① 薛冰. 科研项目档案公开现状的调查与分析［J］. 档案学研究，2016（3）：74－77.

的利用层次，充分实现科技档案的情报价值。譬如，根据不同的主题或主体对科技档案进行抽取、分类、聚合，将其研究合同、研究数据、研究结论与科研项目、机构、人员等进行关联与融合，通过语义搜索，可以有效搜索和提取某个研究者或某个专业领域的研究论文、研究设计、研究数据。利用知识图谱技术可视化方式呈现科技档案知识资源间的联系，搭建科技档案知识共享环境推动科研交流、合作，与此同时，利用知识图谱技术中的关联挖掘技术，形成科学技术发展趋势分析或某个科技领域的前沿技术以及当前最主要的研究成果、研究人才情况分析等，增强科技档案作为核心优势资源的核心竞争力，为科研管理部门提供科技发展战略规划等科技情报服务。

三、利用人工智能技术优化科技档案服务

近些年，人工智能技术发展迅猛，业已成为21世纪最前沿的技术，是当前科技创新的高地，在社会知识生产和人类生活中扮演着日益重要的角色，越来越多的学科领域在探索与人工智能的深度融合，寻求领域的创新发展。人工智能技术发展方兴未艾，在此背景下，将人工智能技术与科技档案管理与服务工作进行深度融合，顺应时代发展潮流，有效提升科技档案管理效率，转变科技档案服务方式，重塑服务流程。当前，以机器学习、算法优化、自然语言处理等为代表的人工智能技术在档案领域内的应用场景主要集中于档案资源的大规模 OCR 识别、归档、抓取、分类、鉴定、检索等。在对科技档案进行数字化与数据化的基础上，可利用人工智能技术中的统计模型、深度学习等技术去除科技档案中的重复件以及识别科技档案中的敏感和受保护信息，利用链接数据技术实现科技档案数据间的语义连接。澳大利亚维多利亚公共档案馆利用人工智能技术对积压的电子邮件的价值进行评估和鉴定，电子邮件的容量和非结构化特性使其管理、处置和敏感性审查变得异常困难，经过20多年的例行备份，积压了多达67000个磁带和28PB的政府电子邮件内容，这些积压的电子文件无法提供查询和检索，极大地影响了政府在透明度和问责制方面的声誉。基于此，档案馆利用统计模型以及深度学习技术，对积压的电子邮件进行去除

重复以及评估鉴定，发现和识别有价值的电子邮件，用否定方法识别无价值邮件。2018 年，澳大利亚政府财政部领导的一项 PoC 项目，以电子邮件作为数据，创建预测模型，该模型将自动识别捕获的电子邮件数据的持续性商业价值，并使用澳大利亚政府文件互操作性框架中的功能将这些电子文件数据链接起来。①

第三节 创新科技档案编研服务

编研服务是科技档案利用的重要手段之一，也是档案业务工作中的重要组成部分。档案编研产生的大事记、组织沿革、科研文章、专题综述等，将档案的原始记录材料转化为具有可读性、普及性的信息成果，从而可以满足全社会广泛且永久的阅档需求和文化需求。“科技档案编研，是指根据客观需要，集中相关科技档案信息，对它们进行分析研究，并将它们加工成拥有一定主题的、不同形式的编研成品的科技档案资源开发工作。”② 科技档案编研起于特定的社会需要，有计划地选择不同的科研主题，将数量众多的零散档案材料汇集起来，并依据科学的编研方法对其进行加工整理，最终形成针对性、具有研究和史料价值的科技档案汇编成果。

一、明确科技档案编研服务的特点

科技档案编研具有较强的创新性、系统性和专业性。具体表现为以下三方面：

第一，创新性。科技档案编研不是科技档案材料的简单罗列汇总，其编研主题也不是一时兴起的偶然创作，从选题到编研的过程都需要编研人员投入智力进行高层次的智能控制。这种创新性使档案编研不同于原材料

① ROLAN G，HUMPHRIES G，et al. More human than human? Artificial intelligence in the archive［J］. Archives and Manuscripts，2019，47（2）：179 - 203.

② 姚刚. 科技档案编研工作探讨［J］. 科技档案，2005（2）：3 - 5.

的直接展示，为编研人员留出了极大的主动服务空间，可以基于现实需求更加自由地选择科技档案的成果呈现形式。印度知名家族企业戈德瑞（Godrej）对于科技档案的编研成果加入创新的思路，该企业的档案部门与设计部门积极展开合作，将20世纪末企业生产家具和日用品的设计图进行了汇编整理，以供设计部门在原始设计方案的基础上设计出具有怀旧色彩的新产品。另外，该企业档案部门还根据库房留存的实物档案和用户街头采访视频，拍摄了产品宣传片，为市场部门制定产品宣传策略提供了极大的帮助。

第二，系统性。科技档案编研是科技档案信息的系统化汇编过程，编研工作者围绕某一特定的主题，需要把大量零散的材料按照一定的逻辑关系进行整理与编辑，同时还要考虑科技档案的利用价值，凸显出反映主题的档案资源，表现方式要清晰直观，涵盖的内容也要完整、丰富和有层次，以满足不同类型用户对编研成果的需求。譬如，中国卫星海上测控部组织编撰的《测控雷达》《导航设备》《通用电子仪器仪表》《航海》《船姿船位》等工程技术手册，就以库藏各种科技档案，如设备预研、使用需求与批复文件、关键事件总结、厂所提供的设备图纸、使用手册、实战数据和维护维修记录等作为原始资料组织撰写，全面介绍测控设备原理、指标测试、资质质量、参试情况、使用与维护方法、常见故障及排除等。该系列编研成品出版后立即得到广大科技人员的赞誉，不但成为新技术人员熟悉设备的实用教材和工程实践技术指导手册，更成为参试设备生命履历的记录簿，其使用范围遍及各部机关及船站。①

第三，专业性。专业性是指科技档案编研成果主题具有明显的专业性，能根据科研课题、单位发展需求和当前行业热点等开展相应的编研活动。同时，对于编研活动本身，档案法也对其规范性有明确的规定，需要保证档案材料的真实性和原始性，同时也要保证档案编研成果的可利用性和科学性。以矿产地质档案为例，据有关档案资料统计，我国大多数大中型规模的资源危机矿山深部及周边地区具有较大的找矿潜力，在深部500

---

① 郝莎．科技档案编研探析［J］．兰台世界，2017（18）：60－63.

~1000米是颇具潜力的第二找矿空间，而我国绝大多数金属矿山的开采深度不足500米。从国外的经验看，不少国家矿山开采深度已超过1000米。如澳大利亚一些多金属矿开采深度达2600米，后来通过加大勘查投入，在3000米深度又发现储量超过300万吨的富铜矿床。大量的地质档案为这些“危机矿山”的再开发利用提供了有利的开发依据，正是通过这些地质档案，才使我国在深部找矿方面也取得了一定成绩，如胶东新城、夏甸等几个百吨以上的大型金矿，都是在500米以下第二富集带找到的。①

二、遵循科技档案的编研原则

通过编研工作，提高了科技档案的信息密度，优化了科技档案信息的获取方式，有利于充分发挥科技档案的价值。在科技档案编研工作中，需要遵循以下三个原则：

第一，真实性原则。科技档案是现实科技业务活动的镜子，伴随着整个生产经营过程，反映了客观真实的科技活动。在此基础上，科技档案编研成果才具有了权威性和凭证价值。因此，在编研过程中，应当以尊重事实、反映真实为基准。在选材环节，要注意维护档案材料的真实性和确保选材的客观性。科技档案对于材料真实性和准确性的要求更加严格，尤其是部分档案材料中可能会出现很多数据测量、统计结果，编研成果必须准确反映业务活动过程，才能真正发挥指导后续业务活动的价值。当选材出现疑问时，应该多方考证寻求正确的信息。在信息加工环节，也要注意语言的表述应当立场中立，尊重原有的客观事实，尽量少使用带有感情色彩的词汇等。

第二，面向需求原则。科技档案编研最终目的是满足机构以及企业的现实需求，主要可以采用的方法有：一是预测法，根据当前科技发展的最新趋势，分析发现潜在的信息和知识需求。编研活动应该以稳定的科技发展周期规律为依据，在科技档案选题的时候就挖掘出可以利用的潜在价值。这就要求档案编研人员具有敏锐的观察力和主动服务意识，自觉关注

---

① 何佳锋．档案编研服务创新透析［J］．黑龙江档案，2017（1）：73－75.

国家科技发展的新政策，结合本机构或者企业自身的发展需求，推动编研主题的现实开展。二是回溯法，业务活动的开展具有一定的重复性和可借鉴性，对之前的业务活动及工作进行经验总结，重新确定过去业务的借鉴价值，由此再确定对当前发展有现实价值的编研活动。这一方法要求档案编研人员了解科技生产活动，认识科技规律，尤其是有解决生产技术难题方面积累的宝贵经验，选择具有普遍应用价值的编研主题；从科技活动的重要阶段入手（如技术设计、试制、鉴定、推广等），根据现实需要及时选择和确定具有典型意义的编研主题。[1] 三是调查法，主要是指编研人员基于现实调查确定企业需求，譬如，利用科技档案的阅览和利用频率等调查统计数据等，有计划地开发相应的档案编研成果。基于调查法提供的科技档案编研成品更容易满足服务对象的需求，提供的服务也更具有广泛性和代表性。

第三，保密性原则。这一原则主要体现在两方面：一是在编研过程中对于编研材料的获取，需要注意对涉密档案的保护，不能单纯因为利用需求牵涉不符合公开要求的档案，在编研过程中也要避免需要利用涉密档案做佐证的情况。二是即使组成编研成果的每一份材料来源是没有密级的，但是最终的汇编成果却可能提高很多密级，因此，对于编研成品也需要进行一定的保密安全管理，制定相应的密级定义制度和授予公开权限。

三、提高科技档案编研服务质量

科技档案信息是编研工作的主要对象，科技档案的特点决定编研工作具有较强的研究性与创造性，这种研究性贯穿了整个编研过程，从选题到最后的成果展示都是为了信息研究而服务。档案编研工作是科学研究工作的组成部分，是对已经产生的知识的分析、加工、整理和综合，使知识系统化，是知识的继承和借鉴。因此，科技档案编研并非简单的技术性工作，文献加工仅仅是其表现形式，信息研究才是其实质，应把分析研究作

---

① 谢艳．科技档案编研选题刍议［J］．兰台内外，2017（4）：33－34.

为重点贯穿于科技档案编研工作的每个环节。① 提高科技档案编研服务质量是适应科学研究工具和用户需求方式变化的必然趋势，可以从加强全程控制、优选高质量信息和补充相关信息入手。

第一，加强全程控制，主要针对的是科技档案编研信息的及时更新与补充。科技档案编研工作需要渗透科学研究工作的各个阶段，持续关注科学研究的最新动态。科技档案部门既是科研信息的开发者，也是科研信息的主要来源，还是科研信息的保管者。档案部门离不开科技档案开发的全过程，只有真正参与全过程才可以提供更优质、全面、及时的信息服务。

第二，优选高质量信息，主要针对的是科技档案编研服务的准确性和高效性。科技档案编研工作不是档案原件的一次利用，而是通过对科技档案的浓缩、提炼、复制、编辑和转化等步骤进行信息的优选，将分散化、非结构化和数量众多的档案整理为优秀的编研成果，更好地为科研工作服务。

第三，补充相关信息，主要针对的是科技档案类型的多样性和内容的多元性。科技档案具有专业性，在遵守相关制度的前提下，可以尽量提供相关的档案原件，以提高科技档案编研成果的准确性。

综上所述，科技档案编研工作是一项综合性的档案服务方式，一方面，是为了解决科技档案数量巨大、信息繁杂的现状与精准利用、高效获取之间的矛盾。另一方面，是为了解决科技档案原件数量有限、内容专业性强与服务大众化之间的矛盾。科技档案工作者应当重视这项工作，与产品文化、大数据分析和物联网等新策略、新技术相结合，推动科技档案编研服务的智能化、科技化和普遍化，最终提高科技档案的利用效率，充分发挥科技档案的信息价值。

---

① 宋扬．科技档案编研工作浅析［J］．航天工业管理，2011（10）：29－31.

第四节　创新科技档案知识服务

一、引入科技档案知识管理理念

传统科技档案管理以信息管理为主要形式，强调信息技术的主要作用，重点开发和建设科技档案管理信息系统。在此背景下，组织机构内科技档案管理工作已经能够较好地满足科研人员对科技档案信息的检索需求，但距离科技知识再创造、学习型组织建立的目标仍相去甚远。20 世纪末，档案学领域“后保管范式”理论的提出，主张档案管理由载体保管向信息管理转变，档案工作者由实体保管者向信息和知识提供者转变，其目的和核心是实现“知识服务”①。因此，档案部门不能仅满足于科技档案信息提供者的角色，应该积极采取措施在科研活动中扮演知识导航者、知识管理者的角色。

科技档案知识价值是指科技档案作为一种知识来源解决具体问题的能力。科技档案作为组织机构科技研究智力成果的承载物，蕴含着丰富的政治、经济、文化、科技知识信息，这些知识信息既为组织机构推动科技研发、生产经营提供重要的参考资料，也为组织内业务活动的顺利开展、提高工作效率服务。由此可见，运用知识管理的理念与方法对档案资源进行组织、整合和开发利用是档案知识价值实现的必要前提和基础。

引入科技档案知识管理理念是科技档案知识服务实现的第一步，科技档案知识管理就是以知识管理理念和方法确立科技档案知识管理流程，利用信息技术和算法对知识信息进行程序化管理。科技档案知识管理流程的确立将为组织内部知识的生产、传播、利用、增值提供良好的环境，推动组织机构不断向前发展。科技档案知识管理流程的关键环节包括科技档案

① 曹惠娟．基于知识服务的航空科技档案开发策略［J］．档案学研究，2016（4）：82－85.

知识采集、科技档案知识存储、科技档案知识共享与利用。知识管理视角下，科技档案知识的采集、存储与共享利用活动将区别于传统科技档案管理的对应环节，过去以文件为单位的档案组织逐渐向以知识元为单位的知识组织转变，档案文本信息查检服务逐渐向基于问题导向的档案知识服务转变。

二、构建科技档案知识资源管理体系

科技档案知识资源是科技档案知识服务开展的“原料库”，构建科技档案知识资源管理体系是科技档案知识服务的前端环节。科技档案知识资源管理体系是科技档案管理程序的直接映射。① 从科技档案收集、鉴定到组织、编码、存储，这些主要步骤体现了系列化的知识信息管理和加工过程，这个过程架构了科技档案的知识管理体系。

科技档案知识资源管理体系的基本构成要素包括：第一，科技档案数据采集。借助计算机程序对科技档案进行数据采集并进一步分析、检测其是否可用或存在档案责任人、所属机构、度量单位等信息缺失情况。在此基础上，制定适当的策略，筛选无用数据，合并同类信息，补充完善缺失信息，为科技档案知识分类及标引夯实基础。第二，科技档案知识分类及标引。科技档案分类与标引，即在科技档案资源的内容属性（特征）及外在属性特征的基础上，按照定义好的类别将其分门别类，并运用特定语言表达分析出的属性或特征。在对科技档案知识点进行分类和标引时可参照《中国档案分类法》、网络信息资源分类法等分类标引语言词典进行设计，建立分类明确、逻辑合理、层次有序的科技档案知识分类体系。第三，科技档案知识关联。科技档案知识关联，“是将档案知识及其相互联系等关系信息有效地存储于数据库中，实现孤立档案数据的有机联系”②。基于语义的科技档案知识关联将数据库中档案知识的原有记录、字段的关系上升

---

① 朱青梅. 后现代科技档案知识资源管理体系的构建［J］. 档案与建设，2015（10），21－24.

② 苏新宁. 面向知识服务的知识组织理论与方法［M］. 北京：科学出版社，2014：3－29.

到知识间的语义关系，形成档案知识间以事件、人物、主题等为核心的关联网。第四，科技档案知识聚合。科技档案知识聚合是指在前期抽取并分类的知识单元的基础上，结合用户的需求，将这些知识单元按照一定的关联重新聚集和组合，形成用户所需的高聚合度、强关联性的新知识集合。知识聚合是从用户需求和解决用户实际问题出发的，是一种精细化、细颗粒度层次的聚合方式。

三、搭建科技档案知识共享平台

知识共享是知识管理的重要内容，它包括知识共享的情景、知识提供方、知识共享的渠道和方式、共享的知识内容、知识接收方等要素，这些要素直接影响着知识共享的实现。组织机构知识共享既需要企业发展需求和企业文化导向的内在驱动力，又需要高效、便捷的知识共享平台和渠道。因此，作为科技档案知识组织的下一阶段——科技档案知识共享平台的搭建意义深远，其也是科技档案知识组织成果呈现的重要门户。科技档案知识共享平台是连接科技档案用户与科技档案知识资源的桥梁，该平台的搭建应从以下三方面出发：

第一，统一规范、可转换的科技档案数据格式标准。科技档案作为特殊的档案类别，其在数据组成、文件格式、资源形式上更具有多样性、复杂性。数据载体差异化、数据格式差异化致使科技档案数据的共享面临着障碍。在此背景下，制定统一规范、可转换的科技档案数据格式标准成为科技档案知识共享的前提条件。组织机构应根据科技档案数据存储载体、格式、读取工具的实际特点，有针对性地选择、确定科技档案知识共享平台系统可接受、可读取的数据格式。

第二，组织机构中用户科技档案知识需求分析系统。该系统的建立，旨在收集组织机构内档案知识用户的检索行为、反馈意见数据，并据此展开数据分析和挖掘，了解用户的档案知识需求和使用行为特点，设计构建用户科技档案知识需求模型，为后期科技档案知识检索系统、界面的设计、优化，科技档案知识的组织与加工提供有价值的参考信息。

第三，科技档案知识导航或可视化知识地图。科技档案知识共享的实现需要为用户提供快捷方便的知识资源检索和知识发现服务。因此，设计档案知识导航或编制可视化知识地图成为重点任务。知识地图的构建应从“用户中心”的理念出发，切实考虑如何让用户在科技档案知识共享平台上的知识搜寻和获取体验更加人性化、舒适化。组织机构可以适当引入机构员工专家地图、知识结构导航图、知识服务流程图、主题知识关联图等不同类型的知识地图，优化科技档案知识共享平台的服务水平。

四、创新科技档案知识服务方式

传统的科技档案服务方式以在线浏览、查询检索、互动咨询为主，服务形式较为单一，服务内容的知识化程度不高，主要实现档案文本信息的提供。科技档案知识服务是指借助计算机网络和现有信息技术手段，运用现代知识管理的理念，对组织机构的数字科技档案资源进行知识捕获、挖掘、重组及再开发形成知识资源，并以利用者需求为核心，将整合好的知识资源主动地、智能化地推送给用户的服务方式。① 科技档案知识服务较传统的科技档案服务方式而言，具有服务形式多样、服务内容知识化水平高、服务主动性和互动性强等特点。因此，创新科技档案知识服务方式，提高科技档案利用效率，充分发挥科技档案的知识价值理应成为知识经济时代组织机构关注的重点。

科技档案知识服务的方式丰富多样，组织机构可根据内外部科技档案知识利用需求进行选择，具体如下：（1）科技专题档案知识定制服务。参照图书馆专题书目推送服务的做法，通过对用户科技档案知识检索行为的分析识别其所需档案知识的类别，以专题档案知识推送的形式定期推送至用户的个人主页，帮助用户即时获取该主题的档案知识资源。（2）个人科技档案知识管理服务。帮助用户将经授权许可的档案知识存储在个人账号下属的独立知识库中，并向用户提供标签编制服务。用户可以根据自身利用需要对存储在个人知识库中的档案知识进行描述和定义，同时，用户之

---

① 李明．建立企业科技档案知识服务体系的研究与实践［J］．北京档案，2015（11）：32－33.

间可进行自由的档案知识交换与共享。(3) 社区参与式科技档案知识咨询服务。每个科技档案知识用户既是科技档案知识的利用者，也是科技档案的生成者，对科技档案的内容有深入的了解。鉴于此，通过搭建与“论坛”类似的互动交流专区，将科技档案知识用户汇聚于此，互相提供科技档案知识咨询信息。这种方式既减少了专职档案工作者咨询服务的工作量，也增强了科技档案知识用户的参与感。(4) 档案知识微产品开发服务。微产品的特点在于“微”，即以简明扼要、突出要点、明快的语言把关键内容反映出来，让用户在阅读后对有关事物有一个基本的了解。① 科技档案知识服务可借鉴这种基于社交媒体的新型知识传播与服务方式。通过定期将不同专题的科技档案知识进行整理、浓缩，以档案微产品的形式推送给目标用户，既不会给用户造成档案信息过载的负担，又帮助用户轻松实现了碎片化的微型知识获取。

第五节　构建科技档案资源共享机制

一、明确科技档案的所有权

科技档案资源共享困难的主要原因之一就是科技档案的所有权不明。为此，须在法规制度上明确规定，党政机关、国有企事业单位形成的科技档案归国家所有。对于私有部门承担国家科技项目所形成的科技档案，应在合同中规定其全部或部分所有权归国家所有。应该明确国家财政资助的科技项目是一种由政府出资购买的公共产品和服务，科技档案则是科技项目产生的主要表现形式。获取科技档案是出资人的权利，交付科技档案是承担方的义务。这样，就为科技档案的移交、开放和共享提供了法理依据。

① 曹惠娟．基于知识服务的航空科技档案开发策略［J］．档案学研究，2016 (4)：82－85.

二、筹备构建中央档案馆科技档案分馆

从法理角度来说，中央和国家机关形成的所有永久档案最终应移交中央档案馆保存。中共中央办公厅、国务院办公厅《关于加强和改进新形势下档案工作的意见》（中办发〔2014〕15号）也要求："各级国家综合档案馆要依法集中接收保管本级党政机关、企事业单位、社会组织的各类档案"；"有条件的国家综合档案馆要通过整合档案目录、档案信息、档案实体和设置分馆等形式，整合本级其他专业档案馆的档案资源"。

但是，目前中央档案馆主要接收中央和国家机关形成的文书档案，而不接收科技档案，以致科技部、国家自然科学基金委员会等保管的大量科技档案无处可存。而且，由于科技部、国家自然科学基金委员会的档案机构属于本单位内设部门，不是公共档案馆，没有对外服务职责，其保管的大量档案无法提供共享利用，以致大量科技档案无法充分开发利用。

因此，国家档案馆应该考虑筹备国家级的科技档案馆，集中保存中央和国家机关形成（或国家级科技项目形成）的永久科技档案，以便科技档案资源集中保管、共享利用。这个国家级的科技档案馆可以以中央档案馆科技档案分馆的形式存在。

第一，国家档案馆、国务院国资委和相关中央企业协调，通过合作协议，使目前已有的具有一定专业或行业档案馆性质的中央企业档案馆，如核工业档案馆、中国船舶重工集团公司技术档案馆、航天档案馆、航空工业档案馆、中国兵器工业档案馆、机械工业档案馆、中国化工档案馆等，成为中央档案馆科技档案分馆协作单位。

第二，对于中国科学院档案馆、中国气象局气象档案馆等已有的具有一定专业或行业档案馆性质的事业单位档案馆，也可按上述针对中央企业档案馆的办法进行处理。

第三，对于科技部、国家自然科学基金委员会保存的永久科技档案，应直接接收进入中央档案馆科技档案分馆保存，并依法依规面向社会开放。

第四，对于石油、电信、铁路等其他尚未建立档案馆的行业或专业，

可通过联合共建、委托建设、单位建设国家资助等方式，建立相应的行业或专业档案馆，使之成为中央档案馆科技档案分馆直属组成部分或协作单位之一。

第五，在初期，要将各企事业单位保存的全部永久科技档案纳入中央档案馆科技档案分馆，可先汇集、整合国家级重大科技项目、重要获奖科技成果的科技档案资料，将来再考虑其他科技档案进馆；也可先接收科技档案目录或复制件（或扫描件、电子版）进中央档案馆科技档案分馆，将来再考虑实体科技档案进馆；还可以先在中央档案馆科技档案分馆建立查阅利用各企事业单位科技档案的网络链接。

这样，就以中央档案馆科技档案分馆为中心，建立起全覆盖的国家科技档案资源体系、国家科技档案资源共建共享体系，如图 6－1 所示。

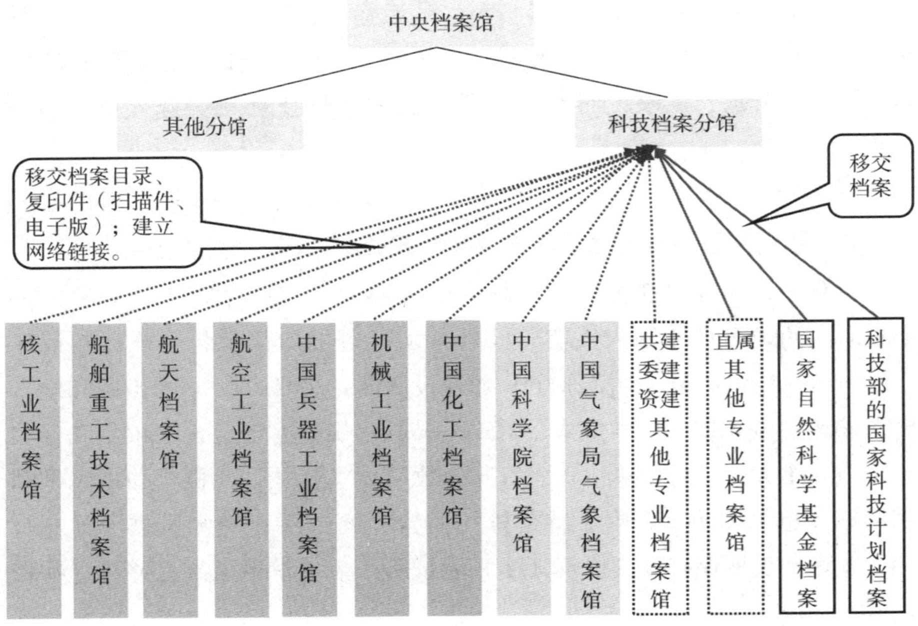

图 6－1 中央档案馆科技档案分馆资源体系示意图

三、以科技报告体系为依托推进科技档案资源共享

1984 年我国开始建立国防科技报告体系，但是民口的科技报告体系没有建立。2012 年中共中央、国务院印发的《关于深化科技体制改革加快国家创新体系建设的意见》明确提出："对财政资金资助的科技项目和科研基础设施，加快建立统一的管理数据库和统一的科技报告制度，并依法向社会开放。"目前，科学技术部正在全力推进国家科技报告制度建设，在国家科技计划（专项）中启动科技报告试点工作，协调推进全国范围内各部门、各地方的科技报告工作，强化基层法人单位的科技报告管理责任和义务。① 建立统一的科技报告制度并依法向社会开放，为科技报告资源共享提供了基础。

科技报告是科技档案中包含重要技术性信息、知识的部分，是社会公众最希望开放、共享的部分。科技报告体系建设具有开放、共享科技资源的目的。所以，课题组建议：我国宜以科技报告体系建设为依托促进科技档案资源的开放、共享，而没有必要另建一套科技档案资源开放、共享体系。

四、通过知识库联盟建设促进科技档案资源共享

近年来，随着"开放存取"（open access）、"知识共享"（knowledge sharing）的理念日益深入人心，世界各国科研机构都掀起了机构知识库（Institutional Repository，简称 IR）的建设高潮。2002 年，学术出版和学术资源联盟（SPARC）的权威人士 Raym Crow 将知识库定义为"收集和存储一个或几个大学、科研单位知识资源的数字化集合"②。"机构知识库是利用网络及相关技术，依附于特定机构而建立的数字化学术数据库，它收集、整理并长期保存该机构及其社区成员所产生的学术成果，并将这些资

---

① 贺德方．中国科技报告体系建设［Z］．2013－10－25.

② Raym Crow. The Case for Institutional Repositories：A SPARC Position Paper［EB/OL］．(2002－01－01)［2012－12－03］．https：//www. researchgate. net/publication/215993546_ The_ Case_ for_ Institutional_ Repositories_ A_ SPARC_ Position_ Paper.

源进行规范、分类、标引后，按照开放标准与相应的互操作协议，允许机构及其社区内外的成员通过互联网来免费地获取使用。”① 机构知识库以传播学术知识、共享知识资源为宗旨，是一种科技机构自发发起、自觉推进的知识共享机制。为促进科技知识资源的跨机构、跨地区共享，各机构、各地区又通过协作联合建立机构知识库联盟。

目前，国际上国家层面的机构知识库联盟主要包括法国 HAL、荷兰 DAREnet、澳大利亚 ARROW、日本 JAIRO、德国 ON – Network、英国 JISC Repository Net、欧盟 DRIVER。② 据不完全统计，我国已有近 200 个单位建立了机构知识库。中国科学院从 2007 年开始建设机构知识库。截至 2021 年 5 月 3 日，中国科学院机构知识库网格（CAS IR GRID）包括 114 个中科院下属研究单位的机构知识库，收集了 1241757 条数据。③

机构知识库与科技档案具有一定的共性特征：资源类型互有重合，信息资源的来源与服务对象相似，系统的开放性和互操作性相似，技术标准规范相似。基于这些共性，“我们可以得知，IR 作为现代信息技术条件下的一种新型数据共享形式，在本质上是对科技档案中的部分成果材料进行的网络化集成，科技档案的开发利用也因此而进入了一个新阶段。IR 与科技档案作为信息资源的两种组织形式，在学术资源开放获取的时代要求下，必然要求实现共享，而信息集成化的利用需求又为共享提供了内在动力。随着 IR 与档案资源的交叉日益广泛，只有实现两者之间的共建共享，才能有效避免资源的重复建设”④。

因此，我们可以将不涉密的科技档案纳入机构知识库收藏范畴，借助于机构知识库建设尤其是机构知识库联盟建设推进科技档案资源共享。国

---

① 柯平，王颖洁．机构知识库——大学图书馆的新平台［J］．新世纪图书馆，2007（1）：5 – 8.

② 曾苏，马建霞，祝忠明．机构知识库联盟发展现状及关键问题研究［J］．图书情报工作，2009（12）：106 – 110.

③ 中国科学院机构知识库网格［EB/OL］．（2021 – 05 – 03）［2021 – 05 – 03］．http：//www. irgrid. ac. cn/.

④ 王利伟．机构知识库与科研档案的共建共享方案探析［J］．高校图书馆工作，2014（2）：51 – 53，93.

家可以鼓励或资助中国科学院机构知识库网格（CAS IR GRID）等具有代表性和影响力的机构知识库联盟的建设，以带动跨机构的科技档案资源共建共享。

五、由牵头单位整合跨机构科技项目档案

针对跨学科、跨系统、跨机构大型科技项目的档案分散问题，应该严格执行《科学技术档案工作条例》第二十二条之规定："凡是几个单位分工协作完成的科技项目或工程，由主办单位保存一整套档案，协作单位除保存与自己承担任务有关的档案正本以外，应将复制本送交主办单位保存。"《科学技术研究档案管理规定》第十条规定："科研项目承担单位（含牵头承担单位）对所承担科研项目的档案工作负总责，对科研项目参加单位提出科技档案管理要求，明确档案归属与流向，并按照有关规定进行审查或验收。科研项目参加单位应当按照国家有关规定及科研项目承担单位的要求做好所参加科研项目的文件材料收集、整理、归档及档案保管、利用、鉴定、处置等工作。"第二十四条规定："分工合作完成的科研项目，应当以任务合同或分工协议条款等书面形式明确约定科技档案的归属、流向、处置和利用共享事项。一般应当由牵头承担单位保存一套完整档案。参加单位在保存本单位承担任务所形成档案的同时，将副本或复制件送交牵头承担单位。如确系涉及参加单位或该单位科研人员合法权益而不宜向牵头承担单位送交副本或复制件，且有书面约定的，参加单位应当将本单位形成的科技档案目录送交牵头承担单位。"而且，在信息化环境下，复制一套电子档案送交科技项目的委托单位或牵头单位十分容易且费用极少，这应该完全可以实现。关键是在科技项目委托书或协议书中，要予以明确规定，对受委托承担子项目（子课题）的单位形成法律约束，保证跨机构科技项目档案的齐全和完整。

第七章

我国科技档案安全体系建设的对策建议

档案安全工作是档案工作的底线，是我国档案事业的根基，直接关系我国档案工作的高质量发展和档案价值与作用的有效发挥。党中央、国务院高度重视档案安全，始终强调要把维护档案安全作为档案工作不可动摇的一条原则。《关于加强国家档案工作的决定》《科学技术档案工作条例》《关于加强和改进新形势下档案工作的意见》《关于进一步加强档案安全工作的意见》《档案法》《科学技术研究档案管理规定》等一系列档案法律法规和政策，都强调要加强档案安全工作。科技档案作为国家的重要知识资源，科技档案安全包括科技档案的实体安全、信息安全、系统安全、利用安全等，它是我国档案安全工作的重要组成部分，加强科技档案安全体系建设，就是要深入贯彻总体国家安全观，坚持底线思维，树立科技档案安全观，加强科技档案工作监管，探索科技档案风险治理，健全科技档案解密制度，重视科技档案知识产权保护，完善科技档案应急机制，实现科技档案安全管理和利用。

第一节　树立科技档案安全观

一、推进科技档案安全文化建设

科技档案是一个国家、社会、单位的重要知识财富，其中蕴藏着价值丰富的内容，不仅是国家及其相关部门制定政策和科学决策的重要依据，也是实现技术预见、科技创新、经济发展和国家安全的重要战略资源，对经济社会发展具有重要的支撑与引领作用。正是科技档案的这些特殊价值，使得其管理与利用工作面临许多风险性问题。因此，推进科技档案安全文化建设非常必要和迫切。从社会层面而言，要面向社会加大对科技档案重要性和科技档案安全工作的宣传教育力度，借助广播、电视、报刊、互联网、新媒体等多种形式，加强科技档案的宣传，普及科技档案安全知识，增强科技档案安全意识，引导社会公众正确认识和理解科技档案安全工作的重要作用和长远意义，激发社会开展科技档案安全工作的热情，营造良好的宣传舆论氛围。从科技档案管理层面而言，档案行政管理部门和各单位各部门要积极开展科技档案安全文化建设，将总体国家安全观贯穿于日常各项工作和各个环节中，无论是传统的科技档案收集、保管、利用，还是科技档案数字化与科技档案信息系统的建设、运维、使用，无论是制定规章制度、标准规范，还是开展执法检查、业务考核，都要增强安全意识，把确保科技档案安全、维护科技档案安全的要求贯穿其中，以增强科技档案工作人员责任感和使命感。与此同时，建立相应的激励机制，引导科技档案管理人员和科技工作者将档案安全内化于心、固化于制、外化于行，把科技档案安全作为规范自觉的安全行为。

二、树立科技档案风险防控意识

加快促进并实现科技档案开放利用，充分发挥科技档案的价值已经是大势所趋。然而，科技档案能否实现科学、规范、安全、高效的开放利用，必须考虑其风险性问题。因为科技档案记载着科研生产单位的研究成果、生产工艺、技术诀窍等技术秘密，涉及科研生产单位合法权益的保护。① 因此，必须树立风险防控意识。2020 年新修订的《科学技术研究档案管理规定》提出要重视科技档案安全，该文件第六条指出："各单位应当按照集中统一管理原则，建立健全科技档案工作规章制度，在人员、库房、设备、经费等方面给予保障，保证科技档案工作顺利开展，确保科技档案完整、准确、可用、安全。"这对做好科技档案安全工作提出了要求。

科技档案不仅是国家档案资源体系的重要组成部分，更是一种对国家

① 张敏．科技档案安全保管策略之我见［J］．黑龙江档案，2012（3）：62.

和社会具有重要价值的信息资源，它具有重要的政治功能、经济功能、社会功能，对国家各项事业高质量发展具有重要的支撑作用，与国家安全密切相关。基于此，亟须树立和加强科技档案风险防控意识，各地方和各部门要充分认识到科技档案安全对国家安全的重要性，把科技档案安全纳入总体国家安全观，树立科技档案安全和风险防控意识，坚持国家利益至上，充分考虑档案安全可能遭受的各种现实风险和潜在风险，并综合运用战略思维、系统思维、底线思维，全面分析影响科技档案收集、管理、利用安全的各种因素，考虑可以运用的各种手段，抓好制度设计，筑牢科技档案安全的防护网，增强各项措施的协同性，推动形成维护科技档案安全的工作合力。

三、树立科技档案安全法治思维

推进科技档案安全依法治理是确保科技档案工作安全的重要保障，这就意味着要严格按照有关法律的要求，进一步完善档案安全方面的管理制度、标准规范和操作规程，严肃处理违法违规行为，着力提高档案安全工作的制度化、规范化、科学化水平。为此，必须树立法治思维，一方面，科技档案管理相关部门和相关主体，要认真贯彻落实《档案法》《国家安全法》《网络安全法》《保守国家秘密法》《关于加强和改进新形势下档案工作的意见》《关于进一步加强档案安全工作的意见》《科学技术研究档案管理规定》等相关法律法规提出的档案安全规定和要求，做到严格依法依规开展工作。另一方面，国家档案行政管理部门要严格依照《档案法》和相关办法，尽快制定《科技档案安全管理办法》，各单位各部门也要积极探索制定适应各单位实际情况的科技档案安全管理规定。

第二节 加强科技档案安全监管

一、加强科技档案安全工作监督管理

加强科技档案安全工作监督管理是确保科技档案安全的重要举措。一方面，各单位各部门要完善科技档案安全工作领导和管理机制，明确科技档案安全工作的责任主体和相关主体，建立健全科技档案安全责任制，制定科技档案安全管理的相关规定和实施办法，细化任务分工，实施精细化管理，解决好影响科技档案安全工作的重大问题和现实问题。另一方面，档案行政管理部门要对管辖内各单位各部门的科技档案安全工作承担监督责任，要通过常态化检查、指导和定期考核等方式，对科技档案安全责任落实情况进行检查，加大科技档案安全在各类考核中的比重，督促各单位各部门抓好科技档案安全工作，确保科技档案安全责任真正落到实处。

二、全面落实科技档案安全责任体系

2020年6月20日新修订的《档案法》第十二条提出："按照国家规定，应当形成档案的机关、团体、企业事业单位和其他组织，应当建立档案工作责任制。"这为建立科技档案安全工作责任体系提供了依据。确保科技档案安全是相关部门和所有科技档案工作人员义不容辞、无可推卸的重要责任。为此，健全以安全为核心的科技档案工作责任体系，明确科技档案安全主体责任，建立科技档案安全工作奖惩机制，对实现科技档案安全工作的有效监管具有积极意义。

（一）健全以安全为核心的科技档案工作责任体系

科技档案安全工作是一项涉及企业发展的重要工作，其不具有"开始"和"结束"的特点，而是一个没有终点的动态过程。① 要实现科技档

---

① 仇月红．浅议科技档案管理的保密安全［J］．机电兵船档案，2014（1）：38－40.

案安全，就要确保科技档案工作全流程和全环节的安全。建立健全覆盖科技档案工作全流程全环节的责任体系，主要包括科技档案业务监管指导责任机制、科技档案形成责任机制、科技档案质量管理责任机制、科技档案归档与移交责任机制、科技档案安全管理责任机制、科技档案开发利用责任机制、科技档案保密责任机制等；同时，各单位各部门还需要对照以上责任机制，建立健全档案工作责任制度和年度报告制度，形成年初有计划，年末有总结，确保各项责任落实到位。

（二）确定科技档案安全工作的监管责任人、第一责任人、直接责任人

档案安全责任是具体的，而不是抽象的。科技档案管理的主管部门、有关单位和个人要严格按照“谁主管、谁负责，谁实施、谁担责”的原则，切实承担科技档案安全职责。一是要确定负责管辖范围内的科技档案安全工作的档案行政管理部门的主要负责人或科技档案工作分管负责人是监管责任人，对科技档案安全负全面监管责任。二是要确定负责管理科技档案的各级各类档案馆的主要负责人、档案室或其他类型档案机构所在单位分管档案工作负责人是第一责任人，对科技档案安全工作负主要责任。三是要确定负责管理科技档案的档案馆、档案室或其他类型档案机构的科技档案业务人员为直接责任人，对科技档案安全工作负直接责任。各单位各部门要在科技档案安全工作责任人制度的基础上，以建立健全科技档案安全责任、风险治理、防控和保障工作机制为目标，进一步完善各项档案安全规章制度，明确科技档案安全监管的主管领导、分管领导，同时配备足够的专兼职管理人员，建立健全以监督责任人、第一责任人和直接责任人为核心的科技档案安全管控体系，形成科技档案安全责任共同体。

（三）建立科技档案安全工作奖惩机制

建立科技档案安全工作问责体系，是确保科技档案安全责任落实的关键。要认真贯彻《档案法》《档案管理违法违纪行为处分规定》等法规制度，按照科技档案安全责任制的要求，制定责任清单，细化任务分工，把责任和任务分解到每个部门每个人头，通过签订档案安全责任书、划分档案安全责任区等方式，逐级明确相关责任，层层传导压力，督促大家肩负起各自的责任。同时，积极贯彻科技档案工作责任制度，建立健全科技档

案安全奖惩机制，把兑现责任、追究责任的机制健全起来，加大表彰科技档案工作先进单位和个人的力度，对失职渎职的单位和个人依法依纪依规严肃处理，形成以问责追责倒逼科技档案安全责任落实的局面。

第三节 探索科技档案安全风险治理

一、建立科技档案安全风险治理体系

（一）加强科技档案实体安全风险治理

一是要按照《科技档案安全管理办法》和《关于进一步加强档案安全工作的意见》，加强科技档案资源收集归档和移交接收工作，避免科技档案资源流失，确保科技档案收集齐全完整、鉴定科学准确。二是要切实改善科技档案保管条件，各单位各部门要提高档案库房的安全防灾标准，借助信息科技力量，采用先进的安全技术、设备和材料，坚持“八防”，安装监控和门禁设施，保障各种设施设备完好及正常运行，严格把控库房安全，确保科技档案安全。三是积极推进科技档案精细化管理，各单位各部门要严格工作程序，在档案利用、数字化、移交和接收等过程中，认真执行交接制度、外包制度、登记制度、利用制度，各单位各部门要采取新措施、运用新技术，在档案利用等过程中尽量减少档案原件出库，确保档案实体在流转和利用过程中的安全。

（二）加强科技档案信息安全风险治理

科技档案信息安全问题是当前我国科技档案安全工作亟须考虑的现实问题，一方面，伴随着数字时代的到来，科技档案越来越多地产生于各种科研平台、系统和软件，并且主要呈现为结构化或非结构化的大数据形式。另一方面，大量传统科技档案正在加快数字化和数据化管理，国家和社会对科技档案的利用需求在源源不断地增加，并且要求科技档案实现共享利用。以上两方面加大了科技档案信息安全风险，如保存风险、利用风险、外包风险、平台风险等。为此，各单位各部门要在工作环境及设备安

全、网络安全、系统安全、数据安全和数据载体安全等方面制定完善科技档案信息安全策略并贯彻执行，加强对涉密信息系统、涉密计算机和涉密载体的保密管理，严格系统管理与权限设置，按照涉及国家秘密的信息系统分级保护要求，严防档案在传输过程中失密泄密，同时完善容灾备份机制，做好电子科技档案的异地异质备份工作，保障科技档案信息数据真实、完整、可用和安全。

（三）采用区块链技术保障科技档案信息安全

科技档案资源无法实现全部共享的主要原因在于各科技档案保管单位担心共享过程中出现泄密、数据被篡改、侵犯个人隐私等风险，怕担责，因此，目前大部分科技档案保管部门实行部门内的开放利用或有限开放共享。区块链技术是一种去中心化、防篡改性强、可追溯性强的技术，其综合集成了密码学、智能合约、共识机制等多种计算机技术，区块链技术的防篡改性、可追溯性强等这些特性非常适用于数字科技档案服务利用保护的场景，引入区块链技术有助于解决科技档案开放共享中个人隐私、国家安全、数据篡改、权限控制与用户管理等问题。譬如，利用区块链中可以记录所有操作行为的功能，将科技档案在系统中的所有操作行为记录下来，确保科技档案在利用过程中的可信性和不被篡改。利用区块链中的非对称加密算法控制操作者访问科技档案的权限。

由于科技档案的保管较为分散，保管单位较多、涉及主体较多，引入区块链正符合当前科技档案管理的实际，各科技档案保管单位、生成单位以及用户成为区块中的节点，当用户提出利用某份科技档案的请求时，该请求将会发布到整个区块链网络中，需要通过科技保管单位、形成者等多数节点确认，最后通过管理员确认，将该区块加入整个区块链中，与此同时，将全面记录用户请求使用科技档案的信息，管理员将用户申请的科技档案文件传送给用户时，对科技档案文件进行加密，用户利用时需使用对应的密钥才能将该档案打开，这可应用于特定权限的用户，在系统中设置具有访问权限的角色以及对应的认定值，当用户输入的认定值与其相匹配时，系统则默认用户有权限查看所申请的文件。区块链技术的使用将保障科技档案开放共享过程中数据不被恶意篡改、使用，保护个人隐私以及维护国家安全。

二、建立科技档案安全负面清单制度

依据可靠、分类翔实、范围明确的负面清单是实现科技档案安全管理与利用的前提，要结合项目科技档案管理与开放利用需要遵循的相关规定，遵循“以开放为导向，利用为主，兼顾安全”的开放利用思路，按照科技档案的不同内容梳理出不同层级的负面清单。建立科技档案安全负面清单制度是推进科技档案安全风险治理的重要举措，有利于厘清科技档案保密与开放利用的边界，提升科技档案安全工作的针对性和有效性。为此，在宏观层面，建议国家档案局联合国家科技部、国家发改委等相关单位，制定关于建立科技档案安全负面清单制度实施意见，从顶层设计上明确科技档案安全负面清单的内容、范围和依据，避免科技档案管理和利用可能侵犯的国家安全风险、知识产权风险、隐私风险、管理风险等，给各单位各部门提供指导。在微观层面，各单位各部门可以按照有关法律法规，譬如，《档案法》《保密法》《国家安全法》《政府信息公开条例》《科学数据管理办法》《国家科技资源共享服务平台管理办法》《各级国家档案馆馆藏档案解密和划分控制使用范围的暂行规定》《各级国家档案馆开放档案办法》等，自行制定适合各单位各部门的科技档案安全负面清单，明确哪些科技档案需要严格保密管理、哪些科技档案需要限制利用、哪些科技档案工作需要严谨外包，等等。

三、完善科技档案安全应急管理机制

（一）建立科技档案安全应急体系

建立科技档案安全应急预案是实现科技档案安全管理的重要保障。根据国家《档案法》和《档案工作突发事件应急处置管理办法》等相关规定，各单位各部门需要树立底线思维，梳理科技档案资源全生命周期的各种风险点，尤其是针对科技档案在管理和利用中可能出现的科技档案实体损毁、信息失密泄密、侵犯知识产权、隐私泄露、管理漏洞等，从组织领导、预案目标、事故种类与级别、应急储备、采取行动、善后处理、奖励惩戒方面制定科技档案安全应急体系，制订应急预案，明确突发事故事前、事中、事后的策略，最大限度降低各种风险和事故对科技档案安全的危害程度。

（二）提高科技档案安全应急能力

提高科技档案安全应急能力是有效降低科技档案安全风险的重要方式，具体而言：一是各单位各部门要定期开展安全教育培训，增强全员档案安全意识，组织开展应急实战演练，深化科技档案信息系统安全保护、科技档案关键信息基础设施安全防护等工作，把预防事故与应对事故结合起来，有预见性地做好防范应对，不断提高应急处置能力。二是借助技术力量提高科技档案安全应急能力。积极探究应用大数据技术、物联网技术、区块链技术、人工智能技术等，提升人防、物防、技防水平，有效提升科技档案实体安全、信息安全、平台安全等。三是加强科技档案应急工作检查，通过常态巡查、突击检查、定期核查、年度评估等方式，加强科技档案安全风险防控能力储备。四是建立科技档案安全管理评估体系，围绕科技档案安全管理的各个方面，确定档案安全评估的主体、标准、内容，建立科学可行的覆盖科技档案全生命周期的安全评价体系，针对档案实体安全、档案信息安全、档案系统安全、档案保密安全、档案利用安全等开展评估，确保科技档案安全风险始终在控可控。

第四节　健全科技档案解密制度

一、细化科技档案定密、降密和解密规定

目前，以《中华人民共和国保守国家秘密法》（以下简称《保密法》）及其实施办法为主体的一系列保密法规制度，仍然不够具体，在实际工作中有模糊不清、难以把握之处。例如“秘密”“机密”“绝密”三个密级缺乏明确界定，“其他秘密事项”说法过于笼统。建议国家档案局、科学技术部、国防科工局等会同国家保密局，制定更为具体、细化，更有针对性的科技档案定密、降密和解密规定，使之便于操作。

二、建立科技档案依法定密解密免责制度

针对随意定密、不解密的现象，我国应建立定密解密依法免责制度。一则，科技工作部门和人员在对科技档案进行定密时，只要是严格依法依规操作，即使是因定密不当造成泄密，也应该免于追究责任。这样，一定程度上可避免定密过宽、过于随意的现象。二则，科技档案管理部门和人员在提供科技档案利用服务时，只要是严格依法依规开放不涉密（或未标明密级、已解密）的科技档案，即使是提供利用之后造成泄密，也应免于追求责任。这样，才能打消科技档案部门和人员因害怕承担责任而不敢开放科技档案的顾虑。

三、建立科技档案到期自动降密解密制度

针对科技档案被定密之后，很难启动解密程序的情况，应建立到期自动解密制度。一方面，要求科技档案定密部门和人员，在标注密级时原则上应同时标注具体的保密期限、解密时间或解密条件。另一方面，对于达到保密期限、解密时间或解密条件的科技档案，即予自动解密，科技档案管理部门无须征求定密部门的同意，即可依法依规提供利用服务。如果对于达到原定保密期限、解密时间或解密条件的科技档案，原定密部门认为仍须继续保密的，应提前一段时间向科技档案管理部门提出要求。

第五节　重视科技档案知识产权保护

一、强化知识产权保护意识

科技档案作为组织机构或个人在科技、生产活动中直接形成的、保存备查的信息记录，与知识产权具有密不可分的关系，具体体现在：第一，科技档案记录的内容隶属知识产权范畴。“知识产权”指法律规定的民事主体对自己脑力劳动所产生的智力成果享有的民事权利，又称智力成果

权、智慧财产权。[①] 科技档案记录着组织机构科技生产活动中的技术内容，其中多以技术专利、生产材料配方和工艺美术样品等企业无形资产的形式展现，可视为组织机构的智力成果。第二，科技档案是知识产权的承载主体之一。知识产权的客体是智力成果，是人类脑力劳动的产物，具有无形特征，本身不具有物质形态，不占有一定的空间，客观上无法为人们所占有，所以权利人为了实现其物质和精神权利，需要将这种无形的东西体现于一定的物质载体上，通过有形的载体为人们感知和了解。[②] 因此，组织机构的科技成果在形成过程中产生的文字、图表、音频、数据等各种形式载体的文件材料既是智力成果的物质载体，也是构成科技档案的重要内容。第三，科技档案是知识产权交易的物理媒介。组织机构涉及知识产权的科技成果转让、出售等行为的实现，需要物理媒介的参与。科技档案作为承载知识产权科技成果的物理实体在知识产权交易中扮演着不可或缺的重要角色。通过对科技档案进行开放、利用、转让等处置，就能实现组织机构间科学技术或科研成果的转让。

由此可见，科技档案作为组织机构的一种科技储备形式，应受到重视和保护。加强科技档案的知识产权保护既有利于促进组织机构内科学技术的发展，又能促进科技档案利用率的提高。因此，强化科技档案知识产权保护意识至关重要。组织机构领导、科技档案管理人员应加强对科技档案知识产权保护的宣传与贯彻工作，厘清组织内部科技档案中受知识产权法保护的科技档案类别，针对受保护类别的科技档案制定知识产权保护制度和措施，保护知识产权人的合法利益，避免科技档案管理、利用过程中因处理不当、信息泄露等行为造成的知识产权纠纷和损失。

二、健全知识产权保护法规体系

随着改革开放和社会主义市场经济的深入发展，为顺应知识经济时代发展需求，推动高新技术产业良性、健康发展，我国相继颁布《商标法》

① 熊建文．科技档案管理中知识产权保护研究［J］．云南档案，2012（10）：51－52.

② 陈晓瑚，张丽．试论林业科技档案的利用与知识产权保护［J］．湖北林业科技，2012（4）：67－70.

《专利法》《著作权法》《技术合同法》《反不正当竞争法》等一系列重要的知识产权法律。科学技术作为一种独立存在的知识形态商品，针对其的知识产权保护法规尚不健全。一方面，知识产权法律规范中多采用技术资料、数据等名词概念，几乎未出现“科技档案”的概念。《中华人民共和国技术合同法》第十五条规定：技术合同的条款由当事人约定，一般应包括技术情报和资料的保密。另外，与履行合同有关的技术背景资料、可行性论证和技术评价报告、项目任务书和计划书、原始设计和工艺文件以及图纸、表格、数据和照片等，可根据当事人的协议作为合同组成部分。

另一方面，现行档案法律规范中涉及知识产权保护的条款较少且规定内容宽泛。《档案法》实施办法第二十三条：“各级国家档案馆对寄存档案的公布和利用，应当征得档案所有者同意。”《科学技术档案工作条例》（1980 年发布）第二十条：“科技档案部门对重要的科技档案应当复制副本，分别保存，以保证在非常情况下科技档案的安全和提供利用。”《档案执法监督检查工作暂行规定》（1992 年发布）第十条中规定，科研成果、产品试制、基建工程或其他技术项目鉴定验收时，未按规定验收档案，致使档案残缺不全的将接受档案执法监督检查机构和执法监督检查员发出的《档案执法监督检查通知书》。

鉴于此，健全科技档案知识产权保护法规体系，是我国在新形势下推进科技档案管理发展，有效解决知识产权纠纷问题的关键举措。档案主管部门应积极寻求与知识产权主管部门的沟通交流与合作，从知识产权保护过程中的权责主体出发，厘清科技档案从产生、收集到管理、开发利用各个环节中存在的知识产权侵权隐患，在现行档案法律规范中进行相应补充规定，严格规范组织、机构科研准备、实验研发、总结鉴定、推广应用等阶段科研文件材料的收集、归档、管理工作。同时，知识产权相关法律规范中可适当加入科技档案等文件材料管理、保护、利用方面的细节描述，与档案领域法律规范形成呼应，产生知识产权保护联动效应。

三、建立科技档案知识产权保护体制机制

我国档案领域《科学技术档案工作条例》《开发利用科学技术档案信

息资源暂行办法》《科学技术研究档案管理暂行规定》等科技档案管理工作法律规范的发布，对组织机构科技档案管理工作的有序开展提供了指导和规范。因此，组织内科技档案管理体制、机制相对成熟、健全。而知识产权管理机构相对缺位，管理措施明显滞后，无法与科技档案管理工作配合推进。在此背景下，组织内科技档案存在的知识产权保护问题主要包括：第一，涉及知识产权的科技档案收集工作不规范，档案的完整性和质量不高。这将直接影响科技档案后期查考、利用价值的实现，制约了组织技术储备和成果的继承发展。第二，知识产权保护与保密规章缺乏协同、联动。这致使科技档案在日常利用过程中出现保密不严，核心技术泄露的恶性事件，知识产权遭到破坏。第三，在网络办公环境下，由于网络运行环境的脆弱性、载体和技术环境的不稳定性以及处理过程的不安全性等，承载智力成果的科技档案在存储、利用的过程中易遭到因黑客入侵、系统运行故障、系统管理员操作失误等导致的科技档案信息丢失、篡改或违法获取。

鉴于此，建立科技档案知识产权保护体制机制是组织机构应对科技档案管理知识产权安全隐患的重要举措，应从以下方面展开：第一，健全组织内科技档案知识产权保护制度。组织内科研管理部门与档案部门联合制定科技档案知识产权保护制度，对科技档案所涉及的知识产权保护范围、保护时限、解密程度、转让条件、公开利用条件等进行明确的规定。第二，单独设立知识产权管理岗位或设置科技档案知识产权管理岗位。组织机构的科研管理部门应增设知识产权管理岗位或由档案部门指派专人负责科技档案知识产权管理工作，以国家知识产权保护法为准绳，制定相应的档案知识产权管理办法。第三，定期举办科研管理部门与档案部门联席会议。加强组织内科研管理部门同档案部门的沟通、交流，以会议形式及时了解科技档案管理工作中存在的威胁知识产权的问题，积极寻求解决措施。第四，确立员工科技文件管理奖惩机制。为增强组织内员工对涉及知识产权的文件、档案材料的保护意识，建立员工科技文件管理奖惩机制。将科技文件的收集、归档、管理、利用活动与员工绩效考核、薪金评定、评奖评优挂钩，尤其注重对涉及知识产权文件的安全管理和利用。

四、推进科技档案合法合规化开发利用

科技档案管理工作的最终目的不是“收藏”，而是最大化“利用”。将承载组织科技智力成果的档案资料转变成“活”的知识加以应用，指导科研实践、科技生产活动，发挥更大的价值是组织内科研管理部门和档案部门共同追求的目标。然而，知识产权保护与科技“保密”在本质上存在一致性。科技档案管理工作要保证归档的科技成果的安全性，就必须遵守《保密法》《科学技术保密条例》及其他有关的保密规定。科技成果保密是档案工作开展必须遵守的基本原则，而科技成果生成后，过于严格的保密和限制势必会影响科技对内、对外交流与利用的深度与广度，造成知识产权的自然流失。过于松散的保密工作又会泄露机密，损坏科研主体的知识产权，给组织机构带来重大损失。因此，如何处理好科技档案保密与开发利用之间的关系，把握好知识产权保护与满足内外部科技成果利用需求之间的度至关重要。

科技档案合法、合规化开发利用要求档案部门在遵循《档案法》、知识产权保护法等法律规范的前提下推进科技档案的开发、利用，该工作的实现应分三步走：第一，科技档案收集、管理工作的合法、合规化。将科技档案管理工作纳入科研工作中，以制度规范各科研项目的归档计划，做到四同步：下达计划任务与提出科技文件材料的归档要求同步；检查计划进度与检查科技文件材料形成情况同步；验收、鉴定科技成果与验收、鉴定科技档案材料同步；上报、登记和评审奖励成果以及科研人员考核与档案部门专题归档情况证明材料同步。第二，科技档案开发工作的合法、合规化。在遵循保密原则的前提下，档案部门协同科研管理部门、知识产权保护研究专员、科研人员对隶属知识产权范畴的科技档案进行档案密级、范围、保管期限、开放方式界定，并根据实际情况进行及时调整和修改，明晰有偿转让科技档案的类别与范围。第三，科技档案利用工作的合法、合规化。科技档案利用大体分为组织机构内部利用和对外利用两大类。组织机构内部科技档案利用过程中，应注重对科技档案利用过程的控制，明

确科技档案的知识产权责任主体及其在利用过程中的利用主体，防止越权、违规利用和侵权现象的出现。组织对外科技档案利用，如若涉及有偿利用应根据具体事宜签署相关知识产权保护协议，如《技术保密协议》《技术服务合同》等。

附　录

课题组调研访谈记录

一、专家座谈会记录

（一）时间

2013 年 7 月 30 日

（二）地点

中国人民大学信息楼 209 室

（三）人员

中国人民大学张斌教授、国家档案局技术部主任付华、国家档案局经济科技档案业务指导司副司长王岚、中国人民大学安小米教授、中国人民大学宫晓东副教授、紫光电子档案事业部总经理季雪岗、中国人民大学徐拥军副教授。

（四）记录整理者

加小双

（五）主要内容

1. 张斌介绍项目申报背景与基本情况

（1）项目目的：梳理我国科技档案事业发展的历史脉络，总结历史经验与教训；调查了解当前我国科技档案工作的现状与问题、需求与差距；借鉴和吸收西方发达国家科技档案管理的先进经验；设计一套科学合理、有效可行的科技档案管理体制、科技档案信息资源开放共享机制；最终，为我国科技档案管理体制机制创新提供理论指导与政策建议。

（2）项目研究内容：一是我国科技档案事业发展历史的梳理；二是我国科技档案管理现状与需求的调研；三是西方发达国家科技档案管理经验

的提炼；四是我国科技档案管理体制的创新；五是我国科技档案信息资源开放共享机制的提出。

（3）项目研究成果：侧重于政策性建议的咨询性报告，建议研究成果作为附件附在咨询性报告的后面。

（4）介绍研究思路、研究方法、研究团队、计划进度。初始文献调研与实践调查（2013 年 7 月至 2013 年 10 月）——跟踪调研、内容分析与补充调查（2013 年 11 月至 2014 年 3 月）——理论研究与体制机制设计（2013 年 11 月至 2014 年 3 月）——征求意见与修改完善（2014 年 4 月至 2014 年 6 月）——提交成果和应用跟踪。

（5）近期分工安排

文献研究：国外（安小米负责）、国内（徐拥军负责）

问卷设计与发放：朝乐门与魏扣已经完成前期问卷初步设计，问卷内容需要进一步讨论，由徐拥军负责。

访谈提供设计及访谈安排：张斌负责总体协调安排，付华、王岚、季雪岗等配合联系。

我国科技档案事业发展史：徐拥军负责。

2. 与会人员自由讨论（列举发言人的主要观点）

安小米教授：（1）对于科技档案与科技档案的关系界定，建议不要用一个概念否定另外一个概念，科技档案绝不仅仅是科技档案，科技档案种类繁多，在界定时应该预留一个接口，可以重点列举，如科技档案等。（2）国外对于科技档案的关注较少，现在更多的是关注科研数据，注重这些数据的凭证价值和资产价值，且国外注重科技档案的全程管理体制，档案工作者参与科研的全过程。（3）在调研过程中，应该树立以问题为导向的思想，明确几大问题，以及为什么要做这个项目，做这个项目是为解决什么问题。（4）建议拟几个科研管理过程中的问题，如科技档案与科研报告的归属问题、什么是科技档案、信息化给科技报告管理带来的挑战、科技档案管理过程中的合作机制问题等。（5）在研究方法上，建议先访谈，访谈机构可以在 35 个左右，访谈可以包括小型座谈会与上门拜访，在明确问题之后，进行问卷调查。

徐拥军副教授：在开题答辩会上，针对研究报告所提出的主要问题包括：(1) 结构过于学术化，不像政策性报告。(2) 重点不够突出，应该将重点放在科技档案管理上。(3) 问题不准确。(4) 课题组中缺少科技档案的管理人员与技术人员。(5) 什么是科技档案。

王岚副司长：(1) 在文献研究过程中，应该打开思路，包括什么是档案以及科技档案的界定问题。(2) 必须说明“国际科技报告系统”与科技档案系统的关系，包括科技档案与科技报告的关系，不要用一个概念否定另外一个概念。(3) 体制与机制问题。体制对应的大背景是由计划经济到市场经济的转变，在机制问题上，项目组可以为《科学技术档案工作条例》的修改提供智力支持。

宫晓东副教授：(1) 课题重点不在科技档案，而在体制、机制和存在问题研究。项目的大背景应该是经济体制改革。(2) 体制应该是一种宏观管理部署，传统的条块管理模式是以“条”为主，但是现在“条”已经渐渐模糊，开始强调属地化管理，以科技档案为例，现在各大科研机构都有相对独立的科研体系。(3) 机制应该是一种技术层面的部署，现代化信息技术给科技数据本身带来很大的变化，包括数据本身的产生、运行、管理、分享等，这里应该是一种管理机制的改革，因为技术变革所带来的实质就是管理机制的变革。(4) 同时要注意科技档案本身的概念界定问题。(5) 在调研方式上，问卷的意义不大，访谈更加重要。

付华主任：(1) 报告的机构应该进行调整，主要研究几个问题。一方面做好出书的准备，另一方面，作为政策性报告，整个体例要进行简化，基本结构可以为“铺垫—问题—建议”。(2) 应先将科技档案范围确定下来，从专家的建议来看，侧重在科研课题档案的管理。(3) 注重题目侧重，即咬准题目的字，明确重点应该是在科技档案，且应该放在体制、机制研究上，研究有哪些问题，把这些问题突出出来，这些问题是怎么来的，怎么样解决这些问题。对问题的发现和解决可通过我们现有的经验、国外经验和调研获得。(4) 重视“非档资料”，不是档案但又与科研直接相关，对这些“非档资料”的管理具有重要意义，可以使得整个科研活动更加规范。(5) 可以对大型课题进行调研，包括它们是怎么管理的，管理过程中有哪些问题，电子文件如何管理，三维电子文件又如何管理，如三峡工程的科技档案管理。（6）如果不用问卷调查的形式，可以召开小型的座谈会和访谈会。（7）加强典型案例研究。

王岚副司长：体制和机制的问题。体制是一个大的框架，相对来说是静态的，而机制则是体制运行的保障，是一个相对动态的东西。对体制、机制进行梳理，会发现因为环境的变化，出现不断的改革。现有的科技档案管理体制不适应现有机制，但这种体制在过去发挥了重要作用，具有很大的优势，为我们积累了大量的科技档案。现有的《科学技术档案工作条例》已有很多规定不适应现有机制，到底条例中有哪些不适应？只有把这些问题解决，才能推动科技档案体制改革以及修改工作条例。

二、对关桥院士的访谈记录

（一）访谈对象

中国工程院关桥院士

（二）访问人

张斌、李红梅、加小双、范紫薇

（三）时间

2013 年 12 月 13 日

（四）地点

中国航天科学技术研究中心贵宾室

（五）记录整理者

加小双、范紫薇

（六）访谈内容

1. 作为一名科技工作者，您如何从国家这样一个较高层面认识科研工作中科技档案的留存问题？

关桥院士：对这一问题很难提出具体建议，我主要说说我所碰到的档案利用问题。

625 所的科技档案与科研人员是隔离开的。对于档案馆里所存档案的情况，一般科研人员，特别是新进的科研人员是不清楚的。要想利用好科技档案，就必须得先清楚科技档案的情况，了解其内涵。科技档案与其主要用户之间存在的隔离，是目前科技档案利用所存在的最主要问题，关于档案的保密问题反而不是主要的挑战。

目前来说，档案利用效率是比较低下的，大部分处于保存阶段，未进入利用状态。原因之一是档案人员缺乏内容整理的基础能力，使得原本作为知识积累阶梯的档案未能发挥出应有的作用。

因此，档案人员首先要让科研人员清楚档案馆里科技档案的具体情况，建设数字档案馆是很好的实现途径。由于年轻的科研人员，特别是新进所科研人员对科研历史不够了解，科研继承性较差，所以如何将档案利用“变活”是目前存在的主要难题。

如何把过去保存的“死档”变成“活档”？在这一过程中，尤其要重视重要课题的进展过程、学者对课题进行交流所产生的类似于电子邮件的隐性知识。在课题的进展过程中，学者之间的交往、交流会形成很多不同意见，也可能形成科技档案管理流程中活的东西，但这些往往很难去收集。多年前，有人想要查找625所院士手里留存的科技档案，但这些最原始的资料多存于院士的铁皮柜中，平时院士基本不用但也不舍得丢掉，且很难一下子找到具体某一份文件，因此无法更好地提供利用。

对于院士所存档案，之前档案馆打算以院士为单位对其研究成果、手稿等进行整体保管，建立“院士档案”，但最终未能成行，说明其实现需要人文环境的支持。首先我们要正确认识这些文稿。这些文稿中什么有用？什么能移交给档案馆？什么给了又太可惜了？而且重要科研项目并不完全是院士对院士的，最重要的还是从档案角度去追溯历史进程。

2. 您如何看待我国科技档案保密、知识产权等问题？

关桥院士：关于保密问题，不属于保密的很多档案资源都可以通过写文章而公开发表，涉及保密问题的大多存档。但问题是由于无人鉴定，档案馆对于很多已超过保密时限的档案不能及时公开。

关于知识共享问题，江苏省之前开展过相关的合作项目，需要625所提供已有的档案进行查看利用以减少弯路，但最终未能成行，主要是在目前的体制机制下很难实现。对于专业对口的档案可以进行利用，而专业不对口的档案束之高阁不去利用就会变成“死档”。对于档案的利用，多存在于本单位内部，外单位既不清楚档案的具体情况，也很难进行直接利用。

过去所从事的科研项目，对于社会现实存在利用价值的，其档案资源如何向外公开，供人利用其价值？这是需要思考的。以3D打印技术为例，过去的科技、原理与现在是一脉相承的，对现实具有指导和借鉴意义。过去形成的档案能够帮助科研人员建立一种联想，串联起过去和现在的工作，这样才能发挥这些档案的价值，而压在档案库房里的档案只是没有进行利用的“死档”。

档案的公开、开放工作不仅可以发挥档案的利用价值，还能使档案人员有收益，否则档案人员在社会眼中也只能是档案保管员的身份。

3. 您对科技档案管理有何其他建议？

关桥院士：首先，对于现在进行中的一些活的知识流过程中形成的信息（而非档案），如何将其转化成档案并保存下来？

其次，已有的档案如何活化使其成为有价值的资源？

最后，对于超过保密时限的档案要及时解密，使其在民企、地方中继续发挥价值。保密与否只是机制问题，是可以解决的，真正的技术是可以继承的，这就需要档案资源的开发和利用。

三、对霍振礼研究员的书面访谈记录

（一）访谈对象

著名科技档案管理专家霍振礼研究员

（二）访问人

张斌

（三）时间

2013年10月31日

（四）访谈形式

邮件书面访谈

（五）访谈内容

1. 张斌发给霍振礼研究员的访谈问题

（1）您从20世纪五六十年代开始从事科技档案工作，请您结合您的亲身经历，回顾一下我国科技档案工作起源、发展和变化的历史。

（2）您长期从事科技档案研究，取得了许多理论建树。请您谈谈我国科技档案管理理论的发展现状和趋势。

（3）您认为，科技档案有何价值？对科研工作和科技管理工作有哪些具体作用？

（4）您认为，在新时期做好科技档案工作对科技工作者提出了哪些新的要求？

（5）您曾发表多篇论文，呼吁过“科技档案概念不能淡化”。能否给我们简单说明您提出这一观点的出发点和初衷？

（6）您认为，我国科技体制改革的深化、国家创新体系建设的加快，对科技档案工作提出了哪些挑战？

（7）您认为，我国科技档案管理体制、科技档案信息资源开放共享机制存在哪些主要问题？应该如何改进？

（8）您认为，科研工作和科技管理工作对科技档案的共享、开发利用提出了哪些新要求？

（9）您认为我国科技档案工作目前存在哪些问题？原因何在？应该如何解决？

2. 霍振礼研究员回复张斌的访谈邮件

（1）第一个问题

科技档案工作在我国的起始问题我没有研究，曾三局长在大连现场会上说是从1956年开始注意该项工作的（1957年6月22日《苏联技术档案室工作通则》批准实施，苏联专家在我国讲过学，科技档案工作可能不是原创，是联系我国实际发展的）。我是1964年6月进场执行我国第一次核试验任务时，承担了试验成果和技术档案管理工作，从学习大连现场会议文集开始投入该项工作的。10月回京后到处访问学习、参观展览，全国热情很高。以后根据大连现场会议文件要求，又参考人大《技术档案管理学》开展了该项工作。我们一开始就抓科技文件的形成和积累，深入研究室和现场，收到很好的效果。“文革”前技术档案工作在我国很热门，档案局在大连现场会至“文革”期间，好像下发了11个文件强化技术档案工作。我们在第三次核试验后即1966年，也在本所举办了技术档案工作展览。我所有数百人包括领导都参观了，反响很好。当时的“意见本”保存到2000年，我进军休所时才交所技术档案室。我所是个多学科大所，那时有1000多位科技人员，技术档案人员一直保持五到六人，约占7‰，多数为大学生。所里十分重视这项工作。“文革”开始后，我所在新疆天山深处，我们的档案工作不但没停顿而且还有很大的发展，两万多字的技术档案管理规定就是在“文革”中起草并经司令员批准实施的。改革开放后，全国科技档案工作恢复整顿，1980年四部委联合召开了科技档案工作大会（我也参加了），上报并经国务院批准了《科学技术档案工作条例》，科技档案工作达到了高潮。20世纪80年代及90年代前期发展正常。90年代后期企业档案概念兴起，科技档案用得少了。2000年，我与老司长荷文谈，应召开《条例》发布20周年纪念大会，荷司长又和时任司长李和平反映了，后由经科司和中国档案学会在京举办了纪念大会，大会上宣读了我和荷文那篇《强大的生命力来自调查研究和联系实际》的文章，并评为一等奖。颁奖时档案局和学会主要领导都参加了，但后来似乎无声无息了。至2005年左右，有人从理论上提出了淡化科技档案的概念，还有人论证了科技档案的概念在经济转型中必然消亡。我不同意这些看法，写了多篇文章呼吁科技档案概念和科技档案研究不能淡化，但终于还是淡化了。其主要表现在：上层和档案学刊物上提科技档案少了，有的刊物把科技档案栏目也取消了，有的大学有科技档案课程，有的没了。但《条例》没有被废除，说明科技档案还未死亡。《条例》颁发30周年时，我应邀在档案界网上讲了一课，又在信息管理杂志上发表了纪念文章。我认为现在的情况是半死不活，因为基层科技档案工作还在顺利开展。时间长了，上面不提不要求，加之缺乏人才，只怕逐渐削弱。但我相信还会复苏，毕竟还未产生更好的理论和方法，代替科技档案概念和理论。

我非常敬佩曾三和吴宝康等老一代档案创始者和他们的档案学思想，

他们有着国家全面档案观，既重视普通档案和科技档案教育，又重视普通档案和科技档案工作。吴老曾讲过曾三的一半精力放到了科技档案工作发展上，以他为主，主持的大连现场会和1980年的全国科技档案大会及制定的《条例》，是极好的开创科技档案工作之举，可以说在档案界他是最具有明智的思想的。实践证明《条例》的完善性和可行性，至现在30多年了，其主要条款和精神都是适合的。但毕竟时代在发展，在上层管理体制上和信息化等方面需要修改。

（2）第二个问题

我现在到外跑得少了，看书也少了，对于我国科技档案工作的现况，只能说一点点感觉。我认为我国科技档案理论发展缓慢，不但研究的人少，而且研究人员多数是了解实际少，参加实践更少。现在档案学理论队伍多为近几年的博士生，但博士生的培养多是从档案学到档案学，再到档案学，而且没有科技档案专业，同时缺乏数学和科技知识，难以了解科技工作实际，也难以利用数学统计法进行规律性研究，加之档案界缺乏必要的原始统计数据，进行更深的理论研究和定性研究较困难。我们1993年发表的《科技档案现行作用的衰减规律及其应用》至今20年了，既无人肯定也无人否定。它是利用我所30多年积累的几十万个数据，采用数学统计方法，和科技人员一起完成的。它如果能够成立，是档案界的重大规律性认识。但这项成果获得的是档案学会论文三等奖，主要原因就是评委们不敢肯定也不敢否定。可现在时隔20年了总应有个评论吧，可惜没有，原因就是缺乏数学人才和足够的原始数据验证。最近我们写了一篇论文，原题目是“量化研究是档案学研究的深海区”，后感觉口气太大，改题目了。我认为科技档案学研究对象的复杂性，必然带来研究方法的复杂性和深入的难度，要进一步发展，一是培养懂科技、懂数学、懂档案学的高等人才；二是深入科研实际，与实践结合。应该承认它的研究比普通档案学更有深度，也更困难，但它究竟是一个分支，流入大海还要靠主流的发展。总之，我认为我国科技档案管理学近年来发展缓慢，其发展速度和趋势决定于上层权威和高校。（吴老讲过，我国档案工作的决策是“三家村”，即国家档案局、中央档案馆和人大档案系的领导，现在局馆合一了，变成了

“二家村”领导。）我国科学技术的迅速发展，科学技术是第一生产力的论断，以及科学技术向社会各个方面的渗透的现实，都需要科技档案工作的支持。可以断定，科技档案工作跟不上、管理混乱、发展缓慢，必然影响科技工作、大型企业及国家决策。例如，环保档案、海洋档案都可作为国家发展、决策依据的例证。

科技档案教学和研究，现在走向了低谷。我认为，一是老一代档案人中只有少数人懂科技档案、热心科技档案工作，现在他们老了或不在世了，后继无人。二是受到了西方档案学的影响。西方存在实际上的科技档案工作，而且要求更严，但工作形式和我国不同，没有专门的科技档案概念，有些人误认为没有科技档案和科技档案工作，盲目学习西方，也淡化了科技档案工作。三是企业档案概念的兴起，掩盖了科技档案概念。我认为企业档案是多种档案的结合体，主要是科技档案、普通档案、经营档案（新型）、有关专门档案等。建立企业档案管理学是有必要的，但企业档案管理学不能代替科技档案管理学，在企业档案管理中不可能把科技档案学讲深、讲透，就像把科技档案学放档案学里一样，也是无法讲深、讲透的。同时社会上还有许多科学研究单位、工程技术单位，需要专门的科技档案学的理论和方法。因而，在大学教育中专门讲授科技档案学是很有必要的。我认为一个档案学本科生把普通档案学学好了，把科技档案学学好了，就可适应企业档案管理，当然还要联系实际来学习。或者，我主张在普通档案学中把企业档案的经营作为一章，也把科技管理中的科研立项、论证，成果鉴定和奖励申报、成果转让、专利等内容加入科技档案管理学中。

我同意吴老的思想，在大学本科开理论档案学、档案管理学、科技档案管理学、历史档案管理学和档案保护学等课程。我想，专业基础中应开数学、科学技术概论、统计学、经济学、外语、计算机、普通哲学和政治理论及图书情报基础等课程。我是从个人工作和研究需要考虑的。我虽是北师大毕业的，可没教过一天书，完全外行，说外行话，不过理论要和实践结合，应是个基本问题。

（3）第三个问题

我应该说有一定认识和体会，但不一定能说好。

我从1964年至1994年（我个人在1960至1964年5月参加技术培训和图书馆工作筹备）的主要工作是科技档案工作，第一代核试验人的归档和利用，基本上都是我的“亲手”工作。我所的科技档案工作在我所和军内有很高的声誉。在我们的档案工作中，前后有过9名院士，十几位技术将军参加归档和利用科技档案，他们都从科技档案工作中受益，也都称赞科技档案工作。实践还证明，科技人员是乐于接受科技档案工作的，和我们配合得很好，可见我们的路子是对的。

有人说科技档案是连续进行科技工作的工具，有人说科技档案是科技工作的接力棒，总之，它主要是原始技术信息征收、储存、传递、利用的载体。我所从一开始就建立了情报、档案和图书三位一体的信息管理机构，是正团级单位（过去为处，现在改制到研究室序列，利多弊少），人员一直保持在40到50人。现在其他部门都在缩编，唯有情报档案部门人员增多，已发展为60多人（主要是增加了数名临时工），承担的任务包括情报服务、研究，编辑出版（出版三个内部刊物），科技档案工作，图书文献工作，局域网，摄影录像，复印、胶印，过去还曾承担国内外学术交流、外语教学等工作。我承担了十几年的全面主管工作，科技档案工作是我认为效益最高和最有发展前途的工作，人员不多（只有五到六人），效益不少，它已成为科研工作三脚支架（科技档案、科技情报、图书文献）之一。它的特点是具有现实性、历史性，在现实工作中绝对不能缺少。在1992年、1993年，我们规定科技人员每借一册档案，发一张“科技档案利用情况表”，共收到2499张有效表格，从利用目的看，用于核试验直接任务和预研工作的占73%，用于技术职称评定、报奖和技术管理的占11.3%，用于研究生、新上岗大学生学习的占8.3%，用于技术开发和技术转让，设备维修，也就是直接可创经济效益的占3.5%，用于历史研究的占2.4%，用于其他目的的占1.5%。

从利用效益看，57.7%的档案对科技人员的思想有了积极影响和启发，直接利用档案中的数据有2661处，照片615幅。科技档案直接应用不需要另外投资的占 16.7%，提供证明的占 10.3%，看后感到无收益的占 3.1%。主要作用是避免重复研究，缩短出成果、出人才的时间和节约经费。

通过对利用科技档案较多的 107 位利用者进行问卷调查，结果显示，认为所借用科技档案作用不大者 0 人，有作用者 19 人，作用较大者 34 人，作用很大者 31 人，作用很大、离不了者 23 人。在节约经费和时间的问卷评估中，107 位专家定量给出数据，采用算术平均法，利用科技档案可节约总科研时间率为 19.4%，利用科技档案可节约总经费率为 14.1%。

（参考《科技档案利用效益和社会功能的研究》一文）

概括讲，科技档案的作用如下：

一是，连续进行科技工作的接力棒，没有科技档案，科技工作上下、前后、横向，无法连接。如横向连接主面，技术合作需要技术文件、档案作为纽带。

二是，用于科技成果、技术记录的"收割"、储存，否则个人和单位的利用和成果转让无法进行。

三是，提供出成果、出人才的原始性证明，是其他科技管理的依据和基础。

四是，没有设备档案，设备维修无法进行。

五是，各种产品设计图纸的套用或改进时的局部套用。

六是，快速培养专业人才。著书立说、发表论文的依据。

七是，领导决策的依据、资源利用的依据，如海洋档案、气象档案、测绘勘测档案、天文档案，等等。

八是，科技发展史的原始记录性依据，国家、单位、个人成果创新的时间依据。

科技档案工作本身就是一项科技管理工作，不过它带有基础性，是各项科技管理的依据。比如试验综合总结、成果奖励、职称评定、领导决策、技术合作等。

（4）第四个问题

新时期做好科技档案工作对科技档案人员提出了更高要求。对一般科技档案人员，过去我可做他们的老师，现在他们已成为我的老师了，在计算机和新技术等方面，我经常需要请教他们。

我认为，新时期更要求科技档案人员将实践和研究结合起来。新时期科技门类更多，研究人员的学历和水平更高，从事的工作更具复杂性。同时，随着科技在社会的广泛渗透，除一部分科学研究单位外，大多数单位都是科技档案和其他档案混合型，要求科技档案人员一专多能，既懂科技档案又懂普通档案和其他门类档案，才能适应社会需要。

在业务知识上：

第一，既要有档案专业知识，也要有数理等广泛基础知识。

第二，在信息化时代，计算机的应用尤为重要。编目要用计算机，提供、利用档案信息要用计算机，学习查资料更要用计算机，在社会中最不能离开计算机的人员中，就有档案人员。

第三，一专多能，既有科技档案工作能力，又懂其他档案。档案管理的发展多为综合型，各种档案都有，且有交叉。企业档案中以科技档案为主体，但也有其他类型的档案，几乎覆盖整个档案门类。我个人的缺陷是只懂一些科技档案，不懂其他各个门类的档案，是一条腿，新时期从实践上和理论上都要被淘汰。

第四，实践和研究相结合。科技档案工作是一项实践性很强的工作，各单位专业技术和情况都不同，不可能都来自课本，要积累经验和摸索。但是科技档案人员不能只埋头工作，还要结合自己的工作搞点研究。理论来源于实践，本来档案实体管理部门应该有许多理论或经验出现，可是不然，据改革开放30年来档案成果统计，占优势的（发表论文数量或被引量）多为高校教师，真正的档案管理人员很少。什么原因？原因很多，一是档案管理人员不够重视自身的档案学研究，而忙于实际工作；二是有关领导培养少，给他们发展机会少，例如参观、会议交流等机会少，培训、再学习机会也少，等等；三是上级和档案宣传部门鼓励、奖励有关人员少。这次国家档案局举办的征文活动“档案在你身边”就很好，很多实际档案工作者都参与了，只征文办公室就收到文章8768篇，实际参加撰写的人更多，可惜能刊登出来的文章、获奖文章名额太少，许多优秀文章不能发表，但对大部分档案人来说是个锻炼，最好能给各级有关部门，尤其是个人，给予鼓励，唤起信心。采用更多奖励方法，促进基层档案人员进行研究和学术交流。

研究基层档案学，不但便于经验、学术交流，也能提高自己，改进单位工作。写文章要学习和参考有关资料，还要深思和总结自身的经验，本身就是提高的过程。据了解，看档案学书和有关杂志的实体档案管理人员很少。过去的档案书出版量较高，现在出版量不过三四千册，有的更少。就是陈兆祦这样著名的档案学者其《文件与档案——从理论到方法》，只印了 500 册，自己还要出点儿钱。难道档案人不看书吗？也许有的文章可以从网上查，但网上很难查全。也许是经费问题，但最可能的是认识问题、管理问题。

由于档案实体性工作多为具体性和重复性工作，年长日久就会感到乏味，但进行研究，永无止境，会感到节节上升，能提高工作兴趣，也更能体现个人水平和价值。

总之，实践和研究结合，能迅速提高个人水平、工作水平、工作兴趣，从大的方面讲，还能提高整个档案事业水平，但最关键的还是要有为科研服务的思想，甘做铺路工，为我国科技事业发展默默地做出平凡而卓越的贡献。

新时期做好科技档案工作对科技工作者有哪些要求？第一，要求他们具有更强的档案意识，在各个阶段都形成完整、准确的科技文件，按科技档案工作要求归档；第二，要求他们更会利用档案；第三，具有全局观念，相互交流；第四，在科技管理上，要做到没有完善的归档项目，不能算作任务结束，也不能报奖。

（5）第五个问题

我个人一生的主要工作是科技档案工作，对科技档案工作也有着浓厚的兴趣。那时（1960 年毕业）的大学生基本上没有个人选择工作的观念，也没有城市、乡村的观念，只觉着越苦越光荣。我毕业后，部队驻地在北京，到新疆戈壁滩执行过三次现场任务，都是自己带碗筷、被褥等，路上乘坐火车、汽车约一周时间，到场区住的是单层帐篷。夏日地面温度六七十摄氏度，双脚不能同时站立，必须倒脚，地面太烫了。帐篷内四十几摄氏度，一着被子就烫，喝的是孔雀河的苦水，一喝就拉肚子。进场后不能和外界通信。第三次任务期间，邢台大地震，只听到家乡房屋倒塌，公路破坏，完全不知家中人员（在邢台周边四个地方）生死，但照样工作。那时期一年 20 天探亲假，1964 年、1966 年因核试验需要，都未探亲，这些都是现在的人无法想象的。1966 年整个部队搬迁新疆，只想到执行任务不需来回跑了，节约经费和时间，没想到家庭生活上会分居九年，家中两个孩子没人照顾，儿子三个月时病危，来了两次电报都没能回去，父母去世均未回家。1991 年，家庭搬新疆后，一家四口住一间房子，我记得过春节最好的东西是有一年分到半斤香肠，有一年分到约四斤鲢鱼，还有一年分到两棵大葱，生活相当艰苦。工资比内地多 15%，17 年没动，就这样，做着科技档案、图书情报的工作，加班加点，没有一点动摇。我认为是为国防服务，是工作需要，意义重大。退休后工作需要变成了爱好，为什么？

第一，我完全不懂玩，也不喜欢运动，几十年的科技档案工作把我融入国家科技档案工作中了，退休后还觉着许多想法没有实现，需要继续研究、总结，办公室没搬，公家仍给我订了十几份档案学等刊物，加之上级和有关单位有时也需要我参加有关活动，客观上有时也停不下来。

第二，最主要的是几十年科技档案工作让我对科技档案工作的深远意义有了深刻认识。科技档案工作比其他有关技术服务工作效益更高，我的许多文章都定性、定量地说明了这一点。我是从基层实践工作出身的。20 世纪 60、80、90 年代在曾三和国家档案局、总参、科工委的领导下，发展科技档案工作，道理说得透，大、小环境气氛都很好，情报图书人员都羡慕科技档案工作有人管。在专业上，我一生最佩服的是曾三档案学和吴宝康思想。我 2009 年从西安军休所到北京女儿家住，别的资料不可能带，但会随身带着的资料只有 1959 年在辽宁省大连市召开的技术档案工作大连现场会议资料《技术档案室工作暂行通则草案》和 1980 年《全国科技档案工作会议集》（给我们档案室还留一套），这两份资料，我走到哪里就带到哪里。另外，我还与我所科技档案人员和室领导有着密切联系，他们能给我提供有关信息和资料，对我个人也十分关心。

第三，我管过图书、情报、科技档案工作多年，亲身体会到最有发展前途的，尤其在理论方面，就是科技档案管理学。毕竟科技档案工作和理论还年轻，它又是支持科技工作三脚架之一，所以很有发展前景。年轻的学科更有发展空间，我看到了这一点。

第四，我个人有着研究科技档案工作的优势。从事科技档案工作很多年，到过全国上百个类型、规模不同的单位参观学习，有着正反两方面经验教训。但也有着许多不足，如知识老化、不懂计算机。另外，思维能力，尤其文字水平太差。但我热爱、执着，乐于平凡，这是最大优势，遗憾的是岁月不饶人。

基于上述思想，自然见不得科技档案工作的衰败、淡化，我在大型多学科单位几十年，实在想不出科技档案工作淡化后，能用什么理论方法代替它。我从总装情报所得到美国一份很长的文件，研究了美国的科技档案工作。由于国情传统的不同，不能效仿，只能借鉴其优点。实际上我国科技档案工作也有许多优势，有明确的管理要求，国家统一组织领导，概念明确，与文书档案及图书情报工作易结合，等等。

引起科技档案工作淡化的原因，我认为有以下几点：

第一，当时曾三推动科技档案工作主要靠行政力量，没有培养更多的人才，例如档案学教授研究和懂科技档案的人少，高层领导懂文书档案的多，懂科技档案的人也少，加之科技档案工作不易深入，即使是现在的大牌教授也不懂或不关心科技档案工作，后继无人。

第二，我国经济转型，科技档案条例修改工作没跟上，理论没跟上，简单地以企业档案代替科技档案。企业档案的概念掩盖了科技档案的概念。

第三，盲目学习西方，脱离国情。

第四，科技档案工作在实践上难以深入，同时处于末梢地位；大学教育开科技基础课少，科技档案管理边缘化，即教育倾向有严重问题。

我可能很敏感，越来越感到上层提科技档案工作少了，大学科技档案专业或课程被取消或减少了，档案学刊物的科技档案栏目被取消，有的人提出淡化理论，档案学刊物也照发，等等。这些使我这个曾三“信徒”

"老档案"感到不安，甚至气愤。我的观点是：

第一，重新学习曾三、吴宝康档案学思想，树立国家全面档案观，即在教育上既重视普通档案学教育，又重视科技档案教育；在管理上既抓普通档案工作，又抓科技档案工作。科学技术是第一生产力，国防、尖端技术、生产建设科学技术，都需要科技档案工作的支持。科学技术渗透到国家各个方面，国家机关、团体，无处没有科学技术问题。我的观点是不懂科技档案工作的档案人员，是不合格的。

第二，科技档案工作在理论上淡化了，必然表现在档案工作实践中。据估计，全国有专兼职档案人员 100 万人，其中最少有一半是从事科技档案工作的。现在一线单位科技档案工作虽然运转正常，如果缺乏上级指导、督促、鼓励，年长日久，必然士气低落。这对档案工作的全面发展也是很危险的。

第三，我从事科技档案工作几十年，又到过大型企业单位，如石景山钢铁厂、大型水泥厂、飞机设计制造、试飞研究院和部队总部和一线单位，有高层业务部门带领，能够深入考察、交谈，了解科技档案工作的运转和效益，十分看好科技档案工作。但我处于最基层，在全国只是一个档案员的地位，只能呼吁。所以从 2005 年起，在各个刊物从不同角度以曾三思想为基础，写了 10 篇有关文章（还在香港《社科研究》发表 2 篇），也给教育部等写过信，主题都是不能淡化科技档案工作和理论研究，遗憾的是没有权威人士理会，说明我的影响度太小。现在也只好看历史发展了。我老了，也许也看不到历史发展情况了。可喜的是我的一篇流水账文章，文字水平差、写作技巧差，但被各路专家评为一等奖，可见科技档案工作还是被人们认可的。广西民族大学档案学专业教授黄世喆的研究生姚爱婵写的毕业论文《企业科技档案利用经济效益研究》，也使我看到了希望，她在文中明确写了"科技档案"和"企业科技档案"两个小节，很少有人这样写。河北大学刘红莎的研究生论文《企业档案信息利用效益研究》，也使我在有生之年看到了希望。

（6）第六个问题

这个问题对科技档案工作也许是个大问题，但我没有多少认识。我认为国家科技体制的改革、深化，创新体系建设的加快，总体上对我国科技档案工作没有大的影响，只是宏观管理上要有一些改革。我国科学体系、工程体系现在没有多大变化，中国科学院、中国工程院体制没变化，国家各科技单位，仍以国家原有体系为主体，例如火箭卫星、载人航天系统的科技管理，虽然改为这公司、那公司，但和过去没有多大差别。就科学技术本身而言，其发展规律是无国界的。作为科学技术、工程技术记录的档案管理，与过去，甚至与中国香港、台湾地区相比，我觉得也没多大区别，特别是对实体管理的科技档案人员来说，在科技档案工作操作上更无多大区别。只是由于技术成果的所有制单位化、个人化，更加强了保密、转让工作。科学技术的迅猛发展，更高、更多的研究成果出现，应用更广，且互相交叉，使管理对象更为广泛、复杂。因而科技档案人员认识自己的管理对象难度更高，同时因科学技术发展迅速，老化加快，更需准确迅速地提供档案和档案信息。总之，科技体制的改革深化，对科技档案工作提出了更高的要求。

第一，应协调国家高层科技档案管理体制，最好由国家档案局牵头，召开全国各个科技和企业专业系统会议进行研究。我认为科技档案管理仍应由国家档案局总体负责，各专业系统如科学院系统，国防系统，天文、地质、海洋系统，石油天然气系统，铁路系统等，总体上以“条”为主；省、市、区等行政单位以“块”为主，承担自己管辖单位的全部科技档案工作和全国有关学术交流活动、培训等。

第二，科技档案人员基础学历应为大学本科，最低为大专，同时大专不超过40%，人员配置可为科技人员的7‰左右。

第三，重视档案教育，重视理工科基础，培养复合型人才。

第四，开展一线科技档案经验总结，尤其是创新研究，提高科技档案管理水平，争取数年后有不少的科技档案一线专家、学者出现。

第五，最重要的是自上而下的各级领导重视，提高科技档案人员地位，在科技单位的科技档案人员，要与科技人员同等待遇。开展项目研究，拨给项目经费。期待能出现适应现代化、信息化科技工作的新版科技档案管理学教材。这样的教材，应包括数学统计方法、量化管理等内容。

（7）第七、第八个问题

现在的问题是首先进行分析，要不要科技档案概念，要不要曾三的国家全面档案观，要不要以《科学技术档案工作条例》为基础，如果确定要，还必须有与时俱进和科学发展观的思想指导，修改该《条例》。我认为《条例》的基本思想、许多条款仍是可用的，需要修改的内容如下：

第一，科技档案工作宏观管理体制，分为以国有为主的科技、企业部门体系和以私企为主的管理系统的管理体制。大型私企档案，国家也要管，只是管理方法要求不同。

第二，在科技档案、普通档案管理和专门档案管理上，在档案馆、室，提倡综合管理或逐步过渡到综合体制。但在高等教育中，仍要分学科讲授。可另外编写一些实用性科普性强的教材，适用一般非档案专业人员自学，如企业档案管理、综合档案管理、专门档案管理等。

第三，在档案实体管理上，增加计算机管理或信息化内容。实行实验原始材料、总结性文字材料双轨制归档制度。

第四，人才培养上应设一些数理基础课，同时培养理工专业、档案专业双学士生（按硕士待遇）；办档案进修学习班，为科技档案工作培养专业的人才。

第五，提高科技档案人员地位，准许立项进行研究，拨给经费。提倡学术交流，尤其是协作单位之间的业务经验交流。

除此之外，应肯定《条例》的主要方面，根据我的认识和实践以及了解到的实际情况，《条例》是调查研究的精品，是曾三老一代档案学、全面档案工作思想的体现。我国20世纪八九十年代科技档案工作持续发展，为科技工作、企业科技等做出了重要贡献，主要是节约了研究发展时间和资金。我所的科技档案利用效益，专家评估水平，不是个例，具有普遍意义，它是各个类似科研单位都能达到的，也许更高。但这与投入（人才、经费、领导重视程度）有关。我所的科技档案工作是贯彻《条例》的最好例证。我一生最佩服的是曾三档案学思想，在制度上最赞成的就是《条例》。

科技工作需要科技档案信息资源共享，但目前难以做到：

第一，科技档案在我国就是最完善的科技成果，并非失去现行作用的历史记录，其共享就是转让或技术合作、协作。转让、协作起主导作用的是有关科技部门，但必须有科技档案部门的协助，即提供不再耗费资金的复制成果。因而科技档案应完善、准确、系统，提高质量，能采用现代方法迅速提供。

第二，专业档案馆中的科技档案能不能共享呢？只有天文、地理、气象、环保、医学成果、海洋、国防等国家投资又不竞争又不保密的科技档案，可普遍共享，或有条件地共享；共享的另一渠道是专业会议交流，以及学术论文的发表。但很多技术受知识产权保护，影响共享。我认为科技档案主要是为本单位、本系统服务的。科技情报、图书文献部门的主要任务是信息资源共享。

第三，单位之间的个人、项目相互利用，也是一种共享，因而要提高信息利用能力、检索工具的编制能力、档案情报服务能力等。这也向科技档案人员提出了更高的要求，传统观念的看门守摊、收收发发的简单性工作，在新时期只能是历史了。在现代社会，科技档案工作、档案工作是重要的科技管理工作之一，也是一种复杂劳动，但只有看得远、看得深、看得广、有见识的领导者才能看到。

第四，提高科学技术水平、科研管理水平，能够大胆、准确地进行档案鉴定，密级鉴定（避免宁左勿右、宁高不低的保险思想），才可能放宽档案使用范围，才能使科技档案更广泛利用。鉴定、解密、降密，需要很高水平的人员，应主要由档案部门承担，个别问题请教有关专家。

第五，提供档案广泛利用，促进内部会议交流，发表论文，使科研成果转化为资料，可使人人享用。

总之，我认为科技档案信息资源更大范围的共享问题，不是科技档案工作的主要任务。科技档案本身是本单位、本系统投资的成果，不是失去现行作用的历史记录。成果档案在我国具有成果性、机密性，受知识产权保护。但具有有条件的转让性、内部交流性。这种转让、内部交流，只有投资方有权，专业档案馆无能力也无权进行。科技档案如果具有密级，那么只能转化为资料，如论文、会议交流材料，才具有更大范围的交流共享。没有密级的科技档案也需要以论文形式发表和会议交流的形式进行共享。科技档案的精确鉴定、及时解密，才能有更多的机会共享，然而鉴定、解密、降密难度大，也有风险，各有关单位实际上没有进行。因而鉴定、解密、降密在我国是最影响共享的瓶颈。

美国在科技档案共享上比我国好得多，是它的优势，但由于传统、国情不同，在我国不好推行。如有兴趣，我有一份美国国防部文件可提供参考。

但我国具有科技成果申报制度，可要求提交详细的成果材料，按评奖系统，即主管系统，设成果档案馆。这种性质的馆，应经主管技术委员会，根据需要向本系统有关单位提供成果信息，经有关领导批准，进行有偿或无偿提供。对解密成果应进行更广泛的交流。这好像有些类似美国的做法，不过美国是把成果交流融于情报工作之中了。

（8）第九个问题

我国科技档案工作目前存在的主要问题如下：

第一，淡化科技档案概念。表现在，上层提得少了，20 多年了没开过有关科技档案工作的学术交流会，有的会议似乎是科技档案内容，但不提科技档案而说是项目档案。开科技档案大会少了，还被有的人作为科技档案消亡之路的依据。科技档案淡化或不应淡化，上层不表态，大牌权威也不吭声，好像静观其变。科技档案工作，上层、权威不支持，必然淡化或消亡。目前还有人认为科技档案是其他部门的事，不应作为档案工作范畴。这是因为西方的影响。

第二，在高等教育中取消专门的科技档案管理专业，我认为是可以的，但在档案系中取消科技档案管理学，是不明智的。

第三，档案学刊物不把科技档案管理作为栏目，自然是很有影响力的削弱表现。

第四，没有谈清楚科技档案管理和企业档案管理的关系，以企业档案掩盖科技档案。

总之，新时期各种事物的发展变化，引起了上层和权威人士的不同认识，但又不明确地发表意见或讨论。我认为，在没有更好的方法和理论代替科技档案学和科技档案管理方法之前，科技档案概念和科技档案工作不能淡化，只能改进、强化。

科技档案工作存在的问题，前面已多次提及，我认为根子在上层，不在基层，如何解决？还在于上层的认识和决心。如有其他好理论、好方法可以试行。但无把握时，应修改《条例》执行或过渡。科技档案工作目前不能淡化，至少要维持20世纪90年代的水平。目前档案界要公开自己的真实看法，统一认识。我认为是认识问题，有些也是学术问题，亮亮自己的观点、认识，有好处。刊物上应开辟一个科技档案讨论栏目。现在也可能是上层正在有计划地进行改革，我个人太敏感，也太性急。

谈点另外的问题：

一是要重视基层档案室工作，它的数量大、人员多，是基础。我不同意我国档案工作以档案馆为主体的思想，我认为应是以档案实体管理为主体，即以档案室和档案馆工作为主体，其他工作如理论研究、学会工作、刊物出版、教育工作、行政领导、指导工作等，都是为主体工作服务的，脱离主体工作，其他工作再好也没用。

这个思想我可能没精力写，写后也可能不会有人给我发表了。

二是建议教授们能到档案实体管理单位兼职，相对地，实体管理单位有资历的人员也可到大学做客座教授。

三是现在实体档案管理单位人员职称，很多人不愿用，许多人也不知这个职称系列。我是研究馆员，自己不用不好，好像自己看不起自己这一行，但别人从不用研究馆员这个称呼，不是直称，就是先生、老师或教授。其社会原因是什么？一定存在，如何解决，也可能没好办法。我认为从根本上说是提高档案、图书工作的社会地位。

四是高校培养档案人员多了，怕不好找工作，就少培养一些，但实际单位从事档案工作的又多是非档案专业人才，我所50年来先后有20多人参加过科技档案工作，只有过两个档案生，主体多为理工科专业，为什么？值得思考。我认为可能和大学开设的课程，即培养的人才能力有关，应调查研究。

四、对王传宇教授的访谈记录

（一）访谈对象

王传宇教授

（二）访谈人

张斌、徐拥军、范紫薇、苟俊杰

（三）访谈时间

2014 年 5 月 6 日

（四）访谈地点

信息楼 208 室

（五）记录整理者

范紫薇、苟俊杰

（六）访谈内容

1. 关于我国科技档案工作起源、发展和变化的历史

王传宇教授：我国科技档案工作起源、发展和变化的历史主要有三个历史阶段，包括科技档案的产生、科技档案的管理和科技档案事业。

产生：有科技生产活动，有记录，就有科技档案。在小生产阶段就有科技档案，但有科技档案不一定有科技档案管理，特别是科学意义上的管理。例如在小生产时期，一个小工匠按照图纸建造了一个篱笆，造完后将图纸收集起来，这个图纸就是科技档案，但它不属于科技档案管理。

管理：即科学意义上的管理，主要是大工业、大生产时期的产物。1949 年前，科技档案管理工作是零碎的，却是存在的。1949 年后，在“一五”“二五”时期，科技档案科学管理开始建立。这就是从 1954 年提出这个问题来，到 1959 年的大量相关会议，制定通则，这是标志性的一些事件。

事业：指的是普遍性的、国家规模的事业，有管理实践、教学科研、业务指导等。这是 1949 年后逐步发展起来的。标志性事件是 1980 年全国科技档案工作会议的召开和会上制定的《科技档案管理条例》。

2. 关于我国科技档案管理理论的发展现状和趋势

王传宇教授：主要谈谈当前的几个特点。

一是理论研究、实践研究一步一步、一代一代传承。几十年来到现在，一直在传承，一直没有断线。没有断线，这是很重要的特点，对科学的发展很重要。断没断线是很不一样的，这是很重要的现实。我们学院在科技档案研究上有传承自觉，传承主线在我校、我院，其他院校的同志也在推动和促进。

二是新生代成为现在研究的主力。新生代队伍思想开阔，精力充沛，知识结构好，这很重要。这个新生代是以我院为主导、为核心的，领导人物是我院张斌、宫晓东、刘越男、张宁等同志及其团队。科研靠人，传承靠人。人的思想状况、业务状况、综合素质及知识结构都很重要。

三是不仅有传承，还有发展和开拓。如关于知识、知识管理的研究，电脑、信息网络的融合研究。传承、开拓、提高、发展主要有两股力量。一是院校力量，以人民大学档案学院为核心和主导；二是实际部门的力量，是实际工作，是第一线科技档案工作者。这两股力量的融合是当前该学科传承、提高、开拓、发展的推动力量。

四是科技档案教学研究要强化、提升，分量要加重。科技档案管理在高校教学课程上的设置要强化，档案学不能短，更不能缺。实践证明，科技档案管理这杆旗不能丢，高校档案专业不能丢，更不能倒。首先是人大不能倒。其他院校一倒是一个点，人大一倒是一大片，涉及我国整个科技档案管理学教育，涉及我国整个档案学教育中的一条腿。

五是要加强研究。我们要编写一本全新的《科技档案管理学》，由张斌主导。它不是简单的补充和改进，而是全新的，当然也得有传承。这个可以作为我们传承、提升、发展科技档案管理的标志性事件，说明我们的旗帜高高飘扬。

3. 关于其他问题

王传宇教授：科技档案管理的关键是体制机制。新形势下许多方面都对科技档案工作产生影响，但影响大的、直接的有以下几点：

简政放权问题。这是宏观问题，涉及科技档案事业管理。不仅影响科技档案事业管理，还影响基层的科技档案工作。（王老师问：《科技档案管理条例》是否还在用？张老师答：《条例》至今未修订，还在使用阶段，有效，但实际工作中用得不多。）简政放权就要搞简政清单，就是不知道科技档案管理上了简政清单没有。这个问题直接关系到科技档案管理的体制机制的建设，也涉及国家档案局和地方各级档案局的职责权限。

知识产权问题。知识产权问题越来越受到强化和重视，直接关系到科技档案信息的交流利用问题，包括单位之间和单位内部。就档案领域而言，这是科技档案的一个直接的、重要的问题。

档案意识问题。从宏观总体上来讲，社会档案意识强化，档案概念相当普及。以前一提到档案，老百姓往往会想到人事档案，而现状是档案概念大众化、档案意识社会化。似乎档案在社会大潮中更加边缘化、淡化，但实际上档案意识前所未有地普及，被社会所知晓，这是做好档案工作、科技档案工作的群众基础。

4. 两点建议和想法

一是关于体制机制，要坚持现有的、已经执行的。现有的体制机制在《科技档案管理学》这本书的62页有具体的描述。我们在写体制机制问题的时候颇费思考。“科技档案管理体制主要是指科技档案工作的组织体系、运行机制与管理形式，我国科技档案管理体制包括宏观和微观两个方面……”本书的第三稿是2009年出来的，现在看来，这个观点既不超越也不落后。因此宏观上要强化、改善、改进相关部门的领导、指导。相关部门指国家档案局和各级档案局。他们在这个问题上是退缩的，我觉得他们不应该退缩，要坚守阵地，不能放弃职责。他们有心态问题，要勇于承担责任。还有央企的100多个集团，这是全国科技档案的主体。

二是要健全基层科技档案机构的建设。一是统一的档案工作，一是信息一体化部门，都要健全起来。这里面涉及一个关系问题。研究体制机制时，也涉及整个科技档案管理研究的关系问题。这是理论和实践的关系，是科学性和实践性的关系。理论、文章和教科书来自实际、引导实际。来自实际，又不能止于实际、停于实际，应当高于实际。主要有两个层面，首先是来自实际。我们的科学不能脱离实际，不能老是拍脑子，脱离了实际就是空头理论，没有任何意义。不去调查研究，而是坐在办公室和家里写书，这是脱离实际或是基本脱离实际的，特别是在科技档案这种实践性很强的学科上是根本行不通的。其次，不是临摹实际，不是简单地反映实际，克隆实际。克隆实际对于实际是没有意义的，只是跟着实际跑。我们不仅要反映是什么，还得考虑应该是什么。不仅要回答是什么，还要回答应该是什么。这是科学性和实践性的统一和反映。但国家档案局在科技档案体制机制问题上没有规定，而且观点很混乱。这也与国家档案局体制的变化有关，三司原来是负责科技档案管理的，现在也改革了。因此我们要解决好科学性与实践性的统一，要遵循理论与实践的辩证法。

五、对中国科学技术信息研究所的访谈记录

（一）访谈对象

中国科学技术信息研究所副所长张新民

（二）访谈人

张斌、徐拥军、加小双、刘晓菲

（三）时间

2014 年 5 月 8 日

（四）地点

中国科学技术信息研究所办公室

（五）记录整理者

刘晓菲、加小双

（六）访谈内容

1. 科技报告/档案管理现状

（1）目前，科技部的档案管理很严格，基本上是“应收尽收”，而且是只进不出，送档案可以，但是查阅档案严重受限。档案管理的状态是谁建档案，谁有访问权。研究所从 2003 年开始进行文书档案的数字化工作，但是也只局限于员工在部门的内部网上查阅部分文件，访问权限较高。目前所在单位对档案价值的发挥不够，导致档案产出的价值不够。现在继续在全社会共同呼吁科技档案的公开和使用。

(2) 目前，我所项目档案的文档暂时保存在各个单位；文书档案，如“八五”“九五”和公关档案保存在项目承担部门并整理完毕，因为目前我所的库房有限，暂未移交。但是，我所面临的问题是即使将各部门档案接收过来，也无法真正管理。如“火炬”项目总计 47000 份的档案放在我所，但是管理起来却很难，并没有足够的权限，所以关键还是要看各局、司对政策和规定是如何遵守的。

(3) 信息研究所的“看家本事”（特色档案）是军工档案。对于涉密档案，不走任何邮件系统和网络系统。为了改善科技档案利用率的缺点，科技部建立了科技文件管理平台，专门负责科技资源的汇缴。该平台管理的内容包括项目的验收、数据、装备、专利、论文等，其中涉及资源环境、生物医疗等。此外，还建立了中国科技资源共享网，但由于文件的格式和规范不统一，后期项目无法全面推开。

(4) 首先，机关管理人员对待档案的认识是不到位的。档案的交接和销毁往往抱着“避祸”的心态，我来我领导，不管前任的交接和后面的继续，档案管理往往是断裂的，领导只了解自己在任时的管理状况。例如，在一次“十五”的协调会上，科工司对机构“六五”“七五”“八五”甚至“九五”时期的档案管理都说了解得一清二楚，张口道来，但是科技部只知道近五年档案管理的情况。因此，这次会议让我们充分认识到档案管理不能因为职能的转变而中断，档案意识就是责任意识，就是对档案的敬重。其次，档案管理带有强烈的人格色彩，档案管理很大程度与领导的重视程度有关。

(5) 机构的现状是没有人说档案管理不重要，但是也没人愿意去做档案工作。“闲时，平时，忙时”往往是年底档案人员去各个部门催要档案。

2. 对科技报告的认识

(1) 与科技档案的不同

第一，档案有管理内容、财务内容等，而科技报告是纯技术性文献，与科技档案不同，它可以作为科技档案的一部分。第二，科技报告的形式规范，易于共享。第三，科技报告非常重要。打个比方来说，假如爱因斯坦经历了 100 次的实验才发明了电灯，也许前 99 次走的是弯路，但是并不能说明前99次实验是不重要的。如果说科技档案是一幅照片，是不同时期的不同阶段，是静态的呈现，那么科技报告就是一段视频，是不同阶段的历史重现和回放。

（2）收集科技报告的必要性

首先，从纳税的角度看，既然科技项目拿了国家的经费，那就是花老百姓纳税的钱，将科技成果贡献出来为社会利用是天经地义；其次，国家支持你，不仅仅是支持你一个单位，而是让一个行业受益，受益的方式就是写报告。这就是国家项目的公益性。这从理论上打通了收集科技报告的必要性解释。

3. 问答环节

（1）科技报告的经费是如何规定的？

张新民副所长：项目预算中有专门的预算经费，类似于出版费。事实上，针对科技报告的预算没有额外的工作量，因为一般是在年度、验收和中期预算中作为预算报告的一部分。

（2）对承担项目的研究所、大学，有无监督和管理措施？

张新民副所长：我所有相应的管理办法，各项目承担部门已按规定对档案进行整理。

（3）现在研究所的电子档案是如何管理的？

张新民副所长：我所还没有真正意义上的电子档案和电子数据，只是将纸质的文书档案电子化，和一部分光盘、文书档案放在一起保管。即使在文件生成时是电子的，在报批的过程中我们也会将其重新打印成纸质版。前几年一段时间也尝试将电子文件和电子档案在机构的内网试行，但是由于各部门的部长不会使用计算机，以及领导普遍认为只有电子形式而没有纸质形式，内心不踏实，而最终无法推行。

（4）我国科技档案管理体制、机制存在哪些主要问题？应如何改进？

张新民副所长：第一，应坚持“能放就放”的原则。现在社会的管理和治理愈加公开与民主，以往从紧的政府管理已经无法适应现代社会。第二，公众、社会越来越觉醒。如在项目的招投标过程中，落标单位有权知道为何没有竞标成功，失败在哪里，相关部门可以在网上公布评审专家的意见。第三，实际上，真正需严格保密的科技文献比例并不大。不便捷导致不利用。在实际工作中，领导决策很少利用档案，有经验的人取代了档案被作为领导决策的“拐杖”。第四，档案服务的效益不明显。第五，档案管理意识不足，档案工作的开展靠档案员催促的现象严重。第六，档案专业人员缺乏，基本是借调人员，没有专门的队伍。第七，缺乏更加清晰的档案管理办法。

六、对中国科学院档案馆的调研访谈记录

（一）谈访对象

中科院档案馆常务副馆长潘亚男、副馆长李月婉

（二）访问人

张斌、徐拥军、范紫薇、苟俊杰

（三）时间

2014 年 3 月 6 日

（四）地点

中国科学院档案馆

（五）记录整理者

范紫薇、苟俊杰

（六）访谈内容

访谈正式开始前，双方首先就两家单位的合作情况进行了交流，对双方的访谈人员进行了简单介绍。

1. 张斌介绍课题背景

一方面，本课题属于调研类性质的课题，当我们接到项目时十分欣喜，为科技档案重新受到国家的重视而欣喜。在计划经济时代，科技档案管理一般采用集中或分级统一管理，管理条件较好。但市场化以后，科技档案管理有些弱化，科技档案受到了较多的冲击，一些科研单位在科技档案的管理方面并不完善，特别是科技档案的数量、质量和管理机制上都存在着问题。中科院应该不会受到太大影响，因为中科院系统相对独立，而且科研项目非常重要。另外，中科院是我国产生科技档案的最大体系，相

对来说在管理方面比较完善，值得借鉴。

另一方面，本项目受到科技部的关注。这么多年来，我国各项重大科研项目结项以后，相关档案资料分散在各个研究人员、研究机构等处，尤其缺乏相关研究过程的档案资料。国家每年拿出大量资金用于支持各类重大科研项目的开展，这些科研项目形成的档案资料十分宝贵，需要良好的管理。

本课题旨在了解我国科技档案管理体制的历史、现状，梳理其目前存在的问题，并借鉴国外优秀经验和研究成果。课题重点将放在科技档案的管理创新和资源开放共享机制方面，围绕“怎么管”和“怎么用”两个问题展开，“怎么管”主要指的是体制、内容框架、运行保障机制等，“怎么用”主要指的是共享机制。目前课题组计划在文献研究工作的基础上针对专家进行访谈，并针对不同机构发放问卷。由于时间关系，去年年底已经访谈了航空系统的一位院士（关桥院士），以及核工业系统的一位老先生。

为了访谈方便，我们准备了访谈提纲，提纲仅供参考。

2. 潘亚男馆长介绍中科院档案馆背景情况

作为科技档案的重要产生单位，本课题对中科院档案馆十分重要，双方这样的交流机会十分宝贵，很兴奋能够坐在一起交谈。中科院档案馆希望能够根据工作经验，提供一些政策建议。

馆长询问课题背景与科技部的关系，张老师解释说本课题最早是由科技部体系中的专家提出，由科协立项，人民大学中标后具体开展。

馆长介绍其在2003年、2004年前后曾参与过科技部举办的类似调研活动，在科学院系统发放了调查问卷。由于国家体制机制改革，科技部办公厅只管理机关文书档案，办公室主任拒绝管理科研项目档案。原计划修订1987年颁布的《科学技术研究档案管理暂行规定》，最后该项目由科技部计划司牵头，结果只形成了一个“国家重大科技专项”相关的条例。由于条例并非档案部门提交，仅涉及少许档案管理相关内容，而且存在着许多局限性，实用性很差，为此深感惋惜。此次能够参与本课题的调研，看到科技档案重获关注，馆长感到十分兴奋。

3. 潘亚男馆长重点介绍中科院档案馆基本情况

馆长主要就中科院档案馆如何管理科技档案、管理中存在的问题和目前出现的困惑进行了介绍。

(1) 档案工作体制

①院层面

科学院历任领导对档案工作十分重视，目前中科院档案馆负责对全院档案进行宏观管理，实行“院所两级”管理体制。科学院成立之初，科学院办公厅就设立了档案处，不仅管理行政文书档案，还管理全院其他所有类型的档案，包括科研项目档案。2001 年，中科院档案馆成立，但档案馆只负责管理进馆档案，相关制度和管理规范由中科院办公厅负责。由于中科院档案馆成立时恰逢国家机构改革之际，院里对档案馆的定位还不太明确，将档案馆与图书馆放在一起。这种管理体制存在较多障碍和不足。

2013 年 11 月，通过多方努力，领导高度重视，中科院档案馆进行了改革，办公厅档案处与档案馆进行了职能整合，档案馆实现真正的顶层宏观管理，使全院具备了档案行政管理、档案业务指导和科学研究职能，类似于国家档案馆系统的“局馆合一”。目前档案馆相对独立，档案工作体系也相对独立，具有 23 个正式编制（其中机关编制 2 个，事业单位编制 21 个），其主管单位是中科院办公厅，依托单位是中国科学院国家科学图书馆，主要财务和人事都依托于中国科学院国家科学图书馆。

档案馆实现的体制上的改革，可以说是“问题倒逼改革”。因为如果不从顶层进行设计，档案工作很难开展，因而理顺体制是前提。同时，国家也需要进行科技档案管理的顶层设计。目前实行的院所两级管理体制使得档案馆能够行使相关制度。

② 所层面

目前每个所都设有综合档案室，保管单位产生的所有档案，以科技档案为主，也包括文书档案。但由于顶层设计一度弱化，各所综合档案室在实际管理中并非真正按照国家的要求，完整地完成了科技档案管理工作，主要是对头、尾保障（开题和结项档案），而中间过程则较难收集，且收藏主体多为科研项目的管理材料，而真正的科技档案只占到 10% 左右，档案基础非常薄弱。

档案馆也曾进行过很多调研。过去的传统科技档案，由于项目申请及开展的特点，科技档案的收集管理情况还算良好。而当前科研项目多学科交叉项目越来越多，且研究所、高校所承担的“三跨项目”非常普遍，即跨学科、跨机构、跨领域。加之目前科研项目档案的载体多样，虽然部分档案依然是传统纸质文件，但很多文件对系统和平台依赖度很高，到底如何归档呢？面对科研项目周期性长、参与机构多、学科多的现状，1987 年颁布的《科学技术研究档案管理暂行规定》具有非常大的局限性。科技档案究竟如何管理？

（2）主要问题

一是传统科研组织形式与现在的科研组织形式不一样。

目前科研项目的牵头单位只负责一部分合同、协议等档案的收集，对于科研项目在中间过程中产生的科技档案则很难收集。多家机构共同承担一项科研项目的情况下，如何沟通协调，保证科技档案收集管理完整呢？

二是科技档案载体形式的变化给档案管理带来的冲击。

档案载体形式发生了剧烈变化。过去陈景润、钱学森等一辈老科学家的手稿十分工整，保存很好，可直接复印。而现在的导师做完科研项目只提交结题报告，往往保留了关键技术和诀窍，并不移交给档案馆。而且研究所鼓励科研创新，对此档案馆虽有档案法却难以具体执行，所接收的科技档案水分大，核心技术类档案少。尽管国家法律规定了“严禁将国家档案据为私有”，但谁来执法，如何执法，基本没有强制约束力。

此外，也与大型项目中应用的机器和平台相关。很多原始数据产生、运行于平台中，根本无法打印，不能脱机保存，却又属于科技档案，因为这是科研项目过程的一部分，这部分档案该如何收集和管理？

科技档案人员现在再拿 1987 年制定的管理办法与现行工作相比较，发现根本无法对话，这使得档案工作走进了死胡同。科研人员根本不认可档案工作，相关法律法规根本无从落实，完全脱离现实。因而，只靠档案馆的力量，没有国家层面的要求，顶层制度缺失、管理缺位，档案工作很难开展。

科研项目的组织形式已经发生变化，科研中产生的大量电子文件随时会流失，科技档案管理问题迫在眉睫，这是我们面临的困惑。而且面对实际工作遇到的问题，法律规章层面依旧缺失，1987 年制定的规定已不适用。虽然中科院档案馆理清了管理体制，但仍存在着很多问题，单靠中科院档案馆的力量也很难从根本上解决问题。且档案馆毕竟不是专业的研究部门，研究工作也涵盖不了院里的所有需求。

只有在科技部、科协的领导下，由各位学者组织开展相关研究工作，科技档案管理才能深化改革，全面改善。目前，档案部门拿着国家的规章政策，根本不能和实际科研部门对话，档案管理的法律法规和规章规范与科研过程不“合拍”。

（3）科技档案管理标准

中科院档案馆在科技档案管理方面有相应的标准、管理要求及归档范围等。由于院里边的重视，也针对全过程出台了建档规范，将档案工作纳入全流程管理。目前已有的科技档案标准主要是“科研项目建档规范”“大型军工项目建档规范”（最近几年发展很快，研究所承担的军工项目已由原来的三四个发展为三四十个）、“大科学工程（重大基础设施）建档规范”“基建项目建档规范”（非主体，城建部门要求，设计消防安全等问题）和“设备档案建档规范”。科学院档案馆一直在提“科技档案”是核心、立院之本，但在标准方面还是觉得存在着问题，却也不知如何解决。

在各项标准制定时，一定要了解档案形成单位各项事务开展的流程和特点，与实际科研工作协调，才能真正有可行性。

（4）档案信息资源开发共享

对于档案信息资源的开发共享很弱，基本谈不上。前两年也进行过试点，空间中心牵头的项目，涉及了 7 个部委、12 个参项单位，档案馆希望建立一套资源共享机制，但效果欠佳，主要是各机构之间不愿意共享。针对这一问题，首先要依靠牵头单位形成共享机制，牵头单位需要掌握整个项目的资源目录，具体档案资料可以保存在相关单位；其次是需要数字档案的集成。科学院档案馆日后的构想是实体档案少而精，数字档案馆大而全。为此，档案馆还专门开展了“知识组织”课题研究，以求通过数字档案的方式实现档案资源共享。对于这一问题目前档案馆还是比较有想法的，也希望能借鉴中国科学院国家科学图书馆在知识组织方面的先进经验。但由于缺乏实际工作经验，我们依然不知如何下手。

（5）对我国科技档案工作提出的挑战

挑战主要包括：如何把档案工作纳入国家管理中；如何从前端理清各部门职责；如何制定更明确的归档范围（1987 年管理办法在归档范围上有些过时，如何使其更明确、更细化）；其他非纸质载体的档案（如网上申报课题材料、网上数据库等）如何归档等。

希望国家能够提出一些实打实的，具有可操作性的规章制度或工作办法，不要仅仅停留在“统一领导，分级管理”层面上。

（6）档案工作面临的主要冲击

信息化手段对档案工作冲击太大。面对信息化的冲击，国家的政策建议落实到办法上，若不考虑实际工作则很难具体开展。现在的规章制度与实际科研工作脱节，如果强制实施，各个部门都会很难受，甚至会给科研工作带来不好的影响。

（7）档案人才培养

对于档案人才的评聘、培训和管理一直是档案馆的困惑。每一次国家改革、机构调整后受冲击最大的都是管理部门和管理人员，而管理部门和人员中受冲击最大的则是档案部门和档案人员。但好在院里不断强化对人才的管理，也认同档案工作需要配备专门的档案人才这样的观点，特别是 2013 年档案管理体制改革以后，专门配置了 23 个事业编制。但问题是人才进来后却留不住，档案人员几年内纷纷跳槽。主要原因是档案人员难以走职称道路，只能走职员道路，职业通道很窄。同样的毕业生，三五年后，档案学专业的毕业生可能还停留在原来的位置，但别的专业学生却已经升了很多级了，这样就会出现问题，档案职业走不通。所以，作为基层档案管理部门，更应该关注档案人才队伍的建设。不关注档案人，档案工作根本无从开展。

目前国家档案局对档案工作人员的职称进一步弱化，向公务员方向发展，使人担忧。国家档案管理部门应当立起来，不仅强调其业务职能，更要在国家层面强调其行政职能，行政职能与业务职能并驾齐驱。就中科院档案馆来说，我们规划了很多项目，数字化信息化项目、知识组织项目……结果却发现没有专业人员来具体落实。由此可见，业务职能固然重要，但实际上行政职能是基础，保证了档案业务的具体落实。

目前的《中华人民共和国档案法》里面提到，要配备适应档案工作的人员，但何为适应档案工作的人员呢？这些都太虚了，根本没法操作。对于人员队伍、管理体制和机构设置要多关注。因为业务要想落地，首先需要工作人员进行贯彻。而且国家档案局在档案人员的职业培训上也是比较缺失的，在培训时应考虑分层设计和终身培训。因此，建议国家档案局理顺关系，对档案管理的前端即各大部委和后方即地方局馆进行综合考虑。

馆长认为，国家档案局在大方向上存在着问题，顶层设计上有所缺失。其不了解档案工作的全过程。如何打造档案职业化队伍？如何进行职业分层？特别是职业上的评聘制度如何建立？如何评职称？国家档案局现在不走职称道路，而是参公，其所造成的最大问题是部分档案人员不再从事业务研究，光在机关上混。因此，要关注人才队伍的建设和人才培养，要确保档案人才不流失。这主要还得靠档案事业的推动，事业不发展，档案人才如何培养？档案学教育如何开展？目前职称的评定也有一个趋势，就是由民间机构来主导。所以在未来，中国档案协会可能承担档案职称评定的工作。

此外，馆长介绍说中科院长光所在档案收集方面做得十分到位，将档案收集工作成功转变为科研人员的自觉行为，靠的是各种绩效机制和约束措施，值得借鉴和推广。

很多事情是一通百通的，一件事情做好了，其他很多事情都迎刃而解了。档案人才培养，档案专业队伍的打造就是这样一项工作，是基础。做好了，不仅能推动科技档案的管理机制，更能全面促进档案工作的开展。

（8）档案密级问题

对于科技档案的密级问题有保密单位专门进行管理——办公厅保密处。档案馆无定密权和解密权，只能根据保密处制定的相关制度去执行。馆长认为，由保密处定密是合理的。存在的主要问题在解密上，目前是有人定密，解密却无人跟踪。这些涉密档案不解密就无法利用。而且在实践中，有些项目本身是涉密的，但其购买的设备则是通用的，这些设备也因其项目的原因被定了密级，无法正常利用。有些项目档案，部门文件涉密，却使得整个项目文件都成了涉密档案。

档案密级原则上是谁定密谁解密，但具体工作中有些带番号的单位当年定了密级，20 年后需要解密这些档案时却找不到这些单位，使得这些该解密的档案一直拖着不能公开利用。

（9）长光所问题

徐老师询问馆长是否可以帮助我们联系长光所进行调研。馆长表示科学院下设的 100 多个研究所就像一家人一样亲切，形成了良好的档案文化氛围，可以帮着我们联系，所需的相关材料也可以发给我们。全所的档案工作系统还是比较好的，档案馆也实现了对各所综合档案室宏观管理。

（10）之前项目的相关资料

徐老师询问馆长之前参与的科技部相关项目的材料是否可以提供。馆长表示该课题整体水平较弱，最后也只作为其他相关材料的附件进行发布，似乎是不了了之，且手头相关资料很少。

（11）数字档案馆

目前中科院档案馆对于数字档案馆尚未开始规划，还处于零起步阶段。计划分为两个部分，一部分是资源建设，包括存量和增量；一部分是系统建设。目前的设想是在“十三五”规划中搭建科学院数字档案馆，院里在这方面有前瞻意识，希望进行平台上的对接。为此，档案馆计划拨出 10 个事业单位编制，其中 4 个是信息技术方向，可解决北京户口，希望招收懂技术会管理的复合型人才，从事单位内部预案、目标和业务等方面的规划。

对于数字档案馆的规划，馆长也希望中国科学院能给予智力支撑，提出想法。张院长表示院里有几个老师在这方面经验颇丰，可以共同讨论“数字档案馆”和“知识组织”等课题的规划，帮助档案馆实现建设国家部委的一流档案馆的想法。

（12）科技档案管理的法规、制度和标准

目前档案馆制定了相关的法规、制度和标准，可发电子版供课题组参阅。但这些法规、制度和标准的实操性较强而学术性较差，类似于工作手册，且未涉及电子文件领域。

宏观层面上的办法和条例主要涉及档案馆工作的体制机制和职能等内容。在机构设置方面主要设有综合管理部、业务指导部、利用与编研部和信息与技术部。整体规划方面，档案馆计划于2014年6月8日召开全院档案工作会，这是一个面向顶层的会议，拟邀请中科院院长、秘书长和各所主管档案工作的领导参加。

此外，馆长表示档案馆的指导意见、“十三五”规划和信息化建设尚在规划中，希望中国科学院老师届时可以提供帮助。

七、对国家自然科学基金委员会的调研访谈记录

（一）时间

2014年6月5日

（二）地点

国家自然科学基金委员会行政楼310会议室

（三）受访人

国家自然科学基金委员会办公室副主任韩智勇研究员

办公室文电档案处吴宁、龙军、范例、袁旭

计划局综合处刘卫处长、郑知敏副研究员

信息中心张民社副主任

（四）访问人

张斌、徐拥军、加小双、刘晓菲

（五）记录人

刘晓菲、加小双

（六）访谈内容

访谈正式开始前，张斌教授首先就本项目的开展背景和进展情况进行了简要介绍。随后，对方介绍了自然基金委的情况，并强调基金委是科技

档案管理中不可或缺的一部分，必须加以重视。以下为访谈原文：

1. 介绍单位情况

2014 年，自然基金委申请项目约 17 万项，资助项目 3 万余项。目前文档处共 4 个编制，档案管理方面 1 个编制（1 人）；纸质文件 152090 卷，其中移交中央档案馆 47000 多卷（仅限项目档案）；2005 年之前（含 2005 年）档案已全部整理归档。

信息中心的张民社副主任介绍，目前信息中心只管理文书档案，项目档案归档案室保管，对于这部分档案中央档案馆不接收，大部分保存在依托单位，对依托单位的价值较大。在科技档案收集方面，属于事后收集。由于项目类型不一样，学科不一样，人员配备不足，基金委没有严格统一的规定，没有对统一性进行检查，基本上是交什么就收什么。对移交单位来说，项目主任将从开始到结题的档案交委办，委办再交给基金委档案部门。对于归档范围内的档案如果有丢失，由学部进行核实，申请书一式五份，申请书和结题报告必有。但是过程性材料并未列入归档范围。

目前基金委的电子档案大多是文书类文件、同行评议、进度报告和结题报告，且数字化工作也只限于扫描。信息中心没有档案服务器，暂时没有实现档案的长期保存，只有相当于备份系统的业务系统，长期保存技术十分欠缺。

自然基金委有关档案管理方面的规章制度的情况是：1987 年版的，与国家档案法的差距较大；1993 年版的，从制定到现在暂未修订。基本上该单位的档案管理制度没有太大变化，但项目制度一直在变。该单位的科研项目档案管理制度，最近正在做进一步的完善，其中包括 20 多种项目类型；《依托单位管理办法》（暂未发布）中有一条是专门针对档案管理的。

科学基金委的共享服务系统正在建设中，将实现项目简介、验收结果、项目成果的共享，但同时也面临着个人知识产权保护的法律问题。在利用上，基本上就是“自己查自己”的人比较多，而且其查档的目的比较单一，基本上就是用来“报奖”的。

2. 相关部门的做法（文档处吴宁）

在外出工作会议期间，基金委的领导在与高校相关人员的交谈中了解到，比较好的高校，如厦门大学、浙江大学，其科技档案在移交基金委的同时，项目申请书和结项报告，自己还会留一套；其他小单位，则没有保留任何档案。

国外同行的做法是，美国的科研项目档案由基金委负责，加拿大由研究理事会负责，针对哪些文件该归档、哪些不该归档有着详细的规定，较为细化；且对已经归档的有一个八年期的考核期，期限一到，将严格执行销毁制度。在这一点上，我国的做法显得极不成熟，这也是造成我国科技档案大量积累，库房紧张的重要原因。

清华大学的科技处在图书馆下面，有较为明确的规范；中科院的规范也较为详细；其他小单位的就很不规范了，总之该行业目前的现状参差不齐。

3. 存在问题及建议

（1）归档问题。一方面，存在着重复归档的问题。相关人员表示，档案法中“不重复归档”存在着不合理的成分。（解答：实际上，档案法中规定的“不重复归档”指的是一般档案，对于重要档案可以重复归档，不可一概而论。）另一方面，针对原始数据的归档问题也存在着较大的争议，原始档案多头要现象无法平衡。目前，基金委规定，项目单位的原始数据必须交基金委归档，但现实情况是原始数据在实验室产生，每个实验室只有一个实验本，多个项目的实验都在一个实验室或一个设备上进行，因此原始数据就只有一份。除自然基金委外，其他机构的项目结项和评奖也都要求提交原始记录，最后造成的后果是多个项目争抢一个原始记录（实验本）的情况，而对实验本的复印件的认可度又非常有限。所以目前对于科技部和基金委同时要求的原始档案存档的规定，可操作性差，但是这需要有关部门共同协调，拿出一个可行的方案，适当承认原始档案复印件的证据力。同时，科技档案还存在分类不清晰的问题。对于科研项目档案中的依托单位的注册、注销等文件如何归类？会议类文件如何归类？甚至是专项档案，如基金委自身的财务报销类档案，这类文件往往与文书档案有所交叉。

（2）收集问题。一是有些一手数据和资料保存在个人手里，出于各种原因不愿交给档案部门归档。这主要是因为目前对项目归档的原始记录的检查较为宽松，存在着较大的漏洞。由于科研项目档案的专业性较强，对档案人员来说，鉴定就存在着非常大的困难，所以存在着交上来的数据都是不重要的数据，核心数据仍保留在个人手中的问题。二是目前很多文件都是电子的，原始的概念逐渐模糊，导致对于需要收集的文件很难清晰界定。

（3）移交问题。档案向中央档案馆移交的过程很麻烦，需要消毒、清点等一系列复杂的过程，所以基金委 1998 年之前的档案全部移交至中央档案馆，但之后的未移交；2008 年中央档案馆库房严重紧张，而且本单位查找也不方便，因此不再接收基金委项目档案。同时，与过去基金委的档案收集困难相比，现在更多的是档案保管所带来的库房压力紧张，“出入制度”不明确，档案销毁制度执行起来非常困难。

（4）鉴定问题。档案销毁的鉴定谁来执行？永久保管的档案有何重要意义和价值？谁来判断？对于保管期限的时间（永久、长期、短期）把握不准。应对科技档案的定期解密开放做出规定，以满足科学成果的社会共享。

（5）利用共享问题。目前，知识的产权归依托单位，基金委在公开项目相关档案时，涉及侵权等问题，所以极大地影响了知识的共享和利用的社会化。需要联合相关部门进行研究，结合新形势，在国家层面统筹部署，建立国家统一科技档案数据库，避免一个项目多头申请；实现国家统一收集、统一对外开放。

（6）电子档案管理问题。一是对电子文件的认可不足。由于每个单位的保管形式不一样，在项目报奖时，电子文件的认可度不大。即使在出现法律纠纷时，电子证据也只是作为间接证据和视听证据，与书证相比，法律效力仍显不足。二是电子档案移交后面临格式的兼容问题，各单位移交给中央档案馆的数据库经常存在打不开的现象。希望在这方面，国家可以出资建立一个统一的门户来方便实现电子档案的移交。

（7）管理问题。一是科研管理体系的问题。现在国家在科研项目的拨款上面很乱，拨款体系不健全，一般在项目年度的最后一年拨款，国家考虑的是希望尽快资助到依托单位，但是这就将基金委原有的拨款体系打乱了，无法对依托单位形成一定的约束，造成后期档案收集困难。二是科技档案管理体系的问题。目前档案法以及相关的管理制度给实际工作者的感觉是有些看不见、摸不着的，该细的地方不细，可操作性较差，原来的档案法过于陈旧，需要在新形势和电子文件不断发展的今天及时做出修订。而且目前只有《基金委档案管理办法》，没有《科学基金管理办法》，急需基金委与国家档案局共同制定。

4. 张斌、徐拥军介绍其他单位的经验及相关建议

（1）学习借鉴中科院知识创新工程和科技先导计划，航空航天、中国电子工业集团第三十八所（军用雷达）所有环节实现无纸化，过程类文书档案无纸化，只有涉及法律凭证的文件打印出来纸质保存。这些部门的成功经验值得我们借鉴。国防科工委的项目档案对参数要求十分严格，包括军工类 ISO9000、ISO2001 等，有一个完整的质量管理体系。贯标对档案有严格的要求，大部分在依托单位。而现在大多数科技档案管理是经验式的，标准欠缺，研究偏向趋势性研究，以论文数为考核依据，允许项目失败，这与技术类研究偏向应用有着极大的不同。这也是导致基金委负责的项目数据不完整的一个主要原因。

（2）对于不及时交数据的个人或单位，采取的做法就是规定科研室章、财务章、档案室章，缺一不可。只有三章齐全，相关领导才在项目结题书上签字。这种做法类似企业部门的“离职审批”制度。对于企业委托其他单位参与的项目，在合同中就明确关于档案移交的协议，如果乙方不移交档案，甲方就可以不出资，且乙方要赔款。

（3）在批准项目时，就要让申请者事先了解该提交的档案有哪些。计划局综合处刘卫处长也赞同这个建议，认为目前的这种事后收集的做法是很落后的，应该在一开始就告诉对方档案收集的规定。

八、对中国航空工业档案馆的调研访谈记录

（一）访谈对象

中国航空工业档案馆馆长高大岭、馆长助理戴先明、馆长助理韩建

华、副处长张晓、副处长李红梅以及中国航空工业档案馆部分工作人员等12人。

（二）时间

2014年4月25日

（三）地点

中国航空工业档案馆会议室

（四）访问人

张斌、徐拥军、加小双、杨静

（五）记录整理者

加小双、杨静

（六）访谈内容

1. 访谈提纲

（1）请您大致介绍一下贵单位的科研工作、科技管理工作情况。

（2）贵单位由哪个部门负责科技档案管理？您认为，这种机构设置模式是否合理？

（3）贵单位在科研工作、科技管理工作过程中，都产生了哪些科技文件材料？其归档移交是否完整齐全？

（4）科技档案有何价值？对科研工作和科技管理工作有哪些具体作用？

（5）科研工作和科技管理工作对科技档案的定密、解密提出了哪些新要求？

（6）科研工作和科技管理工作对科技档案的共享、开发利用提出了哪些新要求？

（7）科研工作和科技管理工作对科技档案信息化提出了哪些新要求？

（8）科技工作者对本单位的科技档案管理工作有何意见和需求？

（9）科技档案管理应该如何支持科技工作、服务科技工作者？

（10）贵单位科技档案管理存在哪些主要问题？该如何改进？

（11）科技档案管理在整个国家科技体系、国家创新体系、国家档案管理体系中应如何定位？

（12）我国科技档案管理体制、机制存在哪些主要问题？应该如何改进？

2. 回答

戴先明馆长助理：就档案馆的管理架构而言，航空工业集团是一个老牌央企，后来改革时拆分为航空一和航空二，后在2008年成为今天的航空工业集团。最初档案馆设在办公厅下，拥有独立发文权，改革后将档案馆作为经济院成员单位之一，分管两个集团的档案工作。在公司层级中属于第三层，职能遭到削弱，对于集团的业务指导功能无法实现。后来集团发第53号文，档案馆开始代替集团行使档案管理功能，并且可以以上级单位的名义发文。这样，档案馆的职能得到了加强。现在整个航空工业集团内部，有直属单位20余家，而且直属单位下有很多的成员单位。就档案馆而言，档案馆对下面的业务进行监督指导。总部档案处设在总部机关，属于档案馆的派出机构，主要管理集团总部的档案，以文书、财务、技术改造类为主。直属档案处设在直属单位，还有成员单位的档案处。

高大岭馆长：科技档案在基层单位的问题较少，因为它和生产转换紧密相连，有利于成果转换。主要问题集中在中观到宏观层面，科技档案的收集范围、归档都不到位。现在较大的一些企业里面设置专门的档案馆进行管理，独立直属。中型企业的档案室设置在技术处或信息处。小型企业由办公室来行使档案职能。就整个集团来说，基本上实现了科技档案的集中统一管理。

王女士：科技档案，在不同的企业中内容有所不同。整个集团的科技档案主要包括产品、科研、基建、设备四大类。其中我们单位以产品和科研类科技档案为主。

档案馆独立直属比较好行使职权，但是其具体职能在于运作，而不在于机构设置。档案室也能很好地行使职权，关键在于档案室的上属部门（信息部、科技部）要重视。

集团有多少个直属单位，就有多少个兼职档案管理员，基本上集团会两年培训一次，每年会组织相关的业务学习。虽然兼职档案管理员素质较差，并且流动性强，但是目前集团的档案管理队伍基本上能满足需求。

单位制定了一系列的科技档案管理制度，在归档制度上，制定了《产品档案归档范围与要求》，主要是根据其生命周期进行保管；在操作层面，实现了档案部门参与鉴定，包括定型鉴定、验收鉴定等，档案人员与相关部门对接，以保证归档材料的完整性。

在科技档案信息资源开放共享方面，现阶段开放共享很难，共享只是在有合作关系的单位之间进行，而且是有偿共享，我们也不称其为“资料共享”，而叫“资料划拨”。导致共享困难主要有两方面原因：一是国家近几年的保密要求特别高，尤其是军工企业，解密工作无法开展；二是这些档案涉及企业知识产权，在内外竞争激烈的情况下，共享就更加困难。

就科技档案工作面临的新挑战而言，一是企业现在调整很大，形式很多，有合资、入股等各种形式，档案如何调整自身以适应不同类型企业的科技档案管理，国家和行业都没有统一的规定，靠企业自己摸索。现在很多企业内部实现的是文件、资料、档案统一管理，但是三者究竟应该如何管理，也没有统一的规定。二是科技档案管理标准不统一，有时候会不知道到底采取哪个管理标准。三是定密解密规定，在保密要求方面，谁来定密？秘密的内容是全文，还是标题都算？能不能将保密文件的题目予以公开？定密文件是分开存放还是维持原样？（如果分开存放会损害原始文件的完整统一。）谁来解密？（由于怕承担责任，现在企业中的解密工作基本上无法展开。）四是科技档案与生产档案高度交叉，这些档案生成过程中修改频繁，因为档案部门必须介入前端和过程，实现对现行文件的控制和管理，事实证明，参与文件过程管理中的，档案部门的地位在提升，而且有话语权；不参与的，档案部门的地位在不断下降，而且工作开展困难。五是现在集团内部基本上实现了异质备份，但是异地备份还没有做到。六是异地直属单位的档案管理问题，档案馆的触角延伸不到。（因为该公司的直属单位的档案是提交到档案馆，由其进行整理和规定，一旦异地了，很难实现统一管理。）七是档案所有权问题，合资企业、控股掌管的企业、参股企业的科技档案如何管理？（集团现在是全资企业的档案由集团档案馆管理，参股企业保管与集团利益相关的那部分档案。）

戴先明馆长助理：就档案信息化而言，在总部档案馆，以公文档案为主，基本上全面实现了数字化，包括数字扫描，并建立管理系统，但是总部档案馆的档案内容较少。在成员单位，主要是采取数字档案馆建设与成员级别认定，现在已经有31家成为一级/二级数字档案馆。但是现在面临的问题主要是企业中有很多的信息系统，如产品数据管理系统等，这些系统与航空工业兰台系统对接存在一定的问题。为了实现物理归档，要求产品系统中的所有文件都必须归到兰台系统，但是也存在着时间长了，很多实验数据过期或是无法使用的问题。

档案机构的地位与十年、二十年之前相比在削弱，但是这和档案机构是否独立设置无关，而是和档案管理职能是否削弱有关，在很多成员单位，由于领导的重视，其承担档案管理职能的部门可以向其他部门行文，档案管理的职能反而在加强。

针对科技档案管理的主要问题，主要是跨行业、跨部门的科技档案缺少主管部门。现在很多科研项目都是多个单位参与，但是谁牵头、谁来管都没有规定。科工局只对固定资产进行检查和验收。很多项目主管部门也不管。所以在科技项目立项时，顶层设计中就应该加入档案管理的要求，指定一个主管部门来管理科研中所形成的档案。

还有就是档案的归档介质问题，现在国家规定的电子档案的存储介质是光盘，但是光盘的容量显然满足不了企业的存储需求，我们现在都用硬盘存储。

科技档案的过程和背景管理也是一个问题，因为科技档案形成的过程中有很多实验数据，成功的、失败的实验数据都具有保存价值，但是往往只保存最终结果，很多过程性的和背景性的实验数据都被忽略了。

刘女士（编研处处长）：航空工业档案馆长期以来都很重视科技档案的管理，一直强调“三纳入”和“四参加”。针对科技档案的管理问题，主要有三：一是跨行业、跨领域的科技档案如何进行管理，国家没有统一规定；二是档案系统怎么与其他信息系统形成接口，实现文件档案一体化、图书情报资料的一体化管理；三是科技档案的定密和解密问题。

崔女士（成员单位代表）：现阶段所内的科技档案管理还比较好，主要是目录建设和全文建设，已经建立了数字档案馆，2012年通过集体验收，并评定为二级数字档案馆，现阶段主要任务就是确保纸质档案和电子档案的一致性。面临的问题就是做到了异质备份，但是做不到异地备份。实体档案馆实际上是挂靠在工艺部，这样其实有利于档案部门开展工作，因为可以借工艺部参与业务流程，实现与业务流程的结合。

在解密问题上，存在着定密、解密不对等的问题，定密很多，但是解密很少。档案部门应该与保密部门相协调，建立起谁形成文件谁解密的机制，而且密级在系统中和在保密场所中都应该有所体现。

还有就是图纸到底是采用蓝图还是白图的问题，蓝图是质量认证的要求，但是在实际工作中却非常不方便。

九、对中国电子科技集团公司第三十八研究所的调研记录

（一）访谈对象

第三十八研究所信息中心徐礼祥主任等

（二）访谈人

张斌、徐拥军

（三）时间

2014 年 4 月 18 日

（四）地点

合肥，第三十八研究所

（五）访谈整理者

徐拥军

（六）访谈内容

因受访单位的保密要求，内容从略。

1. 第三十八研究所档案机构的建设情况

1965 年建立档案室；1998 年成立档案部；2009 年成立信息技术中心，下设信息技术组、信息安全组、档案管理组、图文制作组、图书管理组，后三者主要是为科研生产服务。

2. 第三十八研究所电子文件的管理情况

（1）以流程为依托

包括保密流程、采购流程、文件签署流程、物资领用流程。

（2）以数据为根本

包括档案管理系统、PDM 系统、ERP 系统等系统中的数据。

保证信息资源的唯一性，保证信息资源的有效性，保证信息资源的完整性。

（3）以应用为目的

通过各信息系统深化数据应用；

通过档案“归档检查”提升科研项目管理水平；

依然坚守“双套制”。

3. 第三十八研究所档案信息化的建设情况

目标：一种数据、一套流程、360 度视角、建设 3E 信息化工程。

3E：everywhere（位置信息）、everytime point（时间信息）、everything（状态信息）。

三个层次：决策层、管控层、业务层。

两种通道：数据通道、流程通道。

智慧档案管理系统建设思路：规划统一平台，数据集中管控，信息的最大利用，保证信息安全。

4. 第三十八研究所档案管理面临的问题与困惑

（1）如何面对大数据的挑战？

（2）档案信息化如何融入企业信息化建设的大背景中？

（3）如何确保信息流在档案管理系统的流动？

（4）电子文件如何异质备份与恢复？

（5）如何从档案管理、信息管理向知识管理过渡？

（6）企业信息系统集成度越高越好吗？

总体思路：统一规划、分层应用、逐层深入、逐层对接。

十、对中国人民大学档案馆的访谈记录

（一）访谈对象

中国人民大学档案馆胡玲玲

（二）访谈人

冷裕波

（三）时间

2013 年 12 月 18 日

（四）地点

中国人民大学档案馆

（五）记录整理人

冷裕波

（六）访谈内容

1. 我校的科研项目档案是否进行了数字化管理？电子文件等是否也进行了归档保存？

胡玲玲：现在的档案管理系统还只是一个内部数据库，不是一个开放系统，主要用于归档，只有档案员能查询利用。目前还没有电子归档，因为最后结项都要求提交盖章的纸质文件。科研项目档案目前也还没有实现数字化，因为教学、学籍类档案利用非常频繁，目前只将这部分档案数字化。

2. 我校的科研项目档案是否对外开放利用？开放的范围和标准是什么？利用者主要是哪些人？利用的主要档案类型是哪些？主要通过什么方式利用？需要哪些手续？

胡玲玲：利用者主要是教师，但也是少数。校内人员凭工作证就可以查阅，利用他人的档案需要有个人或组织的介绍信。校外人员只要有介绍信，非保密档案我们都会提供利用。

3. 在布置、检查、总结、验收科研项目各项工作的同时，是否同步进行了布置、检查、总结、验收档案工作？

胡玲玲：原则上讲是需要的，但实际上档案馆并没有参与其中，财务

处结项后项目也就结束了。关于这一点我们与相关领导也沟通过，正朝这个方面努力，希望从申请到结项都实现电子实时归档，但是现在的数据库系统还没有电子归档功能。下一步工作首先是优化管理系统，保证开放性；其次是与其他部门的系统接轨。

4. 学校各学院或其他单位是否设有二级管理部门？各学院的科研项目档案是由二级管理部门管理还是由学校档案馆管理？

胡玲玲：有二级管理，各学院由科研处负责管理。各学院科研秘书提交档案给科研处综合办公室，科研处最后提交档案馆。档案馆负责检查提交的目录是否规范。

5. 您认为我校是否有必要建设科研项目知识库？为什么？对此您有何设想或建议？

胡玲玲：我认为很有意义，而且我认为也比较容易实现，因为数据都是现成的，需要的只是一个平台或系统，现在我们的档案系统也正在向开放利用的方向努力。

十一、对中国人民大学科研处的访谈记录

（一）第一次访谈

1. 访谈对象

中国人民大学科研处副处长沃晓静

2. 访谈人

冷裕波

3. 时间

2013 年 12 月 26 日

4. 地点

中国人民大学科研处

5. 记录整理者

冷裕波

6. 访谈内容

（1）我校科研项目文件的归档是定期集中统一收集、分阶段收集，还

是采用其他收集方式?

沃晓静副处长：随时形成，随时收集，每年会按照档案馆的要求，在6月底之前交到档案馆，是随时收集，然后统一上交的。

（2）科研工作中形成的电子文件（如电脑中的文档或光盘等）是如何管理或处置的?

沃晓静副处长：我们现在基本上会同步收集电子文件，电子文件的管理是通过科研管理系统。我们把每个项目形成的关键的、重要的电子文档上传到系统，基本上是和纸本相对应的。系统也可以存储项目文档，比如立项通知书、申请书、预算、结项材料等。还有一部分是申请了项目但没有获得立项的，对于这些我们是按谁主管项目谁收集，他们也会定期清理。这也是我们去年开始梳理的一项工作，因为原来还有很多电子文档没有放到系统里，我们要补充进去。对于系统里的文件，个人只能看自己的，学院的科研秘书可以看全院的，科研处是管理员，可以看全校的。所以是分权限查看的，因为文档都是全文的，肯定有保密的问题。

（3）在科研项目的立项申请、项目实施、中期检查和鉴定验收等各个阶段是否同时进行了相应项目文件的检查、监督和质量验收?

沃晓静副处长：是的。其实这就是我们的工作方式，每个阶段，比如申请书就是我们必然要检查的，一定要符合我们的条件要求，因为这些申请书都是有标准文本格式的。上交的申请材料就是项目评审的依据，所以肯定会做资格审查、形式审查，每个环节都需要检查相应的文件，而且每一类项目都有具体的要求。

（4）科研项目档案（或文件）的利用者主要是哪些人?利用得最多的档案（文件）类型是哪些?主要通过什么方式或途径来利用?

沃晓静副处长：利用者就是科研人员和科研管理人员。因为这些就是科技档案，以前有什么项目，我们作为管理人员会查，还有老师本人做研究的时候会看看自己原来的申请书是怎么写的，就是一个查询的功能。科研项目所有类型的文件都可能会用到，很难说哪一类会更多一些。老师本人一般都留有电子文档，除非丢失了才会到科研管理部门来查找。但是如果老师要开相关证明，就需要以我们系统里存储的文档为依据。

（5）院属科研机构（包括各研究中心、实验室、研究基地等）形成的科研文件是否归科研处管理？

沃晓静副处长：机构形成的文件有一部分在我们这里，机构自己也会存档。机构的文档比较复杂，有科研项目、会议、内部管理等。科研处只管理与科研管理相关的文件。

（6）科研项目文档的知识产权是否有严格的权属限定或保护规定？科研人员对自己项目产生的知识是强调保密，还是不太注重保密而愿意与他人共享？

沃晓静副处长：查看自己的档案没有问题，看他人的档案时，我们一般要求老师自己直接联系本人，本人才有权限决定是否可以被查看。我们会要求老师保密，如果老师有保密的需求我们会让他们先提出来。

（7）学校有各项科研项目实施办法，是否制定了我校科研项目和科研项目文档管理的相关制度与规范，或采用档案馆的相关规范？

沃晓静副处长：主要按档案馆的要求，以前是要求每年 6 月底之前将上一年的归档。但现在很多项目时间跨度较长，如果单纯按照时间查找会有很多项目档案查找不到，按年是横向的，按项目是纵向的。我们去调研过社科院等的项目档案管理方式，他们是按项目来归档整理的。所以我们和档案馆商量有些项目完全结项后再归档，但这样也有一个问题，就是结项前的所有文件如果都放在科研处，会空间不足。所以目前主要还是按年度分类，对有些项目规模较小的试着按项目分。

（8）学校举办的开题报告会、座谈会、项目申报培训会等相关会议是否有文字或视音频记录？这些记录是如何保存的？

沃晓静副处长：开题报告会记录，项目组会自己记录并保存。科研处组织的全校性的项目申报培训会，都会有视频、音频的记录，录音保存在各个业务主管，分业务归档。有些培训的内容不太适合公开，也没有交档案馆，档案馆也没有要求归档。

（9）您认为我校是否有必要建立科研项目知识库？对此您有何建议？

沃晓静副处长：我们设想在科研系统的基础上做知识库，因为科研系统有比较全的科研项目信息。这里肯定涉及著作权保护的问题，比如申请书，里面都是作者的想法，不便于随便公开。所以我觉得清单式的东西是可以全面公开的，这些在外部网站上可以查到，我们只要把系统里的信息整理一下，比如把某些字段拿出来，就可以看到以前关于某一项目的名称等信息，起到一个参考、查重的作用。比如谁以前研究过这类课题，那就可以找其作为合作伙伴，这就相当于清单、简介，不会有全文的信息，全文是不能公开的。还有一个就是我们想在征得本人同意之后，拿出一些全文的申请书、结项书作为范本，给年轻老师看，做成范文库，用于交流学习。公开之后可能还会引起一些争议或矛盾。但我们鼓励老师互相交流。

（二）第二次访谈

1. 访谈对象

中国人民大学科研处魏扣

2. 访谈人

加小双

3. 时间

2014 年 4 月 25 日

4. 地点

中国人民大学科研处

5. 记录整理者

加小双

6. 访谈内容

（1）请您大致介绍一下贵单位科研工作、科技管理工作的情况。

魏扣：中国人民大学科研处是主管我校科学研究工作的职能部门，其中一项最为主要的职能就是规划和管理各类科学研究项目中形成的各类材料，包括国家自科（申请书、进展报告和结项材料）、国家社科、教育部人文社科项目、全国教育科学规划项目、北京市社科规划项目、北京市教育科学规划项目、北京市社科联项目、中国人民大学科学研究基金项目、新世纪优秀人才项目、教育部基地重大项目、横向科研项目等。

在科研处，每个专职人员负责管理 1 ~ 2 个项目类别，对每个项目的管理都基本按照各个项目的具体规定或管理办法，诸如国家社科的管理按照全国社科规划办的《国家社科管理办法》进行，每个项目从申请到最后结项时的材料科研处都会留存一份，其中有些项目材料是分阶段进行立卷归档，有些项目是待该项目所有材料都齐全了进行立卷归档，之后再移交给档案馆，而横向项目的相关材料因经常需要查找利用，到目前都没有进行归档。

分阶段进行归档的项目有教育部新世纪优秀人才项目、国家自科等，其中新世纪优秀人才项目归档的材料主要是申请阶段的材料和结项的材料，而国家自科归档的材料既包括申请阶段的材料，也包括研究实验阶段的相关材料，还包括最终结项的材料。

除上述两个类别项目外，其余项目基本都是待该项目各个阶段的材料都已齐全后，再进行立卷归档，最后移交到我校档案馆。

（2）贵单位由哪个部门负责科研项目档案材料的管理工作？贵单位科研工作、科技管理工作过程中，都产生了哪些科技文件材料？归档范围的主要依据是什么？

魏扣：负责这些科研项目档案材料归档工作的是科研处办公室，办公室工作人员平常会在各业务科室的协助下做好各项目归档材料的收集和整理工作，在我校档案馆相关人员的指导下基本实现一年一归档（有时，有些已经处理完毕的也会及时立卷归档，移送档案馆）。科研处所管理的科研项目所产生的材料也就是科研项目各个阶段所形成的材料，包括科研准备阶段的项目申请书、经费预算表，项目进展过程中所形成的进展报告、中间检查记录表等，结项阶段的结题报告、发表的科研论文、专家评审意见、项目经费使用表等。目前，科研处对科研项目的归档主要按照学校的归档范围进行，具体如下：

表 1　按科研项目（课题）设置类目

序号	类目名称	保管期限
1	科研准备阶段	
	（1）开题报告与课题调研论证材料	长期
	（2）任务书、合同、协议书	长期
	（3）课题研究计划	长期
	（4）计划执行情况、计划调整或撤销报告	短期
	（5）课题投资和预决算材料	短期

续表

序号	类目名称	保管期限
2	研究实验阶段	
	（1）实验、测试、观测、调查、考察的各种原始记录（含关键配方工艺流程及综合分析材料）	永久
	（2）数据处理材料，包括计算机处理材料（如程序设计说明、框图计算结果）	永久
	（3）设计的文字说明和图纸（底图、蓝图、机械设计图、电子线路图等）	永久
	（4）研究工作阶段小结、年度报告	永久
	（5）配套的照片、底片、录音带、录像带、幻灯片、影片拷贝等	永久
	（6）样品、标本等实物的目录	永久
3	总结鉴定阶段	
	（1）研究报告、论文、专著	永久
	（2）工艺技术报告、技术诀窍报告	永久
	（3）专家评审意见	永久
	（4）鉴定意见和鉴定会等鉴定材料	长期
	（5）鉴定证书	永久
	（6）课题决算表	长期
	（7）课题工作总结	长期
4	申报奖励阶段	
	（1）科研成果奖励申报与审批材料	永久
	（2）科研成果获奖材料（奖状、奖章、证书）原件或影印件	永久
	（3）专利申请书、证书原件或影印件	永久
	（4）科研成果登记表	永久
	（5）科研成果报告表	永久

续表

序号	类目名称	保管期限
5	推广应用阶段	
	（1）转让合同、协议书	永久
	（2）生产定型鉴定材料	永久
	（3）成果推广应用方案和实施情况的反馈意见	短期
	（4）对外学术交流材料	长期
	（5）推广应用方案及实施情况	长期
	（6）成果宣传报道材料	短期

（3）贵单位所归档移交的科研项目档案材料是否完整齐全？有无采取何种方式方法保证这些项目档案材料的完整齐全？

魏扣：总的来讲，各项目归档材料都较完整齐全，一般而言，只有完整齐全的一整套材料才会进行立卷归档，而且所进行的立卷归档工作都基本是参照我校档案馆的归档范围、程序进行的。为了保证这些科研项目档案材料的完整齐全，在进行立卷归档工作的同时，一方面会根据我校档案馆的归档范围进行自查，另一方面会根据相关项目的管理规定和方法，及时收集各个阶段的材料。

（4）为保障后期对这些科研项目档案材料的合理利用，目前贵单位做了哪些工作？

魏扣：为确保这些科研项目档案材料的合理利用，科研处在立卷归档的同时，会进行录入系统的工作（其中很多项目在管理过程中已经实现了电子化）。一般而言，对较为重要或比较重要的科研项目材料会采取人工录入、机器扫描的方式存储进系统或进行单独存储，以方便后期的查找利用。我校教师或研究人员在项目进行过程中可随时查阅有关项目的材料，在结项后可系统查找有关项目的材料。对于最为系统完整的科研项目档案材料还需到档案馆进行查找。

（5）您认为，贵单位科研项目材料管理中存在哪些主要问题？该如何改进?

魏扣：总体来讲，科研处在对科研项目材料进行管理时还比较规范，基本上能按照相关规定进行，但科研处所管理的科研项目种类较为庞杂，每个科研项目所需要提交的材料也存在较大差异，加上科研处工作人员比较注重科研项目的管理过程，所以可能在有些项目的最后立卷归档时，存在部分科研项目材料不全的情况。因科研处工作人员中几乎所有工作人员都具有高等教育背景，所以只要稍加培训，使他们相应的档案意识增强一点，基本就可以解决上述所说的问题。

十二、对清华大学档案馆薛四新的访谈记录

(一) 谈访对象

清华大学档案馆薛四新

(二) 访问人

徐拥军、加小双

(三) 时间

2014 年 5 月 27 日

(四) 地点

中国人民大学信息资源管理学院会议室

(五) 记录整理人

加小双

(六) 访谈内容

访谈正式开始前，徐拥军副教授首先就“我国科技档案管理体制机制及存在问题研究”项目的开展背景和进展情况进行了简要介绍。

以下为访谈全文：

1. 贵单位科研工作、科技档案工作过程中都产生了哪些科技档案？这些科技档案是如何进行管理的?

清华大学的科技档案主要有基建档案、科研项目档案、涉密科研项目档案、专利档案和教学档案。目前档案馆里的科技档案部主要保管的是基建档案和科研项目档案。基建档案较为齐全，一般是移交到城建档案馆进

行缩微后，再返回档案馆。

科研项目档案分为普通科研项目档案和涉密科研项目档案。其中涉密科研项目档案走的是学校的涉密体制，这部分科技档案按照国防科工委的要求，管理严格而且规范，各种材料，包括过程性材料齐全，档案的利用率也很高。

普通科研项目的档案管理得相对较差，主要是收集难和利用难。

2004 年起，清华大学这些普通项目的档案管理主要是档案馆对科研院（文科院也负责收集一批，但是它主要面向的是文书类和文科类研究项目），科研院对科研项目工作者，科研院由专人负责收集这些科研项目档案，收集范围主要是获奖（如科技进步奖、科技发明奖等）的一些项目所产生的档案。但是收集的科技档案也主要是文书类，如合同、任务书等，过程性的材料以及核心技术材料都收集不上来。

档案馆会由专人负责指导科研院立卷，如果是一些特别重大的项目，则是由档案馆直接进行指导。但是档案馆对于科研院的监督指导功能并不突出，对于科研院的档案工作没有惩罚措施，在很多情况下，只能找领导进行协商。所以这跟科研院领导对于科技档案是否重视有很大关系。不过近两年，领导对于科研项目的重视程度有所提升，这主要是因为 2013 年和 2014 年都有一个科研项目验收不通过，而不通过的原因就在于档案验收不通过。这使领导对于科技档案工作的重视得到了很大提升，相关工作也正在推动中。

2. 您如何看待我国科技档案管理过程中存在的问题？

其实科技档案最重要的应该是过程性材料和技术性材料，但是现在科技档案中大多是文书类材料，如合同、任务书等，这是管理过程中一个很大的缺失。

另外一个大问题是制度的落实问题，像清华档案馆针对科技档案管理制定了非常详细的规定，但是这些规定在落地上存在很大的困难。科技档案管理应该奉行“三纳入、四参与、四同步”的理念，科技档案工作者应该参与科研项目的过程，这方面涉密类的科研项目就做得比较好，项目立项时就提出了档案的要求，这样很多重要的过程性材料都得到了保存。所以在管理上，应该在顶层给予充分重视，并在科研项目的制度中给予规定。

具体来说，我觉得应该是项目主管部门、项目承担单位、档案馆共同重视科技档案的管理，特别是项目主管部门应该给予重视，并对项目承担单位提出档案要求，重视过程控制和前端控制。档案馆和项目主管部门之间的关系也应该明确，很多时候会出现档案不知道往哪儿移交的问题。所以科研项目管理还是应该从顶层上重视并协调，才能管好。

3. 档案馆的科技档案利用服务工作如何？有没有实现资源共享？

目前来说，还是查合同的人较多，重大科研项目（涉密）档案查询较多。但是查询的人只有经过项目负责人的同意才能查询原文。外校的人利用不多，如果要利用也需要经过项目负责人的同意。其实外校利用较少应该是出于相关的科技档案信息没有对外公布的原因。

至于科技档案的资源共享，目前大部分的科研类档案没有实行数字化，这个工作正在准备开展。所以资源共享的话也没有实现。

4. 科技档案的定密解密机制如何？

档案馆制定的《科研档案管理办法》中对这部分有比较明确的规定，简单地说，科技档案的解密需要档案馆与科研项目负责人进行协调。基本上档案馆每年都会开展解密工作，但是也存在着找不到项目负责人的情况，导致有些科技档案无法解密。清华大学的科技档案是不能自动解密的。

5. 对科技档案管理有何建议？

建议国家档案局对档案部门进行监督和考核。

参考文献

一、中文文献

（一）图书

[1] 陈作明．科学技术档案管理学［M］．北京：中国档案出版社，1998.

[2] 冯惠玲．档案学概论［M］．北京：中国人民大学出版社，2006.

[3] 宫晓东．企业档案管理学［M］．北京：高等教育出版社，1999.

[4] 王传宇，张斌．科技档案管理学［M］.3版．北京：中国人民大学出版社，2009.

[5] 王维亮．美国政府四大科技报告指南［M］．北京：科学技术文献出版社，1995.

[6] 吴宝康，冯子直．档案学词典［M］．上海：上海辞书出版社，1994.

[7] 徐拥军．企业档案知识管理模式——基于双向视角的研究［M］．北京：中国档案出版社，2009.

[8] 张斌．新经济时代的企业档案管理［M］．北京：中国档案出版社，2007.

[9] 宗培岭．现代企业制度下企业档案工作运行机制研究［M］．北京：中国档案出版社，2006.

[10] 周雪恒．中国档案事业史［M］．中国人民大学出版社，1994.

[11] 王传宇，张斌．科技档案管理学［M］．北京：中国人民大学出

版社，2009.

[12] 苏新宁．面向知识服务的知识组织理论与方法 [M]．北京：科学出版社，2014：3－29.

（二）论文

[1] 安小米，赵建平，朱叶吉，等．面向知识管理的国家科研项目集成化文件管理体系构建研究：背景、框架及模型 [J]．山西档案，2008 (3)：15－19.

[2] 安小米．面向知识管理的国家科研项目文件管理体系：模式分析与模型构建 [J]．图书情报工作，2011 (7)：98－102.

[3] 安小米．国外科研文件和档案管理研究 [J]．北京档案，2007 (5)：40－41.

[4] 曹娟．建立高效的科技档案管理体系 [J]．水运科学研究，2011 (3)：46－49.

[5] 陈晓瑚，张丽．试论林业科技档案的利用与知识产权保护 [J]．湖北林业科技，2012 (4)：67－70.

[6] 曹惠娟．基于知识服务的航空科技档案开发策略 [J]．档案学研究，2016 (4)：82－85.

[7] 丁明浩．加速科技档案工作的恢复与整顿——全国科技档案工作会议纪实 [J]．档案工作，1980 (5)：15－16.

[8] 冯晓丽．浅谈科技档案的网络化管理 [J]．华章，2011 (9)：235.

[9] 高亚萍．现代科技档案的管理问题 [J]．山西大学学报（哲学社会科学版)，2003 (8)：122－124.

[10] 巩宝荣．科技档案的能量及其发挥 [J]．机电兵船档案，2001 (6)：40－42.

[11] 关勰．论信息时代高校档案管理服务模式创新 [J]．中国档案，2009 (11)：36－37.

[12] 贺德芳．科技报告资源体系研究 [J]．信息资源管理学报，2013 (1)：4－9.

[13] 侯仁华．科技报告政策体系及服务方式研究［J］．情报学报，2013（5）：472－477.

[14] 霍振礼．也从科技文件与科技档案的关系谈起——没有理由淡化科技档案概念［J］．档案学通讯，2005（4）：24－27.

[15] 霍振礼．不可淡化我国的科技档案概念和科技档案管理研究［J］．档案与建设，2005（1）：11－14.

[16] 郝莎．科技档案编研探析［J］．兰台世界，2017（18）：60－63.

[17] 何佳锋．档案编研服务创新透析［J］．黑龙江档案，2017（1）：73－75.

[18] 技术档案室工作暂行通则［J］．档案工作，1960（3）：1－2.

[19] 荆绍福．企业档案资产的评估［J］．中国档案，1995（9）：24－25.

[20] 柯平，王颖洁．机构知识库——大学图书馆的新平台［J］．新世纪图书馆，2007（1）：5－8.

[21] 李明丽．浅谈企业科技档案管理创新［J］．安徽科技，2009（8）：30－31.

[22] 李培．国家测绘档案资料馆信息化建设［J］．北京测绘，2004（3）：34－35，45.

[23] 李水萍．浅谈科技档案信息资源的开发利用［J］．图书情报导刊，2006（3）：84－85.

[24] 李明．建立企业科技档案知识服务体系的研究与实践［J］．北京档案，2015（11）：32－33.

[25] 刘会．浅论大数据背景下科技档案管理的改革之道［J］．现代职业教育，2017（16）：144－145.

[26] 马素萍．国有企业档案资产及其特性分析［J］．北京档案，2008（3）：24－26.

[27] 毛业博．我国科技档案管理工作探微：不足与建议［J］．机电兵船档案，2016（5）：19－21.

[28] 潘世萍，侯希闻．科技计划项目档案管理体制发展及创新研究

[J]. 中国档案, 2011 (11): 50-51.

[29] 潘世萍. 论国家科技计划项目档案中政府权益的体现 [J]. 档案学研究, 2007 (6): 11-13.

[30] 彭朝云. 关于科技档案管理改革的基本思路 [J]. 档案学研究, 1996 (12): 55.

[31] 宋兴, 钱圭白. 东海平湖油气田勘探阶段资料和成果价格评估方法的探讨 [J]. 中国地质矿产经济, 1994 (2): 27-30.

[32] 宋宁. 浅论大数据时代下的科技档案管理 [J]. 辽宁经济, 2015 (10): 68-69.

[33] 宋扬. 科技档案编研工作浅析 [J]. 航天工业管理, 2011 (10): 29-31.

[34] 赛兰. 浅谈加强水利档案工作 [J]. 新疆社科论坛, 2008 (2): 95-96.

[35] 苏美玲. 信息时代科技档案管理工作研究 [J]. 办公室业务, 2017 (7): 86, 88.

[36] 仝春灵. 基于 VB/SQL Server 的科技档案管理系统设计 [J]. 山东交通学院学报, 2003 (4): 47-49.

[37] 王利伟. 机构知识库与科研档案的共建共享方案探析 [J]. 高校图书馆工作, 2014 (2): 51-53, 93.

[38] 王文平. 水利档案管理从传统向现代方式转变的思考 [J]. 中国水利, 2013 (6): 62-64.

[39] 王萍, 王志才, 张诗敏. 吉林省科技档案管理调查分析报告 [J]. 档案学通讯, 2012 (4): 80-83.

[40] 王新才, 陈荷艳. 国家科技计划项目档案管理标准规范建设思考 [J]. 档案学通讯, 2013 (2): 84-88.

[41] 王新才, 周佳. 科技计划项目档案管理策略研究——基于华中地区五所高校科技计划项目档案管理情况的调查 [J]. 信息资源管理学报, 2013 (6): 91-96.

[42] 王刚. "九五" 期间档案事业发展的目标、指导思想和主要任

务［J］．中国档案，1996（3）：11.

［43］吴光彬，吴克利．信息时代企业科技档案工作新思路［J］．重工与起重技术，2005（3）：28－30.

［44］吴宝康．论档案工作的意义及目前存在的问题［J］．山西政报，1954（12）：15－20.

［45］熊建文．科技档案管理中知识产权保护研究［J］．云南档案，2012（10）：51－52.

［46］徐拥军，牛力．企业档案管理的十大发展趋势［J］．中国档案，2014（5）：31－33.

［47］阎霜，李兵．浅谈测绘档案的管理和利用［J］．测绘与空间地理信息，2010（3）：245－247.

［48］杨宝瑞．新时期科技档案管理存在的问题及对策［J］．中共郑州市委党校学报，2010（5）：56－57.

［49］尹建，霍振礼．美国科技档案工作探析（一）——美国国防科技报告的档案性与交流性［J］．档案与建设，2001（5）：22－25.

［50］尹建，霍振礼．美国科技档案工作探析（二）——美国四大报告与中国GF报告的档案性［J］．档案与建设，2001（6）：22－25.

［51］尹建，霍振礼．美国科技档案工作探析（三）——美国四大报告与中国GF报告的档案性［J］．档案与建设，2001（7）：42－44.

［52］尹建，霍振礼．美国科技档案工作探析（四）——中美科技档案工作之比较及我国科技档案工作的发展方向［J］．档案与建设，2001（8）：14－17.

［53］姚刚．科技档案编研工作探讨［J］．科技档案，2005（2）：3－5.

［54］曾苏，马建霞，祝忠明．机构知识库联盟发展现状及关键问题研究［J］．图书情报工作，2009（12）：106－110.

［55］张爱霞，沈玉兰．国家科技计划项目档案管理现状分析及对策研究［J］．科技进步与对策，2008（12）：25－28.

［56］张斌，徐拥军，褚峻，等．知识资源管理：企业档案工作改革

的新思路［J］. 中国档案，2004（10）：37－39.

［57］张静，叶六奇. 论科研档案管理规范构建的宗旨——基于三个现有规范的分析［J］. 档案学通讯，2010（4）：85－88.

［58］张莉. 是“选择”还是“趋势”——科技档案概念式微若干问题的再思考［J］. 档案管理，2008（1）：34－35.

［59］张琪湘，林清澄. 改革科技档案管理体制，推动科技档案事业发展［J］. 山西档案，1998（6）：20－21.

［60］张薇娣，张薇娅. 新形势下科技档案管理模式创新研究［J］. 太原城市职业技术学院学报，2009（9）：151－152.

［61］张汝潮. 试论企业档案资产的评估［J］. 档案学研究，1996（3）：45－46.

［62］张卫东，张帅，刘梦莹. 科技档案资源集成化服务研究［J］. 档案学通讯，2012（6）：45－47.

［63］周萍，刘海航. 欧盟科技报告管理体系初探［J］. 世界科技研究与发展，2007，29（4）：94－100.

［64］朱继欣. 浅谈测绘档案数字化后的管理变革［J］. 档案学研究，2013（S1）：96－98.

［65］赵金凤. 浅议水利档案的价值和意义［J］. 水利发展研究，2011（6）：70－71，83.

［66］邹燕莉. 民生水利档案资源建设与利用［J］. 中国档案，2013（2）：58－59.

［67］谢艳. 科技档案编研选题刍议［J］. 兰台内外，2017（4）：33－34.

［68］张斌，杨文. 吴宝康科技档案管理思想研究［J］. 档案学通讯，2017（6）：4－8.

［69］张斌，徐拥军. 我国科技档案管理体制机制建设的政策建议［J］. 档案学研究，2016（3）：25－34.

［70］朱青梅. 后现代科技档案知识资源管理体系的构建［J］. 档案与建设，2015（10），21－24.

[71] 王燕. 基于“互联网+”的科技档案管理创新 [J]. 档案与建设, 2016 (3): 87-89.

[72] 郝莎. 科技档案管理问题探讨 [J]. 兰台世界, 2014 (S6): 9-10.

[73] 王玉斌. 高校科技档案管理: 问题、原因及对策 [J]. 档案学研究, 2015 (1): 68-71.

[74] 徐拥军, 张斌. 我国科技档案管理体制机制的现状问题 [J]. 档案学研究, 2016 (2): 14-21.

[75] 负霄雄. 科研生产企业科技档案收集归档管理问题与完善对策 [J]. 北京档案, 2018 (10): 30-32.

[76] 李响. 从档案价值鉴定理论发展谈科技档案鉴定原则 [J]. 兰台世界, 2011 (10): 8-9.

[77] 霍振礼, 鲁梅君, 乔永芝. 不可淡化我国的科技档案概念和科技档案管理研究 [J]. 档案与建设, 2005 (1): 11-14.

[78] 黄连才. 科技档案鉴定中应注意的几个问题 [J]. 档案与建设, 2007 (7): 15-16.

[79] 王学琴, 杨剑, 康磊. 新形势下科技档案资源管理的信息开发模式 [J]. 山西档案, 2016 (5): 84-86.

[80] 曹惠娟, 丁照蕾. 基于知识服务的航空科技档案开发策略 [J]. 档案学研究, 2016 (4): 82-85.

[81] 王莉. 浅谈大数据时代科技档案融合发展创新之路 [J]. 山西档案, 2016 (1): 82-84.

[82] 陈慰. 特种设备技术档案区块链管理的探索与实践 [J]. 档案与建设, 2020 (4): 63-65.

[83] 关瑶. 水利水电设计单位科技档案全流程管理思考 [J]. 北京档案, 2019 (2): 36-38.

[84] 谢清, 胡金涛, 马建林. 军工院所科研项目档案融合管理体系及实践探索 [J]. 中国档案, 2021 (1): 84-86.

[85] 李卓妮. 企业档案部门职能定位优化研究——基于航天科技档案

部门机构设置与职能发挥基本情况调查［J］．浙江档案，2021（2）：58－59.

［86］杜晓华，肖青，张萍．基层科技档案室在部队建设中的作用［J］．兰台世界，2014（S2）：81－82.

［87］蔡盈芳．企业档案工作的创新与发展［J］．档案学通讯，2021（1）：16－20.

［88］郝伟斌．机构改革背景下城建档案管理的转型［J］．档案学通讯，2019（5）：105－107.

［89］贺颂华．BIM＋GIS 城建档案管理平台建设的设想与探索［J］．档案与建设，2019（9）：46－48，64.

［90］杜静，罗瑞丽．关于科研院所科研档案管理的探析［J］．北京档案，2020（12）：35－37.

［91］薛冰．科研项目档案公开现状的调查与分析［J］．档案学研究，2016（3）：74－77.

（三）学位论文

［1］成永付．新时期企业档案管理体制、模式的建构［D］．合肥：安徽大学，2007.

［2］牛田波．新一代青岛市数字城建档案馆的设计与实现［D］．青岛：中国海洋大学，2011.

［3］石若明．基于 GIS 的城建档案管理信息系统集成研究［D］．北京：中国地质大学（北京），2006.

［4］魏慧．知识管理视阈的城建档案管理问题研究［D］．武汉：湖北大学，2012.

［5］杨翠芹．档案从业资格认证制度研究［D］．北京：中国人民大学，2014.

［6］张诗敏．科技档案信息资源开发利用研究［D］．长春：吉林大学，2012（5）.

［7］张涛．我国企业档案管理体制的发展与演变［D］．福州：福建师范大学，2011.

［8］雷洁．基于知识图谱的科研档案管理研究［D］．北京：中国农业科学院，2020.

二、英文文献

［1］AROVELIUS R. Archives of Science：An International Perspective and Comparison on Best Practices for the Handling of Scientific Records［J］. Comma，2005（2）：1－9.

［2］BORGMAN C L. The Conundrum of Sharing Research Data［J］. Journal of the American Society for Information Science and Technology，2012，63（6）：1059－1078.

［3］ELLIOTT R. Who owns scientific data? The impact of intellectual property rights on the scientific publication chain［J］. Learned Publishing，2005，18（2）：91－94.

［4］GUTMANN M P，et al. From Preserving the Past to Preserving the Future：The Data－PASS Project and the Challenges of Preserving Digital Social Science Data［J］. Library Trends，2009，57（3）：315－337.

［5］JAKOBOVITS R M，BRINKLEY J F. Managing medical research data with a Web－interfacing repository manager［J］. Journal of the American Medical Informatics Association，1997，S：454－458.

［6］LEHMBERG T，et al. Digital Text Collections，Linguistic Research Data，and Mashups：Notes on the Legal Situation［J］. Library Trends，2008，57（1）：52－71.

［7］MARCIAL L H，HEMMINGER B M. Scientific Data Repositories on the Web：An Initial Survey［J］. Journal of the American Society for Information Science and Technology，2010，61（10）：2029－2048.

［8］NADKARNI P M，et al. Organization of heterogeneous scientific data using the EAV/CR representation［J］. Journal of the American Medical Informatics Association，1999，6（6）：478－493.

［9］NADKARNI P，MARENCO L. Easing the transition between attribute

– value databases and conventional databases for scientific data [J]. Journal of the American Medical Informatics Association, 2001, S: 483 – 487.

[10] PERRY C M. Archiving of publicly funded research data: A survey of Canadian researchers [J]. Government Information Quarterly. 2008 (25): 133 – 148.

[11] RICHESSON R L, NADKARNI P. Data standards for clinical research data collection forms: current status and challenges [J]. Journal of the American Medical Informatics Association, 2011, 18 (3): 341 – 346.

[12] SAYAO L F, Sales L F. Curatorship Digital: a new platform for digital preservation of research data [J]. Informacao & Sociedade – Estudos, 2012, 22 (3): 179 – 191.

[13] SAYOGO D S, PARDO T A, Exploring the determinants of scientific data sharing: Understanding the motivation to publish research data [J]. Government Information Quarterly, 2013, 301: S19 – S31.

[14] WHITFORD H M, et al. Evaluating the reliability, validity, acceptability, and practicality of SMS text messaging as a tool to collect research data: results from the Feeding Your Baby project [J]. Journal of the American Medical Informatics Association, 2012, 19 (5): 744 – 749.

[15] WILLIS C J. GREENBERG, WHITE H. Analysis and synthesis of metadata goals for scientific data [J]. Journal of the American Society for Information Science and Technology, 2012, 63 (8): 1505 – 1520.

[16] WADE T D, HUM R C, MURPHY J R. A Dimensional Bus model for integrating clinical and research data [J]. Journal of the American Medical Informatics Association, 2011, 181: I96 – I102.

[17] WITT M. Institutional Repositories and Research Data Curation in a Distributed Environment [J]. Library Trends, 2008, 57 (2): 191 – 201.

[18] WONG G. Exploring Research Data Hosting at the HKUST Institutional Repository [J]. Serials Review, 2009, 35 (3): 125 – 132.

[19] CAROL T, et al. Data sharing, management, use, and reuse: Prac-

tices and perceptions of scientists worldwide [J]. Plos One, 2020 (15): 1-26.

[20] ROLAN G, HUMPHRIES G, et al. More human than human? Artificial intelligence in the archive [J]. Archives and Manuscripts, 2019, 47 (2): 179-203.

[21] KIM Y, STANTON J M. Institutional and Individual Influences on Scientists' Data Sharing Behaviors [D]. New York: Syracuse University, 2013.

[22] PIWOWAR, ALYCE H. Foundational studies for measuring the impact, prevalence, and patterns of publicly sharing biomedical research data [D]. Pittsburgh: University of Pittsburgh, 2010.

[23] WHITE, HOLLIE C. Organizing scientific data sets: Studying similarities and differences in metadata and subject term creation [D]. North Carolina: The University of North Carolina at Chapel Hill, 2012.

后 记

出版本书的想法和准备由来已久，自1993年进入中国人民大学学习以来，笔者跟随导师——我国科技档案管理学的重要奠基人之一王传宇教授，围绕档案学基础理论、科技档案管理学等进行了为期六年的系统学习，因此对我国科技档案工作研究有着深厚的情愫。1999年博士毕业后，笔者留校工作，继续从事企业档案管理、科技档案管理、知识管理等方向的教学与研究工作，并先后承担了多项与科技档案管理有关的科研项目。基于以上情况，笔者一直希望能够就多年关于科技档案的学习和研究工作进行总结，出版一本关于我国科技档案管理研究的小册子，供学生学习、研究和参考。后来出于诸多原因，此事一直搁浅。

终于，在2013年，由笔者牵头申报的“我国科技档案管理体制机制及存在问题研究”获得中国科协立项，该课题的研究工作为笔者完成此前关于我国科技档案工作研究的未了心愿提供了条件和基础。现在，呈现在各位读者面前的这本书，就是笔者在该课题结项成果的基础上修改完成的。本书主要从创建期、恢复整顿与调整转型期、改革发展期三个阶段，首次较为全面系统地梳理了我国科技档案工作的起源、发展与变革过程，总结了我国科技档案事业在不同历史阶段的发展经验与教训。同时，从思想意识、法规标准、业务流程、人员结构、监管安全五个维度，对当前我国科技档案工作存在的问题进行了梳理总结和原因剖析。最后，在参考借鉴西方发达国家科技档案工作优秀经验的基础上，本书主要从科技档案管理体系、科技档案服务体系、科技档案安全体系三个维度，构建了一套立足国家宏观管理视角的科技档案工作体系，并提出了具体对策建议。本书对促进我国科技档案管理理论创新具有理论意义，对我国科技档案管理体系建设具有参考价值。

本书稿的完成，获得了国家档案局、中国科学技术信息研究所、中国科学院档案馆、国家自然科学基金委员会、中国航空工业档案馆、中国电子科技集团公司第三十八研究所、中国人民大学档案馆、中国人民大学科研处等单位的调研支持，以及关桥院士、霍振礼研究员、王传宇教授、薛四新博士等个人的访谈支持。该书稿的完成，还得益于课题组成员徐拥军、安小米、加小双、朝乐门、魏扣、郝琦、范紫薇、苟俊杰、冷裕波、刘晓菲、杨静等人的积极参与，他们参与了课题调研和研究报告的撰写工作。在研究报告到书稿的过程中，笔者的博士生杨文、李子林、虞香群、王露露等人为本书部分内容的补充修改和文字校对等贡献了力量。同时，感谢本书所参考和引用文献的各位作者。在此，笔者对以上单位和个人的支持与帮助表示衷心感谢。

我国科技档案工作体系需要研究的内容有很多，涉及范围很广，限于学识水平、时间、精力等，笔者仅就其中的一小部分问题进行了研究，本书可能还存在一些不足之处，恳请学界同人和读者批评指正。

张斌

于中国人民大学明德楼

2021 年 5 月 5 日